G. E. M. Anscombe
Absicht

D1722169

Reihe: Praktische Philosophie

Unter Mitarbeit von
Norbert Hoerster, Reinhart Maurer,
Annemarie Pieper, Manfred Riedel,
Robert Spaemann und Meinolf Wewel
herausgegeben von
Günther Bien und Karl Heinz Nusser

Band 24

G. E. M. Anscombe

Absicht

Übersetzt, herausgegeben
und eingeführt
von John M. Connolly
und Thomas Keutner

Verlag Karl Alber Freiburg/München

Titel der Originalausgabe: Intention
© Basil Blackwell 1957, ²1963

CIP-Kurztitelaufnahme der Deutschen Bibliothek

Anscombe, Gertrude E. M.:
Absicht / G. E. M. Anscombe. Übers., hrsg. u.
eingeführt von John M. Connolly u. Thomas
Keutner. – Freiburg (Breisgau); München: Alber,
1986.
  (Reihe: praktische Philosophie; Bd. 24)
  ISBN 3-495-47582-6
  Einheitssacht.: Intention <dt.>

NE: GT

© Verlag Karl Alber GmbH Freiburg/München 1986
Satz und Druck: Presse-Druck Augsburg
ISBN 3-495-47582-6

Inhalt

Einführung

Von John M. Connolly und Thomas Keutner

Wir danken Frau Prof. Anscombe, die sich die Mühe gemacht hat, Teile der hier vorgelegten Übersetzung durchzusehen. Für etwa verbliebene Fehler tragen wir die Verantwortung. Durch ihre Diskussion und Anteilnahme mit zur Entstehung der Einführung beigetragen haben: J. P. Beckmann, R. Bensch, D. Salzman, E. K. Specht, H. Schmidt, H. Schumacher, H. Wilharm. Das Zustandekommen des Sachregisters, der Bibliographie und schließlich des Typoskripts insgesamt verdanken wir auch der Mitwirkung von S. Forney, S. Fry, D. Janßen, A. Jürgens, N. Mulvaney. Zu Dank verpflichtet sind wir der Alexander von Humboldt-Stiftung, die das Erscheinen dieser Ausgabe ermöglicht hat. Der Übersetzung liegt die zweite, abgeänderte Ausgabe von „Intention" zugrunde.

J. M. Connolly und T. Keutner

Ein Wissen, das kein Licht ist –
Absicht und die Autonomie des Praktischen

Mit „Absicht" legt G. E. M. Anscombe erstmals eine sprachphilosophische Begründung der praktischen Philosophie vor. Besonders für die empiristische Philosophie der Moderne, auf die Anscombe sich immer wieder kritisch bezieht, ist das Praktische ein, wie man sagen könnte, verlorengegangener Gegenstand. David Hume, aber auch Ludwig Wittgenstein im „Tractatus logico-philosophicus", vermögen im Praktischen nur eine Spielart des Theoretischen zu sehen, nur einen „anderen *Modus kontemplativer Erkenntnis* im Handeln, so als ob im

Zentrum des Handelns eine ganz seltsame und besondere Art Auge Ausschau hielte" (A, S. 91).[1]

Anscombe stellt demgegenüber die Eigenständigkeit des Praktischen heraus. Die Schlüsselrolle spielt hierbei der Begriff der Absicht, und zwar wegen der eigentümlichen Beziehung von Absicht und Handeln: Das *entscheidende* Kriterium dafür, ob jemand eine Absicht hatte, ist seine entsprechende Handlung, d. h. daß er die Absicht ausführt.

Ob ein Tun absichtlich oder unabsichtlich ist, erweist sich nach Anscombe im Rahmen eines bestimmten Sprachspiels, nämlich daran, ob die Frage „Warum hast Du… getan?" in einem bestimmten Sinne zugelassen oder zurückgewiesen wird, was sich wiederum an den Antworten auf diese Frage zeigt. Jene Antworten, welche die Frage als zugelassen kennzeichnen, haben gemeinsam, daß sie einen *Handlungsgrund* (reason for acting) angeben. Diesen bestimmt Anscombe als Grund dafür, „daß es gut ist, etwas im Hinblick auf ein bestimmtes Ziel oder im Hinblick auf ein vernünftiges Ziel geschehen zu *machen*" (A, S. 7ff., Hervorhebung der Hrsg.). Handlungsgründen stellt sie *Beweisgründe* (evidence) gegenüber, aus denen hervorgeht, warum einer Darstellung „geglaubt werden sollte" (A, S. 13).

Das Werk kann in zwei Hauptteile unterteilt werden. Der erste Teil (§§ 1–27) ist der Grammatik von „Absicht" gewidmet. Anscombe untersucht zunächst den *zukunftsbezogenen, sprachlichen Ausdruck der Absicht*, z. B. „Ich werde spazierengehen" (§§ 2–3). Sie analysiert sodann *absichtliches Handeln* (§§ 4–21) und schließlich die *Ab-*

---

[1] Hier und im folgenden wird auf „Absicht" durch A verwiesen (Hinweise auf alle anderen Werke G. E. M. Anscombes beziehen sich auf die Bibliographie, s. unten S. LXVff.).

sicht, mit welcher gehandelt wird (§§ 22–27). In allen drei Fällen spielen Handlungsgründe eine Rolle: Der zukunftsbezogene Ausdruck der Absicht gibt einen Handlungsgrund an. Wird nach dem Warum einer absichtlichen Handlung gefragt, dann nennt die Antwort einen Handlungsgrund. Und die Absicht, mit welcher gehandelt wird, ist ein Handlungsgrund.

Wer Gründe geben kann, verfügt über ein bestimmtes Wissen. Der Untersuchung jenes Wissens, das in Handlungsgründen zutage tritt, der praktischen Erkenntnis, gilt der zweite Hauptteil von „Absicht" (§§ 28–48). Anscombe zeigt erstens, daß praktisches Wissen darin besteht, daß man im *Tun* weiß, was *geschieht* bzw. geschehen wird (§§ 28–32). Ein Licht auf diese „paradoxale und dunkle" Formulierung (A, S. 84) werfen erst ihre Untersuchungen in §§ 45–48. Sie bestimmt praktisches Wissen als ein „Wissen ohne Beobachtung"; man weiß, was man tut, und also auch was geschieht, ohne darauf (aus Beweisgründen) zu schließen bzw. ohne daß man nachschauen müßte (A, S. 78 ff.).

Die Einsicht in die Tatsache der praktischen Erkenntnis ist nicht neu. Aristoteles hat gezeigt, daß die Darlegung von Handlungsgründen eine bestimmte Form annehmen kann, die Form eines sog. *praktischen Schlusses.* Zweitens rekonstruiert Anscombe daher in ihrer Darstellung der praktischen Erkenntnis diese besondere Form des Schließens (§§ 33–44). Im Sinne ihrer Rekonstruktion ist der praktische Schluß *eine Kalkulation, was in Anbetracht von etwas Gewolltem zu tun ist.* Es sind zwei in diesem Zusammenhang vorgebrachte Thesen, die in der sich an „Absicht" anschließenden handlungstheoretischen Debatte besonders umstritten waren. Die erste besagt, daß die Erwähnung, daß jemand etwas will bzw. eine Absicht hat, keine Prämisse des praktischen Schlusses darstellt. Sie formuliert dies prägnant an anderer Stelle: „Die erste Prämisse erwähnt nicht, daß man etwas will, sondern etwas, was man will" (1974e, II). Und zweitens ist die Konklusion des praktischen Schlusses nach ihrer Auffassung die Handlung selbst.

In der dritten und letzten Partie des zweiten Hauptteils wird die Struktur des praktischen Wissens dargestellt (§§ 45–48). Ich kenne ohne Beobachtung *die Beschaffenheit des Ergebnisses meines Handelns*, ich weiß in gleicher Weise, *wie* ich dies Ergebnis zustande bringe und daher, ebenso, *was geschehen wird*. Mit diesen allerletzten Bemerkungen über das Wissen, was geschehen wird, schließt sich zugleich der Bogen zu der einleitenden Betrachtung des zukunftsbezogenen Ausdrucks der Absicht (§§ 50–52). Denn im zukunftsbezogenen Ausdruck der Absicht kommt gerade dieses Wissen zum Ausdruck.

In dieser Einführung soll erstens der historische Hintergrund ausgeleuchtet werden, vor den Anscombe ihre systematischen Überlegungen in „Absicht" stellt (1.). Zweitens soll die Argumentationsabfolge, die im vorhergehenden kurz skizziert wurde, ausführlicher kommentiert werden (2.). Drittens wird auf die soeben erwähnte Auseinandersetzung um die Form des praktischen Schlusses eingegangen werden. Denn Anscombes Kritiker übernahmen den praktischen Schluß in der Folgezeit nicht in der von ihr vorgeschlagenen Form. Er wurde einerseits als kausaler Schluß von einer Ursache (Absicht) auf eine Wirkung (Handlung) gedeutet. So nicht an dieser kausalen Interpretation festgehalten wurde, galt die Überzeugung, der praktische Schluß müsse logisch notwendig sein.[2] Mit dieser zweiten Interpretation verband G. H. von Wright

---

[2] Vgl. D. Davidson 1963, und G. H. v. Wright, insbesondere 1971.

die These, der praktische Schluß schließe „eine seit langem bestehende methodologische Lücke der Humanwissenschaften": Er liefere ihnen ein eigenes Erklärungsschema und sichere daher schließlich ihre Autonomie.[3] Es wird jedoch deutlich werden, daß die in dieser Auseinandersetzung von Anscombes Opponenten zugrunde gelegte Form des praktischen Schlusses diesen zu einem theoretischen macht (3.).

1. Zur Rezeption des Begriffs der praktischen Erkenntnis

Im folgenden sollen einige Hinweise auf historische Bezüge, so wie sich diese in „Absicht" zeigen, gegeben werden: auf die Theorie des praktischen Schließens bei Aristoteles und das Problem der Akrasie (1.1); die Handlungstheorie des Thomas von Aquin, das Absichtliche und das Willkürliche (1.2); Absicht und Handeln sowie das Problem des Psychologismus in der Philosophie Ludwig Wittgensteins (1.3).

1.1 Aristoteles und das Problem der Akrasie

Eine umfassende Passage von „Absicht" ist der aristotelischen Theorie des praktischen Schließens gewidmet (A, §§ 33–44). Anscombe bemerkt, daß diese Theorie – „eine der besten Entdeckungen des Aristoteles" (A, S. 91) – in der Moderne vielfach mißverstanden wurde. Das Ziel ihrer Analyse ist die Korrektur dieser Mißverständnisse. Der aristotelische praktische Syllogismus ist *eine Kalkula-*

---

[3] Vgl. G. H. v. Wright 1971, S. 37.

tion, was in Anbetracht von etwas Gewolltem zu tun ist.[4]
Er erwähnt das Gewollte in der ersten Prämisse, und zwar
in einer bestimmten Charakterisierung, welche zeigt,
inwiefern es gewollt werden kann. Anscombe nennt diese
Beschreibung die Charakterisierung von etwas Gewolltem als begehrenswert.[5] Sie interpretiert hiermit das aristotelische „sollte" oder „müßte" (δεῖ), welches in einer
Reihe von praktischen Schlüssen, die Aristoteles als Beispiel gibt, in der ersten Prämisse auftritt: Wenn etwas
begehrenswert ist, dann sollte man entsprechend handeln
(sofern man dies Begehrenswerte will). Hiermit ist zugleich gezeigt, daß dieses δεῖ nicht ethisch zu verstehen
ist:

> „Es gibt nichts notwendig Ethisches am Wort ‚soll-
> te', so wie es in der universellen Prämisse eines
> praktischen Syllogismus auftritt – zumindest den

---

[4] Es ist zu beachten, daß es sich bei jener Form des praktischen
Syllogismus, den Anscombe positiv herausstellt, um das Resultat einer
Rekonstruktion handelt. Aristoteles gibt etwa ein Dutzend Beispiele
praktischer Schlüsse, welche sich formal durchaus voneinander unterscheiden (vgl. Metaphysik, 1032 b 6–10, 1032 b 18–21; De Motu Animalium, 701 a 12–16, 701 a 16–23, 701 a 32–33; Nikomachische Ethik [im
weiteren zitiert als NE], 1147 a 1–10, 1147 a 25–31, 1147 a 32–36). Im
zweiten Teil dieses Abschnitts wird deutlich werden, warum Aristoteles
zum Teil zu Formen des praktischen Syllogismus greift, die von der von
Anscombe rekonstruierten abweichen.
[5] In die deutsche handlungstheoretische Diskussion ist Anscombes
Terminus „desirability-characterisation" als „Erwünschtheits-Charak-
terisierung" eingegangen. Diese Übersetzung ist in zweierlei Hinsichten
mißlich. Der Terminus bezieht sich erstens nicht auf Wünschen, sondern
eher auf Wollen (Anscombe verweist zuvor [A, S. 99] auf Aristoteles: ἡ
ἀρχὴ τὸ ὀρεκτόν ἐστιν). Er besagt zweitens nicht, daß etwas *gewollt*
(oder *erwünscht*) ist, sondern daß es *wert* ist, gewollt zu werden. Diese
Unterscheidung ist für das Verständnis von Anscombes Rekonstruktion
des praktischen Schlusses entscheidend. Da es im Deutschen kein
„wollenswert" gibt, wird hier von „begehrenswert" gesprochen. Dieser
Ausdruck entspricht etwa dem englischen „desirable", Anscombes
eigener, vielleicht nicht ganz glücklicher Wahl.

Bemerkungen des Aristoteles zufolge, der diesen Begriff erfand." (A, § 35)...
„Die Termini ,sollte', ,ist angemessen', ,angenehm' stellen Charakterisierungen dessen dar, worauf sie als etwas Begehrenswertes Anwendung finden. Solch eine Charakterisierung hat die Konsequenz, daß keine weiteren ,Wozu?'-Fragen, bezogen auf das so in einer Prämisse auftretende Charakteristikum, irgendeine Antwort erfordern." (A, § 37)

Zudem muß die erste Prämisse eines praktischen Syllogismus die Charakterisierung des Gewollten als begehrenswert enthalten, damit ein praktischer Schluß im Sinne einer *Kalkulation* vorliegt. Anscombe zeigt dies daran, wie Handlungsgründe in die Prämissen praktischer Syllogismen eingehen: Wenn Hamlet überlegt „Er brachte meinen Vater um, also werde ich ihn töten", dann ist dies keine Kalkulation. „Er brachte meinen Vater um" ist eher ein *Ausdruck* des Rachegefühls als die Formulierung eines Handlungsgrundes. Erst wenn Hamlet bei sich erwägt, daß man sich für erlittene Unbill rächen muß, und daß er dies tun kann, indem er seinerseits Claudius tötet, handelt es sich um eine Kalkulation (vgl. A, § 35). Die zweite Prämisse verknüpft den als gewollt vorgestellten Gegenstand mit einer möglichen Handlung; die Prämisse behauptet, daß das Gewollte durch diese Handlung erreichbar ist. Hier ist vorausgesetzt, daß die gewollte Sache *sich in einer gewissen Entfernung* von der unmittelbaren Handlung befindet (A, § 41). Dies charakterisiert den praktischen Schluß als die *Kalkulation, was zu tun ist*. Die Kalkulation ist dazu bestimmt, diese Entfernung durch die Handlung zu überbrücken. Schließlich gibt die Konklusion des praktischen Syllogismus etwas an, *was zu tun* ist. *Der praktische Schluß ist insofern kein Argument dafür, daß etwas wahr ist, sondern dafür, etwas wahr zu machen.*

Eines seiner Beispiele für praktisches Schließen gibt Aristoteles bei der Erörterung der Unbeherrschtheit (Akrasie).[6]

Aristoteles ererbt das Problem der Unbeherrschtheit von Sokrates. Dieser hatte, wie Aristoteles bemerkt, schon den Begriff bekämpft: Unbeherrschtheit im Sinne einer Überwältigung des Verstandes durch die Sinne gebe es nicht. Was so beschrieben werde, sei in Wahrheit eine schlichte Fehlkalkulation; der Unbeherrschte irre in der Abschätzung dessen, was letztlich gut für ihn ist.[7] Doch diese Auffassung des Sokrates widerspricht dem Augenschein.[8]

Aristoteles unterscheidet zunächst zwei Fälle, bei denen Sinne und Verstand harmonieren: Die Planung des Besonnenen ist auf das Gute ausgerichtet und er empfindet keine Begierde, die dieser Planung entgegensteht; der Zügellose plant, seinen bösen Begierden zu folgen und ist daher ebenfalls mit sich im reinen. Anders verhält es sich beim Beherrschten und beim Unbeherrschten: Beide haben, wie der Besonnene, die richtige Planung; doch sie teilen mit dem Zügellosen die schlechten Begierden. Dem Beherrschten gelingt es, seine schlechten Begierden zu zü-

---

[6] Es ist oft darauf verwiesen worden, daß die Erklärung der Unbeherrschtheit im Rahmen der praktischen Philosophie des Aristoteles besonders problematisch ist. Allein A. Kenny scheint in letzter Zeit die Auffassung vertreten zu haben, daß Aristoteles hier eine befriedigende Erklärung gelungen sei (vgl. A. Kenny 1966, S. 184, und 1979, S. 155 ff.; s. aber ders. 1975, S. 18 ff., wo er Anscombes nun im folgenden zu schildernder Kritik zustimmt).

[7] Vgl. Platon, Protagoras, 375 b.

[8] NE, 1145 b 25–28.

geln, hingegen obsiegt beim Unbeherrschten das Übermaß an schlechten Begierden über die richtige Planung. Aus den Hinweisen des Aristoteles ist nun der folgende praktische Schluß des *Beherrschten* rekonstruierbar:[9]

> P 1: Von Süßem soll man nicht kosten
> P 2: Dies hier ist süß
> K : Also werde ich hiervon nicht kosten,

wobei sowohl der Beherrschte als auch der Unbeherrschte alles Süße als angenehm empfinden. Aristoteles sieht sich vor das folgende Problem gestellt: Das Handeln des Besonnenen, des Zügellosen und des Beherrschten kann durch deren jeweilige Überzeugungen, die in der ersten Prämisse zum Ausdruck kommen, erklärt werden. Nur das Handeln des Unbeherrschten ist nicht dadurch erklärbar, daß er dasjenige tut, was er im Leben insgesamt für angemessen hält. Die Lösung des Aristoteles entspricht teilweise der des Sokrates: Der Unbeherrschte unterliegt tatsächlich einem Irrtum. Doch bezieht sich dieser Irrtum bei Aristoteles nicht auf einen Gesamtkalkül zur Abwägung verschiedener Güter. Von der Leidenschaft übermannt, irrt der Unbeherrschte vielmehr in der Beurteilung dessen, was unter die partikuläre Prämisse (P 2) des praktischen Syllogismus fällt. Er irrt also in einem Wahrnehmungsurteil, macht sich im Falle des vorliegenden Beispiels nicht klar, daß *dies hier* süß ist. Oder er unterläßt es, den Schluß zu ziehen. Dann kann es sein, daß er gedankenverloren Pralinen verspeist und dabei die Konklusion des Beherrschten vor sich hinmurmelt.
Doch auch die aristotelische Lösung ist unplausibel. Nicht

---

[9] Vgl. NE, 1147 a 31–34; in dieser Rekonstruktion gehen die Meinungen in der Literatur auseinander. Das folgende scheint jedoch der Auffassung Anscombes zu entsprechen (vgl. G. E. M. Anscombe 1965 b, S. 70).

immer, wenn man den eigenen Überzeugungen zuwider handelt, irrt man sich.

Dafür, daß Aristoteles auf die geschilderte Lösung verfällt, nennt Anscombe zwei Gründe: 1) In der aristotelischen Handlungstheorie sind nur Handlungserklärungen möglich, in denen Handlungen auf überdauernde Persönlichkeitsmerkmale, wie Charakterzüge oder Lebensziele, zurückgeführt werden. Solche Erklärungen gibt Aristoteles im Falle des Besonnenen, des Zügellosen und des Beherrschten. Auch der Unbeherrschte vertritt die Überzeugung des Besonnenen und des Beherrschten. Daß er nicht entsprechend handelt, kann daher nur irrtümlich geschehen (vgl. G. E. M. Anscombe 1965 b, S. 69–71). Offenbar fehlt in dieser Handlungstheorie eine Kategorie, auf die eine Handlung zurückgeführt werden könnte, welche im vollen Bewußtsein des Widerspruchs zu der betreffenden Überzeugung ausgeführt wird. 2) Aristoteles ist bisweilen versucht, den praktischen Syllogismus als theoretischen Schluß darzustellen, und zwar dann, wenn er ihn als einen Mechanismus schildern will, „der das menschliche Lebewesen in Bewegung setzt" (vgl. G. E. M. Anscombe 1965 b, S. 74). Obwohl er oft hinzufügt, es sei die Handlung selbst, die aus den Prämissen folge, stellt er in solchen Fällen den praktischen Schluß als einen dar, dessen Konklusion – also ein Satz – mit Notwendigkeit aus den Prämissen folgt. Die Prämissen enthalten dann ein „muß" oder „soll", und ebenso die Konklusion (vgl. G. E. M. Anscombe 1965 b, S. 72–75). Bei gleichbleibender erster Prämisse dürfte dann der oben angeführte Schluß des Beherrschten als Konklusion keine Absichtsbekundung enthalten, er müßte vielmehr lauten: „Also sollte ich hiervon nicht kosten." Erneut kann das Verhalten des Unbeherrschten nur als Irrtum beschrieben werden: Ist der praktische Syllogismus ein Mechanismus, der den Menschen in Bewegung setzt, dann bleibt eigentlich nur eine Möglichkeit, wenn die erwartete Wirkung nicht eintrift: daß der Betreffende den Syllogismus nicht verstanden hat. Tatsächlich aber gilt natürlich für alle praktischen Syllogismen, die als notwendige Schlüsse formuliert werden, daß jemand den Schluß bis zur Konklusion hin vollziehen kann und dann nicht handelt. Daß er nicht handelt, muß nicht einem Irrtum entspringen. Dort, wo Aristoteles keinen als notwendigen formulierten praktischen Schluß im Blick hat, wählt er jene Form, die im ersten Teil dieses Abschnitts als Anscombes Rekonstruktion herausgestellt wurde. Ein praktischer Schluß von dieser Form läßt für einen Begriff der Absicht Platz, der für die Lösung des Problems der Unbeherrschtheit eigentlich vonnöten ist: „Von allem Süßen soll man nicht kosten", „Dies hier ist süß"; auf diesen praktischen Syllogismus hin wird derjenige vom Süßen nicht kosten, der sich dem „soll" der ersten Prämisse beugen *will*, obwohl seine Begierden dem entgegenstehen. Hiermit ist nicht bestritten, daß es *auch* den von Aristoteles beschriebenen Fall des der Überzeugung irrtümlich Zuwiderhandelnden gibt.

Anscombe zeigt also, daß ohne einen Begriff der Absicht Unbeherrschtheit als Irrtum erscheinen muß. Zugleich bildet die Behandlung dieses Problems – der Hinweis auf die Unmöglichkeit einer Lösung durch die Konstruktion eines praktischen Schlusses mit notwendiger Konklusion – ein Rationale ihrer Rekonstruktion des praktischen Schlusses im erläuterten Sinne: Sie zeigt, welche Form dem praktischen Schluß zukommt, wenn er kein logisch notwendiger Schluß ist.

1.2 Der Begriff der Absicht bei Thomas von Aquin

Einen Kerngedanken ihrer Überlegungen in „Absicht" stützt Anscombe auf die Handlungstheorie Thomas von Aquins. Mit dieser Theorie liegt ein voll entfalteter Begriff der Absicht vor. Einleitend sei kurz die Lösung des Akrasie-Problems durch Thomas angedeutet.

Er skizziert diese Lösung anläßlich des Vergleichs des Willkürlichen mit dem Unwillkürlichen:

> „Bei demjenigen, der etwas um der Lust willen tut (z. B. beim Unbeherrschten), bleibt das vorherige Wollen nicht bestehen, welches das Begehrte zurückwies; es wird vielmehr in ein Wollen des zuvor Zurückgewiesenen verwandelt... Denn der in Bezug auf die Lust Unbeherrschte handelt dem zuwider, was er sich zuvor vorgenommen hatte, nicht aber dem zuwider, was er jetzt will." (Summa Theologica, I a II ae, Q 6, art. 7, ad secundum)[10]

Hier beschreibt Thomas den Unbeherrschten offensichtlich als jemanden, *der seine Absicht geändert hat.* Da er dasjenige, was er tut, auch will, verfällt er natürlich keinem Irrtum.

In den §§ 45–48 des Textes stellt Anscombe ihre eigentliche Antwort auf die Frage nach dem Wesen von Absicht vor: „Absicht" bezieht sich auf eine Form, einen Typus von Beschreibungen dessen, was geschieht (vgl. A, S. 133). Ist nun die Beschreibung eines Ereignisses der

---

[10] Im folgenden zitiert als ST. An anderer Stelle geht Thomas wesentlich ausführlicher auf das vorliegende Problem ein (vgl. ST, I a II ae, Q 77, im Rahmen der Frage nach den Ursachen der Sünde und ST, II a II ae, Q 156, bei der Behandlung der Kardinaltugenden). Dort schildert er jedoch im wesentlichen die Behandlung des Problems durch Aristoteles (vgl. aber die zuletzt zitierte Quaestio, art. 3).

Form nach die Beschreibung einer ausgeführten Absicht und ist das Ereignis tatsächlich die Ausführung einer Absicht, dann gilt, wie Anscombe ihre Lösung zusammenfaßt, die Bestimmung des Thomas von Aquin: *Intellectus practicus est causa rerum intellectarum* (vgl. A, S. 138). Ihre Bedeutung gewinnt diese Bestimmung der praktischen Erkenntnis in der Interpretation Anscombes durch den Umstand, daß diese jetzt nicht mehr auf willkürliches, wie noch bei Aristoteles, sondern auf absichtliches Handeln bezogen ist. Wie Aristoteles versteht auch Thomas unter willkürlichem Handeln dasjenige Tun, das bei uns liegt, dessen wir Herr sind. Doch anders als bei Aristoteles gibt es bei Thomas nicht schon deshalb ein Handeln, weil sich der Attraktion durch das Ziel nichts in den Weg stellt: Es muß die Absicht bestehen, das Ziel zu verfolgen.

Nachdem Thomas in den ersten fünf Quaestiones der „Prima Secundae" Glückseligkeit als das eigentliche Gut und Ziel bezeichnet hat, entwickelt er in den Quaestiones 6–17 seine Handlungstheorie („De conditione humanorum actuum") als einen notwendigen Bestandteil einer Morallehre, aus der ersichtlich wird, wie Glückseligkeit erreicht werden kann. Für den Menschen kennzeichnend sind jene Handlungen, deren der Mensch Herr ist; dies gilt genau für diejenigen Handlungen, die aus bedachter Willenswahl erfolgen (*ex voluntate deliberata;* vgl. ST, I a II ae, Q 1, art. 1, Responsio). Dementsprechend wendet sich Thomas zuerst der Unterscheidung des Willkürlichen vom Unwillkürlichen zu. Er untersucht sodann zwei Arten von Willensakten, sog. unmittelbare *(actus eliciti)* und mittelbare *(actus imperati).*

Unmittelbar ist z. B. das Wollen selbst, mittelbar das Sprechen und Gehen (ST, I a II ae, Q 1, art. 1, Responsio 2). Bei mittelbaren Akten bedient sich also der Wille eines anderen Organs. Beabsichtigen ist einer der unmittelbaren Akte des Willens. In der der Absicht gewidmeten Quaestio 12 fragt Thomas, ob nur das letzte Ziel beabsichtigt wird – Nein; zwischen einem letzten Ziel C und einem Ausgangspunkt A kann ein Ziel B (dessen Erreichen zu C führt) liegen; auch dieses Ziel ist beabsichtigt. Ob zwei Dinge zugleich beabsichtigt sein können – Ja, ein letztes Ziel und ein dazwischenliegendes, z. B. die Herstellung einer Medizin und die Heilung des Patienten. Ob ein Ziel zu beabsichtigen und das Wollen des Mittels zu diesem Ziel ein und derselbe Akt sind – Ja, sofern ich dasjenige, was das Mittel ausmacht, als *Mittel* will. Ob Beabsichtigen ein allgemeines Merkmal von Lebewesen ist – Absicht (*Intentio*) ist ein Streben nach etwas (*Tendere*), dem eine Bewegung auf ein Ziel hin entspricht; als das Streben dessen, der die Bewegung in Gang setzt, kommt Absicht nur dem Menschen (und Gott) zu; denn nur ein vernunftbegabtes Wesen kann darüber nachdenken, wie es durch die Bewegung das Ziel erreicht.

Diese letzte Antwort weist auf eine erste Frage zurück, die Thomas gestellt hatte, ob nämlich Beabsichtigen ein Akt des Geistes oder ein Willensakt sei. Die Frage ergibt sich anläßlich der Augustinischen Auslegung der Bergpredigt: *Si oculus tuus fuerit simplex, totum corpus tuum lucidum erit* und: *Si lumen quod in te est, tenebrae sunt, tenebrae quantae.*

Nach Augustinus bezeichnen Auge und Licht die Absicht. Auge und Licht stehen jedoch, so Thomas, für unsere Auffassung und unser Wissen. Demzufolge wäre Absicht ein Akt des Geistes. Hierfür spräche ebenso, daß Beabsichtigen eine Ausrichtung von Mitteln auf ein Ziel hin sei (*ordinatio in finem*), auch dies ein geistiger Akt. Wenn wir etwas beabsichtigen, kommt also zweierlei Wissen ins Spiel: das Wissen um ein Ziel und das Wissen um die entsprechenden Mittel; etwas zu wissen gehört jedoch zur Sphäre des Geistigen, nicht der des Wollens an.

Thomas weist beides zurück; er beharrt darauf, daß Beabsichtigen ein Willensakt sei. Er gesteht zwar zu, daß die Vernunft hier mit ins Spiel kommt; dieser Willensakt setzt Vernunft voraus, das Wissen um Mittel und Ziele, ist jedoch mit diesem Wissen nicht identisch.

Auf Grund dieser Lösung der *vorausgesetzten* Vernunft *(praesupposita ordinatione rationis)* kann Thomas nun Augustinus darin zustimmen (art. 1, *sed contra*), daß die Absicht des Willens den betrachteten Gegenstand mit dem betrachtenden Auge *verbinde (voluntatis intentio copulat corpus visum visui)*. Aus dieser Feststellung schließt er bündig, Beabsichtigen sei ein Willensakt. Daß die Absicht Wollen und Ziel verbindet, entspricht der thomasischen Definition von „Absicht" als einem Streben nach etwas (wie er hinzufügt: *intentio, sicut ipsum nomen sonat).*[11]

Damit diese Verbindung möglich ist, muß der Beabsichtigende über zweierlei Wissen verfügen, das Wissen, welches dem Willen das Ziel vorstellt *(cognitio, per quam proponitur voluntati finis)* und das Wissen um die Mittel zu diesem Ziel *(ordinatio rationis ordinantis aliquid in finem)*. Beabsichtigen ist also ein Willensakt; doch dieser Willensakt setzt einen Akt des Geistes, ein Wissen voraus.

---

[11] Um die Unterscheidung von Wollen und Ziel zu verstehen, ist zu beachten, daß Thomas zwischen, wie man sagen könnte, bloßem Wollen *(simplex voluntas)* und wirksamem Wollen *(voluntas efficax)* unterscheidet (ST, I a II ae, Q 8, art. 2, Responsio). Eine Verbindung von Willen und Ziel stiftet die Absicht nur im zweiten Fall. – Thomas unterscheidet beide Begriffe des Wollens als das Wollen von Mittel und Ziel *(voluntas efficax)* und das Wollen des Ziels allein *(voluntas simplex)*. In eben diesem Sinne unterscheidet er im vorliegenden Artikel Wollen *(voluntas modo absoluto)* – wenn wir uns, unabhängig von der Besinnung auf Mittel *(absolute)* Gesundheit wünschen – und Absicht als Willensakt, der auf ein Ziel gerichtet ist, das über bestimmte Mittel erreicht werden soll.

Anscombes sich auf Thomas stützende Zusammenfassung ihrer Untersuchung der Absicht wird nun verständlich. Mit der Absicht wird ein Wissen von Ziel und Mittel vorausgesetzt; doch praktische Erkenntnis ist mehr als dieses Wissen; als Wissen von Ziel und Mittel als solchen ist sie zugleich ein Wissen um das, was geschehen wird – ihre Wahrheit besteht ja darin, daß sie wahr gemacht wird – und sie ist insofern finale Ursache dessen, was geschehen wird. In diesem Sinne ist praktische Erkenntnis nicht einfach eine empirische Bedingung dessen, was geschehen wird; wenn Thomas hier von einer *praesuppositio* spricht, dann handelt es sich um eine Bedingung, wie wir heute sagen könnten, grammatischer Natur: Wir sprechen von Absicht nur dort, und nur dort können Beschreibungen von Geschehen als von Ergebnissen absichtlichen Handelns gegeben werden, wo praktische Erkenntnis in diesem Sinne vorliegt.

Thomas beginnt seine Handlungstheorie in der „Prima Secundae", Q 6, mit einer Betrachtung des Willkürlichen und Unwillkürlichen, dem Hinweis im Prolog folgend, menschliche Akte seien eigentlich als solche zu bezeichnen, wenn sie willkürlich erfolgen, da der Wille das dem menschlichen Wesen eigentlich zu eigene rationale Streben *(appetitus)* sei. Diese Bestimmung und Anordnung entspricht der Einleitung des Aristoteles in NE, III, der sich dort ebenfalls zuerst den Begriffen des Willkürlichen und Unwillkürlichen zuwendet. Doch zum eigentlichen Prinzip der finalen Verursachung wird nun bei Thomas das Absichtliche, und zwar gerade in der von Anscombe zitierten Formel. Praktische Erkenntnis liegt wesentlich dort vor, wo Absicht besteht, dort wo Handlungen willkürlich sind nur insofern und nur insoweit willkürliche Handlungen auch absichtlich sind.

Die Ergebnisse ihrer Untersuchung der Beziehung von

Absichtlichem und Willkürlichem faßt Anscombe in A, § 49 zusammen. Sie zeigt dort, daß es Fälle gibt, in denen von Willkür *im Gegensatz* zur Absicht die Rede sein kann. Ein Beispiel hierfür gibt sie mit der Schilderung eines Hausmeisters, der „nur seine Arbeit tut" (A, S. 66 f.). Dieser vergiftet wissentlich Hauseinwohner, indem er vergiftetes Wasser in den Wasserbehälter des Hauses pumpt. Er könnte dies vermeiden, indem er vom Pumpen Abstand nimmt, dennoch ist das Vergiften nicht seine Absicht, die vielmehr darin besteht, seinen Lohn zu verdienen.

Bei diesen *nur* willkürlichen und nicht absichtlichen Fällen handelt es sich um solche, die man nicht selbst wahr gemacht hat: man nimmt etwas in Kauf oder läßt es zu. Der entscheidende Gedanke hinter der Wende vom Willkürlichen zum Absichtlichen – *Intellectus practicus est causa rerum intellectarum* – ist darin zu sehen, daß Handeln, etwas ins Werk setzen, nicht im Gegensatz dazu steht, daß man daran gehindert wird, sondern dazu, daß man die auf das Werk gerichtete Absicht nicht hat. Es ist allerdings richtig, daß man Absichten nur ausführen kann, wenn man nicht daran gehindert wird. Insofern sind alle absichtlichen Handlungen willkürlich.

1.3 Ludwig Wittgensteins Philosophie des Wollens

Ludwig Wittgensteins Überlegungen zum Zusammenhang von Absicht und Handeln in der Spätphilosophie müssen vor dem Hintergrund einer früheren Auffassung verstanden werden, welche Wittgenstein in den „Tagebüchern 1914–1916"[12] und im „Tractatus logico-philosophi-

---

[12] Im folgenden zitiert als Tgb.

cus"[13] entwickelte. Im weiteren soll diese frühere Auffassung als *Wunschtheorie des Wollens* bezeichnet werden. Die Theorie behauptet, daß wir von jemandem *ebenso* sagen, er habe die-und-die Absicht, wenn er sie nicht ausführt, wie wir von jemandem sagen, er habe einen Wunsch, wenn er nichts zu dessen Erfüllung tut. Wir werden die hier angenommene Beziehung zwischen Absicht bzw. Wunsch einerseits und dem, was geschieht, andererseits als „grammatische Unabhängigkeit" bezeichnen.[14]

Wittgenstein kritisiert seine eigene frühere Auffassung in der Spätphilosophie als *psychologistische Theorie des Wollens*. Besteht nämlich zwischen Absicht und Ausführung grammatische Unabhängigkeit, so erfolgt die Untersuchung der Absicht unabhängig von der Untersuchung des Handelns, und zwar als Introspektion, die zur Entdeckung einer bestimmten Tatsache, des Willensaktes, führen soll. Der sprachliche Ausdruck der Absicht „Ich werde..." behauptet dann, daß dieser Willensakt besteht. Und die Feststellung, etwas sei willkürlich ausgeführt worden, bedeutet, daß einem bestimmten Geschehen der betreffende Willensakt vorausgegangen sei. Demgegenüber verweist er in den Schriften der mittleren und in der Spätphilosophie darauf, daß *der Ausdruck der Absicht eine Vorhersage* sei und daß *die Absicht kein inneres Ereignis*

---

[13] Im folgenden zitiert als T.

[14] Hinter der *Wunschtheorie des Wollens* steht die Tradition des britischen Empirismus. Schon D. Hume hatte aus der *logischen* Unabhängigkeit von Absicht und Ausführung darauf geschlossen, wir könnten um unser absichtliches Handeln nicht wirklich wissen (vgl. Hume 1748, Abschnitt VII, Teil I). Den entscheidenden Anstoß zu Wittgensteins Darlegung im „Tractatus" gab vielleicht seine Auseinandersetzung mit den empiristischen Varianten der Wunschtheorie bei W. James (vgl. ders. 1890, Bd. II, S. 486–592) und bei B. Russell (vgl. ders. 1914, Abschnitt VIII).

ist, welches durch eine besondere, introspektive Methode erschlossen werden könnte.

Mit der Preisgabe der These von der grammatischen Unabhängigkeit von „Absicht" und „Ausführung" wird das Handeln zum primären Untersuchungsfeld für die Klärung des Begriffs der Absicht. Hieraus folgt ein Wandel der Methode: Die Philosophie darf ihre Hoffnung nicht mehr in das introspektive Beibringen neuer Erfahrung setzen (vgl. L. Wittgenstein, Philosophische Untersuchungen, § 109)[15], es obliegt ihr vielmehr, die Grammatik von „Absicht" und „Handeln" zu untersuchen, die Untersuchung, unter welchen Umständen der Begriff „Absicht" gebraucht wird. Es ist dies die Methode, die Anscombe bei ihrer Analyse der ‚Warum?'-Frage vorführt. Den Ausdruck der Absicht als Vorhersage untersucht sie in A, §§ 2–3.

Eine Reihe jener Kriterien, die Wittgenstein in der mittleren Philosophie als Kriterien des Willkürlichen anführt, beschreibt Anscombe näher als eigentlich dem Absichtlichen zugehörig. Dieser Vergleich soll jedoch im weiteren nicht im einzelnen durchgeführt werden.

Sie stellt heraus, daß die Untersuchung des Absichtsbegriffs primär über eine Analyse des Begriffs der Handlung zu erfolgen habe (A, § 4). Dieser Gedanke und die Zurückweisung der These, die allein dem handelnden Subjekt zugängliche Absicht, mit welcher etwas getan wird, verleihe dem Tun seine Bedeutung (A, §§ 25–27, 29), richten sich kritisch gegen einen Psychologismus des Wollens.

Wittgenstein entwirft die *Wunschtheorie des Wollens* in einer später in den „Tractatus" übernommenen Eintragung in die „Tagebücher 1914–1916" (5. Juli 1916):[16]

---

[15] Im folgenden zitiert als PU.
[16] Vgl. L. Wittgenstein, T 6.373, 6.374; vgl. A, § 29.

„Die Welt ist unabhängig von meinem Willen. Auch wenn alles, was wir wünschen, geschähe, so wäre das doch nur sozusagen eine Gnade des Schicksals, denn es ist kein logischer Zusammenhang zwischen Willen und Welt, der dies verbürgte, und den angenommenen physikalischen könnten wir doch nicht wieder wollen."

Hier zeigt sich eine bestimmte Theorie des Wollens, als ob nämlich das Wollen, das Beabsichtigen, ein bloßes Wünschen sei. Nach dieser Theorie ist die Beziehung zwischen Absicht und Ausführung der Absicht analog derjenigen zwischen bloßem Wunsch und Wunscherfüllung. Diese letztere Beziehung charakterisiert Anscombe folgendermaßen (A, § 36): Im Sinne des bloßen Wunsches können Menschen sich *alles* wünschen: „Oh, wenn doch nur…", „Oh, wenn doch der Zweite Weltkrieg nicht stattgefunden hätte", „Oh, wenn ich doch auf dem Mond wäre", „Oh, wenn ich doch Millionär wäre", „Oh, wenn doch $\sqrt{2}$ kommensurabel wäre". Und daß Menschen – ob sie nun dazu in der Lage sind oder nicht – nichts tun, damit ein bloßer Wunsch in Erfüllung geht. Hiermit ist auf eine Tatsache der Grammatik verwiesen: Offenbar ist die Behauptung, jemand wünsche Millionär zu sein, von der Behauptung, er tue etwas, damit dieser Wunsch in Erfüllung geht, grammatisch unabhängig – wir sagen von jemanden, er habe einen Wunsch, (auch) wenn er nichts zu dessen Erfüllung tut.

Das Wollen nach der Art des bloßen Wünschens zu betrachten bedeutet nun eine Übertragung eben dieser grammatischen Verhältnisse. Die Behauptung, jemand wolle etwas, habe eine bestimmte Absicht, verträgt sich dann mit der Behauptung, er tue nichts dazu, um diese Absicht in die Tat umzusetzen. Daher schreibt Wittgenstein, die Ausführung unserer Absicht sei „sozusagen eine Gnade des Schicksals". Eine vorhergehende Eintragung (11. Juni 1916) lautete: „Ich kann die Geschehnisse der Welt nicht nach meinem Willen lenken, sondern bin vollkommen machtlos."

Ein Anlaß für die Analogisierung kann darin gesehen werden, daß unsere Wünsche oft nicht in Erfüllung gehen und, daß, wenn wir etwas wollen, dasjenige, was wir wollen, manchmal nicht eintrifft.[17]

Es gibt jedoch in der frühen Philosophie Wittgensteins einen tieferen Grund für die Wunschtheorie des Wollens. Er schreibt im „Tractatus":

> „Auf keine Weise kann aus dem Bestehen irgendeiner Sachlage auf das Bestehen einer, von ihr gänzlich verschiedenen Sachlage geschlossen werden.
> Einen Kausalnexus, der einen solchen Schluß rechtfertigt, gibt es nicht.
> Die Ereignisse der Zukunft *können* wir nicht aus den gegenwärtigen erschließen. Der Glaube an den Kausalnexus ist der *Aberglaube*.
> Die Willensfreiheit besteht darin, daß zukünftige Handlungen jetzt nicht gewußt werden können. Nur dann könnten wir sie wissen, wenn die Kausalität eine *innere* Notwendigkeit wäre, wie die des logischen Schlusses. – Der Zusammenhang von Wissen und Gewußtem ist der der logischen Notwendigkeit." (T 5.135–5.1362)

Wittgenstein verwirft hier zunächst zwei mögliche Arten der Relation zwischen Wollen und Ausführung, nämlich die der Verursachung, die er generell als Aberglauben

---

[17] Vgl. G. E. M. Anscombe 1959, S. 80.

bezeichnet, und die der logischen Notwendigkeit, wie sie zwischen Wissen und Gewußtem besteht.

Es verbleibt daher nur die bloße Akzidenz. Tatsächlich akzidentell ist die Beziehung zwischen Wunsch und Wunscherfüllung. Da Wittgenstein im „Tractatus" nur logische Notwendigkeit und Akzidenz kennt, erstere aber für Absicht und Ausführung ausschließt, kann er die Beziehung nur noch analog mit der von Wunsch und Erfüllung behandeln.

Nun hat Anscombe darauf hingewiesen,[18] daß in den „Tagebüchern" ein seltsamer Bruch in Wittgensteins Philosophie auftritt. So fragt Wittgenstein in der Eintragung vom 4. November 1916: Wenn das Wollen auch nur eine Erfahrung ist, wenn der Wille kommt, wenn er kommt, und ich ihn nicht herbeiführen kann (vgl. PU, § 611), wie kann ich dann voraussagen, daß ich in 5 Minuten meinen Arm heben werde? Daß ich dies wollen werde? Doch der Zweifel soll nicht gelten dürfen: „So stünde also der Wille der Welt nicht äquivalent gegenüber, was unmöglich sein muß." (Tgb, 4. November 1916)

Von der gewollten Körperbewegung sagt er, sie sei vom Willen, nicht vom Wunsch begleitet: „Wünschen ist nicht tun. Aber, Wollen ist tun." Würde hingegen ein Vorgang meinen Wunsch begleiten, so schiene dies Begleiten zufällig, „im Gegensatz zu dem gezwungenen des Willens". Doch auch hier nimmt er seine Bedenken zurück: „Es scheint nämlich durch die Betrachtung des Wollens, als stünde ein Teil der Welt mir näher als ein anderer (was unerträglich wäre)." Im „Tractatus" verbleibt von diesen Bedenken keine Spur.

Sowohl im sogenannten „Braunen Buch" als auch in dessen partieller Umarbeitung, „Eine philosophische Be-

---

[18] Vgl. G. E. M. Anscombe 1959, S. 171 f.

trachtung" – Schriften der mittleren Philosophie –, untersucht Wittgenstein den Begriff des *willkürlichen Handelns*. Er nimmt die Psychologismus-Kritik der Spätphilosophie vorweg, wenn er bemerkt, daß wir dem Ausdruck „Willensakt" keine Bedeutung verleihen können, in dessen Sinn jedem Handeln, das wir als „willkürlich" bezeichnen, ein solcher Akt vorausginge (vgl. Das Braune Buch, II, 11). Auf diese Untersuchungen soll hier nicht näher eingegangen werden.

In den „Philosophischen Untersuchungen" knüpft er in den §§ 611–628 bei seinen Überlegungen in den „Tagebüchern" und im „Tractatus" an. Wie zuvor auch in „Eine philosophische Betrachtung" warnt er jetzt vor der „gefährlichen Verwechslung zwischen Wollen und Wünschen": „Wenn ich meinen Arm hebe, so habe ich *nicht* gewünscht, er möge sich heben. Die willkürliche Handlung schließt diesen Wunsch aus." (S. 235; PU, § 616) In den anschließenden §§ 629–632 und einzelnen Anmerkungen in PU, II, XI, S. 536 wendet er sich dem zukunftsbezogenen *sprachlichen Ausdruck der Absicht* „Ich werde…" zu. *Ein* Aspekt dieser Betrachtung – in dem sie mit der der darauffolgenden §§ 633–660 übereinstimmt – ist deren antipsychologistische Tendenz: Weil es sich beim zukunftsbezogenen Ausdruck der Absicht „Ich werde…" um den Ausdruck von etwas Gegenwärtigem handelt, könnte man ihn in irgendeinem Sinne als Beschreibung der Absicht verstehen. Dies Gegenwärtige wäre dann etwas Inneres, schon vor der Handlung innerlich Ausgeführtes, auf das wir für uns selbst verweisen und so der Handlung ihren Sinn geben. So schreibt Wittgenstein in den „Zetteln":[19]

---

[19] Im folgenden zitiert als Z.

„Ich sage Einem ‚ich werde dir jetzt das Thema...
vorpfeifen', ich habe die Absicht es zu pfeifen, und
ich weiß schon, was ich pfeifen werde.

Ich habe die Absicht, dieses Thema zu pfeifen: Habe
ich es damit in irgendeinem Sinne etwa in Gedanken
schon gepfiffen?" (Z, 2)

Gegenüber diesem Bild betont Wittgenstein nun, daß es
sich beim Ausdruck der Absicht um einen besonderen
Typus der Vorhersage handelt, dem ein entsprechendes
Wissen zugrunde liegt (vgl. PU, § 629). (Anscombe charakterisiert diesen Typus als jene Vorhersage, die – im
Gegensatz zu Einschätzungen der Zukunft – durch Handlungsgründe begründet wird [A, § 2].)
In den §§ 633–660 erörtert Wittgenstein das Problem des
Psychologismus an einem besonderen Beispiel: „‚Du wur-
dest früher unterbrochen; weißt Du noch was Du sagen
wolltest?'" (PU, § 633) Daß der Betreffende nun antworten kann, indem er angibt, was er hatte sagen wollen,
könnte wieder vermuten lassen, daß im Wollen das Gewollte schon eigentlich fertig vorliegt. Hier kritisiert
Wittgenstein insbesondere die Vorstellung, die vergangene Absicht sei etwas, auf das ich aufgrund irgendwelcher
Evidenzen *schließe*, oder das ich von mir erinnerlichen
Vorgängen *ablese*, sei eine *gedeutete* Erinnerung.
Doch „Ich wollte..." ist nicht die Beschreibung eines
vergangenen Seelenzustandes, „Ich hatte die Absicht..."
nicht Ausdruck der Erinnerung an ein Erlebnis, Absicht
weder Gemütsbewegung, Stimmung noch Empfindung
oder Vorstellung, kein Bewußtseinszustand (vgl. Z,
§§ 26, 44, 45):

„Man möchte fragen: ‚Hätte einer, der in Dein
Inneres zu sehen imstande wäre, dort sehen können,
daß Du *das* sagen *wolltest*?' Angenommen, ich hätte

mir meinen Vorsatz auf einen Zettel notiert, so hätte ein anderer meinen Vorsatz dort lesen können. Und kann ich mir denken, daß er ihn auf irgendeinem Wege hätte sicherer erfahren können als so? Gewiß nicht." (Z, § 36)

Dem Psychologismus des Wollens hält also Wittgenstein in der Spätphilosophie entgegen, daß, erstens, Absicht eine bestimmte Art des Vorherwissens ist, und daß, zweitens, absichtliches Handeln nicht durch die Zurückführung auf ein inneres Ereignis erklärt wird. Gegenüber dieser reduktionistischen Tendenz des Psychologismus fordert er dazu auf, das Sprachspiel mit „Absicht" als autonom zu betrachten (vgl. PU, §§ 654–655).
Die Relevanz von Wittgensteins Psychologismuskritik für eine Kritik der Wunschtheorie des Wollens ist darin zu sehen, daß man vielleicht vom *Wunsch* sagen könnte, er sei etwas Inneres: Der bloße Wunsch verpflichtet nicht zum Handeln. Aus der Psychologismuskritik geht also gerade der wesentliche, grammatische Unterschied zwischen Wunsch und Absicht hervor: Wir sagen von jemandem, daß er einen Wunsch habe, auch wenn er nichts zu dessen Erfüllung tut. (Dies heißt nicht, es gebe hier gar keine grammatische Verbindung: Von einem Wunsch sprechen wir nur dort, wo der Betreffende angesichts der Möglichkeit der Erfüllung – sofern keine konkurrierenden Wünsche dazwischentreten – den Wunsch in eine Absicht verwandelt.) Hingegen sagen wir nur dann von jemandem, er habe eine Absicht, wenn er dieselbe auch ausführt – es sei denn, er vergißt oder ändert sie oder wird an der Ausführung gehindert. Mit anderen Worten: Absicht, nicht aber der bloße Wunsch, bringt Handlungen hervor (vgl. A, S. 16).
Wittgensteins späte Philosophie des Wollens wurde im

vorangegangenen eher als Kritik einer bestimmten Auffassung im „Tractatus" entwickelt, als daß versucht worden wäre, jene Ansätze deutlichzumachen, in denen er es selbst unternimmt, das Sprachspiel mit „Absicht" neu zu beschreiben. In entfalteter Form stellt Anscombes Abhandlung gerade die Beschreibung dieses autonomen Sprachspiels dar.

2. Begleitende Bemerkungen zum Text

Das Werk kann in zwei Hauptteile unterteilt werden. Im ersten dieser beiden Teile wird die Grammatik des Absichtsbegriffs untersucht, so wie dieser in verschiedenen Verwendungen auftritt (§§ 1–27). Im zweiten analysiert Anscombe ein besonderes Wissen, praktische Erkenntnis, welches in diesen Verwendungen zum Ausdruck kommt (§§ 28–52).

2.1 Die Grammatik von „Absicht"

Der Begriff „Absicht" tritt erstens im (sprachlichen) *Ausdruck der Absicht* auf, z. B. „Ich werde spazierengehen"; zweitens nennt man eine Handlung *absichtlich;* drittens spricht man von der *Absicht, mit welcher* etwas getan wird. Umfassende Teile von „Absicht" sind der genauen Untersuchung dieser Verwendungen gewidmet: Dem Ausdruck der Absicht die §§ 2–3, 50–52; der absichtlichen Handlung die §§ 4–21; der Absicht, mit welcher man das tut, was man tut, die §§ 22–27. Das Ergebnis der Untersuchung lautet, daß, immer wenn „Absicht" in einer der drei Verwendungen auftritt, ein Handelnder sein Tun in einer bestimmten Weise begründen kann, nämlich durch einen *Handlungsgrund.*

2.1.1 Der Ausdruck der Absicht (§§ 2/3)

Anscombe charakterisiert den Ausdruck der Absicht, z. B. „Ich werde spazierengehen", als *Vorhersage*. Von einem anderen Typus der Vorhersage, der Einschätzung der Zukunft, z. B. „Ich werde an dieser Erkrankung sterben", unterscheidet er sich durch die Begründung. Ausdrücke der Absicht werden durch Handlungsgründe, Einschätzungen der Zukunft durch Beweisgründe begründet. Während ein Handlungsgrund besagt, es sei gut, etwas im Hinblick auf ein bestimmtes Ziel geschehen zu machen, und das heißt, den Ausdruck der Absicht wahr zu machen, legt ein Beweisgrund nahe, daß etwas sicher geschehen wird, daß also die Einschätzung der Zukunft wahr ist (vgl. A, S. 7).

Auch Befehle sind Vorhersagen, für die Handlungsgründe geltend gemacht werden. Im Gegensatz zu Ausdrücken der Absicht sind sie jedoch wesentlich Zeichen oder Symbole: Nur eine bestimmte *Äußerung*, z. B. „Du wirst das-und-das tun", wird als Befehl bezeichnet. Hingegen kann eine Absicht ohne eine entsprechende Äußerung, ohne ihren Ausdruck bestehen (vgl. A, S. 9).

Es gibt Einwände dagegen, den Ausdruck der Absicht eine Vorhersage zu nennen. Der erste Einwand ergibt sich gerade aus der Tatsache, daß sich der Ausdruck der Absicht auf eine Absicht bezieht und daher als rein *gegenwartsbezogen* verstanden werden könnte. Für diesen Einwand spricht z. B., daß Menschen manchmal daran gehindert werden, ihre Absichten aufzuführen, oder diese ändern. In diesen Fällen hatten sie eine Absicht, obwohl dasjenige, was sie mit dem Ausdruck der Absicht zum Ausdruck brachten, nicht eintraf (vgl. A, S. 15 f.). Für den Einwand könnte ferner sprechen, daß, wenn ich mit dem Ausdruck der Absicht *lüge*, dies dann der Fall ist, wenn ich die ausgesprochene Absicht nicht habe, unabhängig davon, ob ich dasjenige, was ich mit dem Ausdruck der Absicht beschreibe, tue oder nicht tue.

Ein wesentliches Argument für die Zukunftsbezogenheit des Ausdrucks der Absicht ist jedoch, neben der grammatischen Form – der Ausdruck der Absicht ist ein Futurum –, daß eine bestimmte Art Irrtum in diesem Zusammenhang eine wichtige Rolle spielt. Würde man den Ausdruck der Absicht durchweg als gegenwartsbezogene Behauptung über die Absicht verstehen, dann müßte man z. B. im Falle von „Ich werde Butter einkaufen", wenn man dann mit Margarine zurückkommt (und man nicht gelogen, seine Absicht nicht geändert hat und an ihrer Ausführung auch nicht gehindert wurde), den Irrtum korrigieren müssen, indem man sagt: „Oh (ich hatte mich geirrt), ich wollte also in Wirklichkeit Margarine kaufen." Doch die Korrektur besteht in der Korrektur des Einkaufs; der Irrtum ist nicht auf die Absicht, sondern auf deren Ausführung bezogen (vgl. A, § 32). Anscombe verweist auf diesen, wie man sagen könnte, *praktischen* Irrtum unter Bezug auf die aristotelischen „Magna Moralia", 1189 b 22: Der Fehler liegt in der Ausführung, nicht im Urteil (vgl. A, S. 9).

Hinter der Diskussion des Ausdrucks der Absicht als einer Vorhersage steht ein Problem, das Anscombe in A, § 4 besonders deutlich anspricht. Die Argumente für den Gegenwartsbezug des Ausdrucks der Absicht könnten dahingehend verstanden werden, es handele sich bei der Absicht um einen Denkinhalt und bei ihrer Analyse um eine Untersuchung der Sphäre des Geistigen: Wer – in diesem Sinne – davon spricht, er habe die Absicht so-und-so oder er werde das-und-das tun, bezieht sich mit dem, was er sagt, allein auf das, was in ihm vorgeht, während er sich äußert. Doch die Berücksichtigung dessen am Ausdruck der Absicht, was auf die Zukunft verweist, deutet auf etwas Äußeres, auf das Handeln, auf die Ausführung hin. Und hier, so sagt Anscombe nun, liege zuerst das Untersuchungsfeld der Handlungstheorie (vgl. A, S. 16). Dementsprechend gilt der umfangreiche folgende Teil von „Absicht" dem absichtlichen Handeln.

2.1.2 Absichtliches Handeln (§§ 4–18)

Ebenso wie der Ausdruck der Absicht im Gegensatz zur Einschätzung der Zukunft wird auch absichtliches Handeln im Gegensatz zu unabsichtlichem durch Handlungsgründe begründet. Dies zeigt sich am Umgang mit der Frage nach dem Warum einer Handlung. Wird diese Frage in einem bestimmten Sinne *zugelassen,* dann liefert die Antwort Handlungsgründe. Anscombe wählt zunächst ein Verfahren der negativen Umschreibung des Sinns der ‚Warum?'-Frage, indem sie jene Fälle beschreibt, in denen die Frage *zurückgewiesen* wird (A, §§ 4–11) und geht dann erst zu einer positiven Definition über (A, §§ 12–16). Allerdings zeigt sich, daß nicht überall dort, wo die Frage zugelassen wird, es auch eine Antwort im erwarteten Sinne gibt (A, §§ 17/18).
Zurückgewiesen wird die ‚Warum?'-Frage durch die Antworten
1) „Ich war mir nicht bewußt, daß ich das tat."
2) „Es geschah unwillkürlich."
Sie wird zugelassen, wenn die Antwort ein Motiv nennt. Wir werden uns hier auf einen kurzen Überblick beschränken.[20]
Es ist möglich, das eigene Tun in einer Beschreibung zu

---

[20] Vgl. für Anscombes eigene Zusammenfassung A, § 16.

kennen, z. B. „Pilze essen", nicht aber in einer anderen, ebenfalls wahren, z. B. „giftige Pilze essen". Man wird dann die Frage „Warum ißt Du giftige Pilze?" zurückweisen; diese Zurückweisung bedeutet, daß man sich dessen, daß man giftige Pilze aß, nicht bewußt war. Daher hat man nicht absichtlich giftige Pilze gegessen (A, § 6).

„Es geschah unwillkürlich" hat als Zurückweisung der ‚Warum?'-Frage unterschiedliche Bedeutungen: Ist eine *Handlung nur durch Beobachtung bekannt,* dann ist sie unwillkürlich. Z. B. „Ich habe beim Überqueren der Straße bemerkt, daß ich dadurch die Verkehrsampel schaltete." (vgl. A, S. 24). Zu den ohne Beobachtung bekannten Tatsachen gehören willkürliche und unwillkürliche Handlungen bzw. Bewegungen. Z. B. ist das seitliche Heben des Arms, mit dem man sich vorher gegen die Wand gelehnt hat, unwillkürlich, *weil die Ursache dieser ohne Beobachtung bekannten Bewegung ihrerseits nur durch Beobachtung bekannt ist* (vgl. A, S. 22 u. 25). Zu jenen Handlungen, (die ohne Beobachtung bekannt sind, und) *deren Ursache ohne Beobachtung bekannt ist,* gehören wiederum absichtliche und unwillkürliche. Die Angabe einer ohne Beobachtung bekannten, einer „geistigen Ursache" besteht in der Erwähnung eines vergangenen geistigen Ereignisses. Antworte ich z. B. auf die Frage, warum ich auf und ab marschiere, daß mich die Militärmusik, die ich höre, erregt, dann gebe ich damit die geistige Ursache meiner Handlung an (vgl. A, S. 26). Mit dieser Antwort ist jedoch über die Absichtlichkeit oder Unwillkürlichkeit der Handlung noch nicht entschieden. Weil diese Entscheidung suspendiert ist, wie man sagen könnte, *stellt die Angabe der geistigen Ursache, für sich genommen, eine Zurückweisung der ‚Warum?'-Frage dar.* (Selbst dort, wo die geistige Ursache einer unwillkürlichen Handlung benannt wird, erfolgt die Zurückweisung also nicht, wie in den beiden zuvor genannten Fällen, *weil* eine unwillkürliche Handlung vorliegt.)

Auch die Angabe eines bestimmten, nämlich des sogenannten rückschauenden Motivs ist die Erwähnung eines vergangenen geistigen Ereignisses. Es ist daher wesentlich, die Angabe des rückschauenden Motivs von der einer geistigen Ursache zu unterscheiden. Im Gegensatz zu geistigen Ursachen sind rückschauende Motive dadurch gekennzeichnet, daß bei ihnen die Vorstellungen von Nutzen und Schaden eine Rolle spielen (vgl. A, S. 33, 35 f., 40). Z. B. ist Rache ein rückschauendes Motiv: Man glaubt zumindest, daß einem Schaden zugefügt wurde und daß man selbst durch den Racheakt Schaden zufügen kann. Spielen also bei der Erwähnung eines vergangenen geistigen Ereignisses die Vorstellungen von Nutzen und Schaden eine Rolle, dann ist dies geistige Ereignis als Motiv gekennzeichnet. Im Gegensatz zur Angabe der geistigen Ursache bedeutet diese Angabe keine Zurückweisung der ,Warum?'-Frage, die Handlung ist vielmehr als absichtliche charakterisiert.

Neben dem *rückschauenden* Motiv unterscheidet Anscombe zwei weitere Typen: zum einen das *interpretative* Motiv oder *Motiv-im-allgemeinen* (vgl. A, S. 34 f.), z. B. Liebe, Bewunderung usw. Das interpretative Motiv stellt die Handlung, nach der mit der ,Warum?'-Frage gefragt wird, in ein bestimmtes Licht. Zum anderen das *vorwärtsschauende* Motiv, welches die Absicht, mit welcher etwas getan wird, angibt (vgl. A, S. 35). Durch die Erwähnung eines dieser Motive wird die ,Warum?'-Frage angenommen. Die Handlung ist damit als absichtlich gekennzeichnet, das Motiv benennt einen Handlungsgrund.

Eine auch für die spätere Auseinandersetzung wesentliche Frage, die Anscombe im Zusammenhang mit absichtlichem Handeln erörtert, ist die nach der Verursachung des Handelns: Motive wurden zuweilen in der Philosophie als Bewegursachen verstanden (vgl. A, S. 29ff.). Aus dem Gesagten geht erstens hervor, daß die Antwort auf die ‚Warum?'-Frage zuweilen tatsächlich eine Ursache erwähnt. Doch diese Ursache ist eine geistige Ursache, gerade keine Bewegursache im Sinne der Humeschen Auffassung von Kausalität (vgl. A, S. 27): Anders als im Falle der durch Beobachtung bekannten Ursachen einiger unwillkürlicher Handlungen – hier handelt es sich um Humesche Ursachen –, stellt man in diesem Fall keine Überlegungen an, worin die Ursache wohl bestehen könnte. Zweitens ist deutlich geworden, daß dort, wo eine Ursache angegeben wird, diese Antwort gerade von jener zu unterscheiden ist, die ein Motiv nennt. Weder ist also ein Motiv in irgendeinem Sinne eine Ursache, noch ist die Ursache, die zuweilen angegeben wird, eine Bewegursache.

Um den mit der Auffassung von Motiven als Bewegursachen verbundenen Verwirrungen zu entgehen, zeigte sich zuweilen die gegenläufige Tendenz, Motive generell als Absichten zu verstehen. Auch diese Tendenz ist falsch: Es gibt zumindest eine Verwendung von „Motiv", in der dieser Begriff nicht die Absicht bezeichnet, mit welcher ein Mensch handelt, nämlich das rückschauende Motiv (vgl. A, S. 32f.).

Erst später unterscheidet Anscombe definitv zwischen Absichtlichem und Willkürlichem (A, § 49). Zunächst (§§ 17/18) verweist sie darauf, daß diese Unterscheidung im Sprachspiel mit der ‚Warum?'-Frage insofern relevant ist, als beim Willkürlichen die Frage nicht einfach zurückgewiesen wird: Die Berechtigung der Frage wird zugestanden, doch die Antwort zeigt, daß es keinen Handlungsgrund gibt (vgl. A, S. 43).

XL

Zum Abschluß ihrer Betrachtung des absichtlichen Handelns deutet Anscombe erstmals ihre Antwort auf die Frage nach der Besonderheit des Absichtsbegriffs an: Wenn ich eine Handlung als „absichtlich" bezeichne, führe ich damit keine zurätzliche Eigenschaft der Handlung an – es gibt hier nichts, was zusätzlich geschieht. Ihr späteres Resümee wird lauten, daß ich damit vielmehr auf eine *Form der Beschreibung* Bezug nehme. Eine Reihe von Prädikaten teilen diese Form und, wie Anscombe in den §§ 19 und 20 zeigt, es ist nicht möglich, sie auf elementarere zu reduzieren.

2.1.3 Die Absicht, mit welcher gehandelt wird (§§ 22–27)

Anscombe leitet von der Betrachtung des absichtlichen Handelns zu derjenigen der „Absicht, mit welcher" über, indem sie untersucht, in welcher Beziehung diese beiden Verwendungen zueinander stehen. Es zeigt sich, daß die beiden Begriffe weitgehend formal voneinander abhängen (vgl. A, § 20). Den Begriff des absichtlichen Handelns, so wie wir diesen verwenden, gäbe es ohne den Begriff der Absicht, mit welcher, nicht (vgl. A, S. 55). Sie weist darauf hin, daß die Antike und das Mittelalter absichtliches Handeln schlichtweg unter die Absicht mit welcher subsumieren. Auch diese Subsumtion ist überzogen (vgl. A, S. 55 f.).

Es wurde bereits erwähnt, daß die Absicht, mit welcher etwas getan wird, ein bestimmter Typus des Motivs ist, und zwar das vorwärtsschauende Motiv. Anscombe führt den Begriff anhand der Satzformel „Ich tue P im Hinblick auf Q" ein. Hierbei steht „P" für die Beschreibung der gegenwärtigen Handlung, „Q" für die Beschreibung eines zukünftigen Sachverhalts, der durch P vom Sprecher hervorgebracht wird. Q kann durch eine „um... zu"-Formulierung oder durch den zukunftsbezogenen Ausdruck der Absicht zum Ausdruck gebracht werden. Es gibt jedoch noch eine weitere Form des sprachlichen Ausdrucks der Absicht, mit welcher P getan wird, nämlich eine umfassendere Beschreibung dessen, was getan wird (vgl. A, S. 56). Auf die Frage „Warum liegst Du auf dem Bett?" kann entweder geantwortet werden „Um mich auszuruhen" oder „Ich ruhe mich aus".

Anscombe erläutert den Begriff am Beispiel eines Hausmeisters, der seine Arme auf und ab bewegt (= „Beschreibung A" dessen, was er tut), wodurch er vergiftetes Wasser in eine Zisterne pumpt (= „Beschreibung B"), womit er den Hausvorrat mit vergiftetem Wasser auffüllt (= „Beschreibung C"), wodurch er schließlich die Hausbewohner (Mitglieder der Regierung) vergiftet (= „Beschreibung D"). Als Beschreibungen absichtlicher Handlungen sind diejenigen wahren Beschreibungen von Interesse, hinsichtlich deren die ,Warum?'-Frage eine Antwort innerhalb des definierten Bereichs hat. Die Beschreibungen B – D stellen Antworten dar, die der ,Warum?'-Frage nach A im relevanten Sinne Anwendung geben. Es gibt also mehrere richtige Beschreibungen dessen, was der Hausmeister absichtlich tut. Hierbei besteht eine bestimmte Reihenfolge der ,Warum?'-Fragen, auf die mit den entsprechenden Beschreibungen geantwortet wird. Diese Reihenfolge ist dadurch charakterisiert, daß die Beschreibungen jeweils umfassender sind, z. B. Warum bewegst Du die Arme auf und ab? Um vergiftetes Wasser zu pumpen; warum pumpst Du vergiftetes Wasser? Um den Hausvorrat mit vergiftetem Wasser aufzufüllen usw. Diese Reihe kommt dort zu einem Ende, wo wir, wenn der Betreffende antwortet: „Um Z willen", nicht sagen können „Er tut Z". Je zweifelhafter das Erreichen des

Ziels erscheint, um so eher wird das Ziel allein durch „um... zu" zum Ausdruck gebracht (vgl. A, S. 64 f.).

Offenbar gibt es im genannten Beispiel eine einzige Handlung, A, in der zu tun B – D bestehen. Damit B zu tun darin besteht, A zu tun, sind gewisse Umstände notwendig; damit D zu tun darin besteht, A zu tun, sind mehr Umstände erforderlich. Dabei sind A – C *Mittel* für den Zweck D. Im Rahmen dieses Geschehens gibt es entweder vier Absichten oder eine. Spricht man von vier Absichten, dann meint man damit, daß A – D jeweils *absichtlich* sind. Hierbei gilt für A – C: Man will die Mittel der eigenen Zwecke. Spricht man von einer Absicht, dann meint man mit ihr die Absicht D, welche die *Absicht* ist, *mit welcher* A – C getan werden. D „verschluckt" gewissermaßen die vorhergehenden Absichten. Wir können also auf die Frage nach A mit D antworten. Hierbei sind dann B und C Antworten auf die Frage „Wie?", mit der nach den Mitteln gefragt wird (vgl. A, § 26).

Im Falle der Absicht, mit welcher gehandelt wird, scheint die Versuchung einer psychologistischen Deutung besonders stark. Anscombe behandelt diese Problematik in den §§ 24, 25 und 27. Am Anfang steht ein Dilemma: Wie kann im Beispiel vom wasserpumpenden Hausmeister der Akt des Wasserpumpens als ein solcher identifiziert werden, mit dem die Absicht, Hausbewohner zu vergiften, verbunden ist? Anscombe zeigt, daß weder bestimmte *Vorstellungen* des Handelnden (daß z. B. die Hausbewohner tot daliegen) noch daß der Hausmeister den Akt so *meint*, diesen zum absichtlichen machen (vgl. A, S. 66 u. 67 ff.).

Der mit „Ich tue P im Hinblick auf Q" geäußerten Absicht kann durch den Hinweis widersprochen werden, daß sich Q nicht ereignen werde, auch wenn der Sprecher P tut, oder daß Q sich ereignen werde, ob der Sprecher nun P tut oder es unterläßt (vgl. A, S. 59). Diese Widerspruchsmöglichkeit deutet darauf hin, daß die Äußerung der Absicht gewissen Einschränkungen unterliegt, welche den angegebenen zukünftigen Sachverhalt betreffen; dieser muß durch die Handlung erreicht werden können. Insofern ist die Absicht eines Menschen „kein derart privater und innerlicher Gegenstand, daß der Mensch absolute Autorität darin hätte zu sagen, *was* diese ist" – im Gegensatz etwa zum Traum, wo er diese Autorität besitzt (vgl. A, S. 58 f.).

Das Anliegen des Psychologisten ist nicht ganz ohne Grundlage. „Es kommt ein Punkt, an dem ein Mensch sagen kann ‚Dies ist meine Absicht‘, ohne daß sonst jemand irgend etwas dazu beitragen kann, die Frage zu entscheiden." Doch hieraus kann nicht abgeleitet werden, daß wir über ein privates Wissen unserer Absichten verfügen: Dies bedeutet nicht, „daß er, wenn er sagt: ‚Dies ist meine Absicht‘, ein Wissen an den Tag legt, das nur ihm verfügbar ist. D. h., hier bedeutet ‚Er weiß‘ nur: ‚Er kann sagen‘." (A, S. 76) Die Absicht ist weder innerer Prozeß noch inneres Ereignis.

2.2 Praktische Erkenntnis

Im ersten Hauptteil von „Absicht" zeigte sich, daß ein Handelnder sein Tun durch Handlungsgründe begründet. Obwohl nun, wenn ich etwas tue, etwas geschieht, ist das entsprechende Wissen kein Wissen aufgrund von Beobachtung (§§ 28–32). Dies selbe Wissen ohne Beobachtung zeigt sich auch in einem besonderen, dem praktischen Schluß, den schon Aristoteles dem theoretischen, beweisenden Schluß gegenübergestellt hatte (§§ 33–44). Wissen ohne Beobachtung oder praktische Erkenntnis, so stellt sich heraus, ist ein Wissen um das, was geschehen wird, um die Sachverhalte, die wir durch unser Tun hervorbringen (§§ 45–52).

2.2.1 Tun und Geschehen (§§ 28–32)

Anscombe bezeichnet das Wissen um das eigene Tun als Wissen ohne Beobachtung. Wenn man bestimmte Dinge tut – z. B. ABC –, dann weiß man ohne Beobachtung, was der Fall sein oder geschehen wird – z. B. Z. Wenn man z. B. das Fenster öffnet, dann ist danach das Fenster geöffnet. Tatsächlich nimmt man gegenüber diesem Geschehen nicht die Haltung ein: „Schauen wir einmal, was bringt dieser Körper zustande? Oh ja! Das Öffnen des Fensters.'" (Vgl. A, S. 81) Es gibt Deutungen, die bestreiten, daß man mit dem Wissen um das eigene Tun auch weiß, was geschieht. Ein Deutungsvorschlag lautet, man wisse die eigene Absicht und Körperbewegung ohne Beobachtung, das Ergebnis hingegen, das ebenfalls im Ausdruck der Absicht zum Ausdruck kommt, durch Beobachtung (vgl. A, S. 82). Ein zweiter Vorschlag besagt, daß man im absichtlichen Sinne tut, was immer man zu tun *glaubt* (vgl. A, S. 82 f.). Beiden Vorschlägen liegt die Tendenz zugrunde, im Falle des Absichtlichen nicht von Wissen zu sprechen. Das als Inhalt der Absicht wirklich gewußte wird immer weiter zurückgeschoben, bis hin auf den *Versuch*, das Betreffende zu tun. Anscombe macht deutlich (§§ 31/32), daß praktisches Wissen sich sehr wohl auf das Geschehen bezieht.

Im § 2 hatte sie darauf verwiesen, daß man mit dem Ausdruck der Absicht einen besonderen Irrtum begehen kann, der oben bereits als *praktischer* Irrtum bezeichnet worden war. Sie zeigt jetzt, was es heißt, daß dieser Irrtum sich auf die Ausführung bezieht: Wenn ich die Absicht äußere „Jetzt werde ich Knopf B drücken" und dann

Knopf A drücke, dann irre ich in der Ausführung der Absicht (es sei denn, ich habe gelogen oder mich versprochen oder meine Absicht geändert); daß der Irrtum praktisch ist, zeigt sich an seiner Korrektur: diese besteht darin, Knopf B zu drücken, nicht aber in der Korrektur des geäußerten Urteils: (sonst hätte dieses als Einschätzung der Zukunft verstanden werden müssen) – korrigiert wird die Ausführung, nicht das Urteil.

Die Tatsache der Möglichkeit des praktischen Irrtums zeigt also, daß ich tatsächlich tue, was geschieht (vgl. A, S. 83 ff.), und daß ich insofern auch, wenn ich etwas Bestimmtes tue, weiß, daß das Entsprechende geschieht. Der mit dem Ausdruck der Absicht spezifisch verbundene Irrtum geht nicht auf den sprachlichen Ausdruck, sondern auf die Ausführung. Er wäre im Falle der zuvor vorgebrachten Lösungsvorschläge schlicht nicht denkbar: Denn diesen Vorschlägen zufolge würde ich mich nur in bezug auf meine Absicht oder meine Körperbewegungen bzw. in bezug auf das, was ich denke, irren. Zu korrigieren wären in diesen Fällen die Beschreibungen meiner Absicht bzw. dessen, was ich bei mir vor der Ausführung gedacht hatte – diese Korrektur würde also einem Urteil gelten und wäre theoretisch.

2.2.2 Praktisches Schließen (§§ 33–44)

Es ist das besondere Kennzeichen der praktischen Erkenntnis, daß sie ihren Gegenstand *hervorbringt*, während theoretische Erkenntnis von den Gegenständen abgeleitet ist. Praktische Erkenntnis als das Wissen, wie und daß der Gegenstand hervorgebracht wird, äußert sich nun gerade im praktischen Schluß. Anscombes Darstellung des praktischen Schlusses im Rahmen ihrer Rekonstruktion des aristotelischen praktischen Syllogismus wurde oben bereits vorgestellt (vgl. oben 1.1). Im folgenden sei daher nur knapp nachgetragen, welchen Gang Anscombes Argumentation in „Absicht" nimmt.

Der Zweck des theoretischen Schlusses besteht im Beweis der Konklusion aus den Prämissen: In einem gültigen theoretischen Schluß folgt die Wahrheit der Konklusion aus der Wahrheit der Prämissen. Hingegen ist der Zweck des praktischen Schlusses die Handlung: Er stellt eine Kalkulation dar, was zu tun ist. Seine Konklusion ist demnach eine Handlung – oder, sofern hier eine Konklusion ausgesprochen wird, das Wahrmachen dieser Äußerung (vgl. A, § 33).

An einer Reihe von Beispielen führt Anscombe vor, daß der Versuch, praktische Schlüsse als theoretische zu formulieren, entweder zu unverbindlichen oder zu widersprüchlichen Konklusionen führt: Entweder besagt diese Konklusion überhaupt nichts darüber, daß irgend etwas getan werden soll, oder sie ist als Handlungsgebot widersprüchlich. Insbesondere aber verfehlt die Theoretisierung des praktischen Schlusses dessen Eigenart als Kalkulation dessen, was zu tun ist. Im eigentlichen praktischen Syllogismus „ist die Konklusion eine Handlung, deren Pointe sich in den Prämissen zeigt, die jetzt, sozusagen, aktiv im Dienst stehen" (A, S. 95).

Der praktische Schluß beginnt nicht mit der *Feststellung, daß* der Handelnde etwas will, sondern mit der *Erwähnung dessen, was er will* (vgl. A, §§ 34/35). Denn eine erste Prämisse, *daß* der Handelnde etwas will, würde den praktischen Schluß gerade zum theoretischen machen. Aus der Wahrheit der Feststellung, daß X das-und-das beabsichtigt, wird im weiteren auf die Wahrheit der Konklusion geschlossen.

Dennoch kommt der *Tatsache*, daß der Handelnde etwas will, im Zusammenhang des Praktischen eine wichtige

Rolle zu: Wer einen praktischen Schluß vollzieht, wird gerade nur dann handeln, wenn er das Erwähnte auch will. Will er dies nicht, dann handelt es sich bei seinem praktischen Schluß nur um ein Lehrbuchbeispiel, um einen „müßigen" praktischen Syllogismus (vgl. A, S. 95).

Der von Anscombe durchweg verwendete Begriff des Wollens oder Beabsichtigens folgt einem bestimmten Kriterium, daß nämlich derjenige, der so will oder beabsichtigt, nach dem gewollten Gegenstand trachtet (vgl. A, § 36). Anscombe bezeichnet daher das *Trachten nach etwas* als das primitive Zeichen des Wollens (A, S. 107). „Wollen" in diesem Sinne ist nicht durch „Wünschen" ersetzbar und kann nicht auf das Gefühl der Begierde beim Gedanken an einen bestimmten Gegenstand oder auf das Hoffen, daß etwas (ohne mein Zutun) geschieht angewandt werden. Hierbei bedeutet „Trachten nach", daß derjenige, der eine Absicht in diesem Sinne hat, weiß oder meint, daß der gewollte Gegenstand da ist, oder zumindest eine Vorstellung von ihm hat (z. B. wenn der Gegenstand zukünftig ist), und daß er sich auf ihn zubewegt. Diese Spezifizierung des Absichtsbegriffs ist für den praktischen Schluß wesentlich, weil nur für den so spezifizierten Begriff gilt, daß wir aus der aus diesem Grunde ausgeführten Handlung darauf schließen können, daß der Betreffende das in der ersten Prämisse Erwähnte gewollt hat (vgl. A, S. 105).

Das genannte Kriterium stellt eine Einschränkung der Gegenstände des Wollens dar: Ich kann mir das Unmögliche wünschen, ich kann z. B. wünschen, daß die Vergangenheit anders verlaufen wäre; doch ich kann nur das wollen, wonach ich trachten kann, z. B. das Zukünftige. Die erste Prämisse des praktischen Syllogismus erwähnt etwas Gewolltes (A, § 37). Ist nicht unmittelbar einsichtig, inwiefern das Betreffende gewollt werden kann, dann kann die erste Prämisse so lange befragt werden „Wozu willst Du das?", bis eine Charakterisierung des Gewollten als begehrenswert erreicht ist. Auch in diesem Sinne kann also nicht alles gewollt werden. Die Antwort „Ich will das bloß" entkleidet das Wort „Wollen" seines Sinnes (vgl. A, S. 113).

Ein praktischer Schluß ist nur dann *wirksam*, wenn der Handelnde ihn zum Handlungsgrund *wählt*. Dieser Schritt folgt keineswegs aus dem Schluß selbst (A, §§ 38 u. 41). Dies sei an Anscombes Beispiel von Huckleberry Finn nochmals erläutert. Huckleberry Finn unterläßt es, einen entlaufenen schwarzen Sklaven auszuliefern, obwohl er der Auffassung ist, das weiße Jungen entlaufene Sklaven ausliefern sollten. Er stimmt also einer bestimmten ersten Prämisse zu und weiß, wie das in dieser Prämisse als begehrenswert Angesprochene zu erreichen wäre. Dennoch macht er die Prämisse nicht zu seiner *praktischen* Prämisse. In anderen Worten: Man kann einen praktischen Schluß bei sich bedenken und zu der Auffassung kommen, daß man eigentlich entsprechend handeln müßte. Doch dann unterläßt man es, den erwogenen praktischen Schluß zum Handlungsgrund zu machen. Obwohl also ein praktischer Schluß (theoretisch) *schlüssig* sein mag, ist er doch nur dort *wirksam*, wo man ihn wählt, und d. h. entsprechend handeln *will*.

Anscombe hat nun zweimal die Struktur der Handlungsbegründung analysiert, einmal am Beispiel des pumpenden Hausmeisters, ein anderes Mal in Form des praktischen Syllogismus. Die Analyse ist nicht als Analyse bestimmter geistiger Prozesse aufzufassen, die immer ablaufen, bevor wir handeln. Sie deckt vielmehr jene stillschweigenden Konventionen auf, deren es bedarf, damit ein bestimmtes Geschehen als absichtliche Handlung verstanden werden kann.

2.2.3 Wissen, was geschehen wird (§§ 45–52)

Im noch Verbleibenden wird gezeigt, was der Terminus Wissen ohne Beobachtung oder praktische Erkenntnis genau umfaßt. Man weiß auf diese Weise erstens, wie dasjenige beschaffen ist, das durch die Handlung hervorgebracht wird; zweitens, wie dies hervorzubringen ist; und drittens, insofern, was geschehen wird.

Die Ausführung von Absichten kann mißlingen. Dem früher eingeführten Kriterium des praktischen Irrtums zufolge ficht jedoch ein Scheitern in der Ausführung das praktische Wissen nicht an. Denn diesem Kriterium zufolge liegt der Fehler in der Ausführung, nicht im Urteil. Wie kann man nun zu wissen behaupten, was man tut, und was geschieht, wenn das, wovon dies Wissen gelten soll, nicht der Fall ist? (Vgl. A, S. 108.) Da die gescheiterte Ausführung mein Wissen nicht betrifft, scheint es ja so zu sein, als ob es für praktisches Wissen keine Falsifikationsmöglichkeit gäbe. Anscombes Antwort lautet hier, daß, sofern dasjenige, was geschieht, zu Recht als gescheiterte Ausführung einer Absicht beschrieben wird, es die Absicht und d. h. praktisches Wissen voraussetzt.

Es ist zwar von dem her, was geschieht, durchaus möglich, praktisches Wissen zu bestreiten. Doch es darf dann nicht als Ausführung einer Absicht beschrieben werden. Will ein normaler Erwachsener in unserem Kulturraum mit verbundenen Augen „Ich bin ein Narr" an die Tafel schreiben und mißlingt ihm dies, dann werden wir sagen, daß er in der Ausführung seiner Absicht gescheitert ist, nicht, daß er über das entsprechende Wissen, wie man dies zu schreiben habe, nicht verfügt. Behauptet ein Dreijähriger, dies zu wollen, dann werden wir nicht sagen, er sei in der Ausführung seiner Absicht gescheitert. Wir werden vielmehr sagen, er wisse nicht, was es heiße, dies zu wollen, d. h. wir sprechen ihm die Fähigkeit zu dieser Absicht ab. In diesem letzten Falle bestreiten wir also das Verfügen über ein bestimmtes praktisches Wissen aufgrund dessen, was geschieht. Doch das was geschieht, werden wir nicht als die gescheiterte Ausführung einer Absicht beschreiben. Dies gilt jedenfalls für jenen Begriff der Absicht oder des Wollens, für den das oben herausgestellte Kriterium des *Trachtens nach etwas* gilt.

Anscombe hatte bereits darauf verwiesen, daß „absichtlich" sich nicht auf eine zusätzliche Eigenschaft bezieht, auf etwas, was zum Zeitpunkt der Handlung auch noch stattfindet (vgl. A, § 19). Aufgrund der soeben dargestellten grammatischen Beziehungen zwischen „Absicht", „Wissen, was geschehen wird" und „Ausführung der Absicht" kann sie ihre Feststellung nun erläutern: „Der Term ‚absichtlich' nimmt auf eine *Form* der Beschreibung von Ereignissen Bezug." Und „Eine große Anzahl unserer Beschreibungen der Ereignisse, die von menschlichen Wesen bewirkt werden, sind *formal* Beschreibungen ausgeführter Absichten" (A, S. 133 u. 137). Die Form ist dadurch gekennzeichnet, daß, wenn ein Prädikat, das in diese Form fällt, als Antwort auf die ‚Warum?'-Frage auftritt, ihm ein „um… zu" oder „weil" (in jenem Sinne, in dem im folgenden ein Handlungsgrund gegeben wird) angehängt ist (vgl. A, S. 133). Für all diese Prädikate gelten die dargestellten grammatischen Relationen. Dies heißt, so erläutert Anscombe, „daß ohne praktische Erkenntnis, das, was geschieht, nicht in die Beschreibung – Ausführung von Absichten – fällt" (A, S. 138). Viele Geschehnisse sind als solche nur beschreibbar, weil unsere Sprache Prädikate von dieser Form enthält.

Im § 49 geht Anscombe zusammenfassend nochmals auf die Unterscheidung des Willkürlichen vom Absichtlichen ein. Wie sich im Verlaufe auch dieser Ausführungen gezeigt hat, sind hierbei insbesondere jene Fälle von Interesse, in denen von einer Handlung gesagt werden kann, sie sei willkürlich, aber nicht absichtlich (vgl. A, S. 141). Hierauf soll nicht nochmals eingegangen werden. In den letzten drei §§ 50–52 wendet sich Anscombe im besonderen dem Wissen um das, was geschehen wird, zu und kehrt dabei zugleich zu den allerersten Paragraphen von „Absicht" zurück, in denen sie den zukunftsbezogenen Ausdruck der Absicht betrachtete. Es ist jetzt deutlich geworden, was es heißt, daß der zukunftsbezogene Ausdruck der Absicht eine Vorhersage dargestellt, die von einer anderen Vorhersage, nämlich der Einschätzung der Zukunft unterschieden werden muß. Hinter der Vorhersage durch den Ausdruck der Absicht steht ein besonderes, praktisches Wissen. Wir können jetzt sagen, daß sich dies Wissen von jenem, das in der Einschätzung der Zukunft zum Ausdruck kommt, durch den Modus seiner Falsifikation unterscheidet: Insofern im Ausdruck der Absicht die Ausführung der Absicht vorhergesagt wird, scheitere ich mit dieser Vorhersage höchst selten, und wenn, dann betrifft dieses Scheitern die Ausführung. Anscombe unterstreicht dies nochmals an einem ebenfalls bereits eingangs erwähnten Argument, nämlich daß „Ich werde spazierengehen – werde aber nicht spazierengehen" ein Widerspruch ist. Doch es handelt sich hierbei nur dann um einen Widerspruch, wenn der erste Teilsatz, der Ausdruck der Absicht, tatsächlich als Vorhersage verstanden wird (vgl. A, S. 9 f. u. 144 ff.). Nun gibt es offenbar Fälle, in denen es möglich ist, die obige Behauptung widerspruchsfrei zu äußern. Doch diese Fälle sind von besonderer Art und bedürfen im einzelnen der Erläuterung. Sie können nicht als Beleg dafür dienen, daß eine solche Behauptung *allgemein* widerspruchsfrei geäußert werden könnte; und dies wäre so, wenn der Ausdruck der

Absicht allein gegenwartsbezogen auf das Bestehen der Absicht verweisen würde.

3. Praktischer und theoretischer Schluß

Im Verlauf dieser Ausführungen wurde bereits verschiedentlich auf das von Anscombe vertretene Hauptanliegen hingewiesen: Eine philosophische Verwirrung soll aufgelöst werden, daß nämlich das Praktische eine Form des Theoretischen sei. Dieser Verwirrung entspricht das Mißverständnis des praktischen als eines theoretischen Schlusses.

Im Anschluß an Anscombes Untersuchungen rückte insbesondere eine Frage in den Mittelpunkt der handlungstheoretischen Diskussion: Die Frage nach der *Gültigkeit* des praktischen Schlusses. Ist ein Schluß gültig bzw. heißt etwas zu Recht ‚Schluß‘, dann muß die Konklusion mit logischer Notwendigkeit aus den Prämissen folgen.

Davidson und von Wright haben versucht, die Gültigkeit des praktischen Schlusses in diesem Sinne an einem bestimmten Schema nachzuweisen.

In „Explanation and Understanding" unterschied G. H. von Wright zwei Deutungen eines bestimmten Schlußschemas, eine kausalistische und eine intentionalistische (vgl. G. H. v. Wright 1971, S. 92). Er skizziert dieses Schlußschema wie folgt:

> „A beabsichtigt, p herbeizuführen.
>
> A glaubt, daß er p nur dann herbeiführen kann, wenn er a tut.
>
> Folglich macht sich A daran, a zu tun." (G. H. v. Wright 1971, S. 93)

Die Absicht und der Glaube, die in den Prämissen genannt

werden, sind, der kausalistischen Deutung zufolge, die Ursache der in der Konklusion genannten Handlung. Nach der intentionalistischen Interpretation handelt es sich hingegen bei der Relation von Absicht, Glaube und Handlung um eine, wie v. Wright an anderer Stelle sagt, „Art von logischem Zwang" (vgl. G. H. v. Wright 1972, S. 63).[21]

Durch eine Reihe sukzessiv eingeführter Bestimmungen versucht er plausibel zu machen, daß die Konklusion des praktischen Schlusses mit Notwendigkeit aus den Prämissen folgt (vgl. G. H. v. Wright 1971, S. 93–102). Wie er selbst sieht, scheitert dieser Versuch. Er zeigt das am Beispiel eines potentiellen Tyrannenmörders, von dem alle angegebenen Bestimmungen gelten sollen, und der es dennoch unterläßt, zur Tat zu schreiten (vgl. G. H. v. Wright 1971, S. 109f., und ders. 1976, S. 138ff.). Daher bemerkt von Wright einleitend, „daß der praktische Syllogismus keine Beweisform darstellt", und er resümiert seine Untersuchung mit der Feststellung, daß „die Prämissen eines praktischen Schlusses *nicht* mit logischer Notwendigkeit ein bestimmtes Verhalten zur Folge" haben (G. H. v. Wright 1971, S. 36 u. 110).[22]

---

[21] G. H. v. Wright beruft sich bei der Einführung des praktischen Schlusses auf Anscombes Rekonstruktion des aristotelischen praktischen Syllogismus. Er empfindet die Behandlung des Themas durch Aristoteles selbst als sehr unsystematisch und dessen Beispiele als häufig verwirrend. Anscombes Rekonstruktion, so meint er, passe nicht gut zur aristotelischen Version des praktischen Schlusses (vgl. G. H. v. Wright 1971, S. 36f., und ders. 1972, S. 62). Er schlägt daher vor, einen anderen Schlußtypus zu untersuchen, auf den, wie er sagt, Anscombes Beschreibung besser passe. Hierbei handelt es sich um das soeben aufgeführte Schlußschema: In dessen erster Prämisse wird behauptet, daß jemand eine Absicht hat, in der zweiten, daß der Betreffende ein bestimmtes Mittel für geeignet hält. Die Konklusion stellt fest, daß der Betreffende sich daranmacht zu handeln.

[22] Freilich hält er daran fest, daß *post actum* der die Handlung beschrei-

Der kausalistischen Interpretation entspricht Davidsons Handlungserklärung durch sogenannte *Primärgründe* (vgl. D. Davidson 1963, S. 357 ff.). Diese Erklärung enthält, wie das aufgeführte Schlußschema, eine voluntative und eine epistemische Prämisse, seine Konklusion besagt, daß eine Handlung lohnend oder vernünftig ist. Davidsons Analyse setzt bei einem bestimmten Problem an, daß man nämlich einen Grund für eine Handlung *haben* kann, ohne dann *aus diesem Grund* zu handeln. Daß jemand nicht nur einen Grund hat, sondern auch aus diesem Grund (und in diesem Sinne absichtlich) handelt, versucht Davidson gerade dadurch abzusichern, daß die Handlung durch die Absicht und den Glauben des betreffenden *verursacht* ist. Später zweifelt er an der Möglichkeit einer vollständigen Kausalanalyse der Relation Primärgrund-Handlung. Er sieht nun, daß die Tatsache, daß ein Grund als Ursache auftritt, die Absichtlichkeit der Handlung nicht garantiert.[23]

Der Versuch des Nachweises der logischen Notwendigkeit des praktischen Schlusses in der durch von Wright und Davidson untersuchten Form scheitert also.

Die Frage der Gültigkeit bleibt daher offen: Warum heißt der praktische Schluß „Schluß"? Anscombe hat die Berechtigung dieser Frage im Anschluß an die Vorschläge

---

bende *Satz* mit Notwendigkeit aus den Prämissen folge (vgl. G. H. v. Wright 1971, S. 110).

[23] Vgl. hierzu Davidsons „Bergsteigerbeispiel" in: ders., Freedom to act, in: D. Davidson 1980, S. 79 (vgl. auch ders., Introduction, Hempel on Explaining Action, und Intending, in: D. Davidson 1980, S. XI–XVI, 83–102, 261–275). P. Churchland hat jedoch diese Analyse in Davidsons ursprünglichem Sinne fortgeführt, indem er dessen praktischen Schluß durch ein „allgemeines Gesetz" ergänzte (vgl. P. Churchland 1970). Die folgende Diskussion hat den eher fragwürdigen Charakter dieser Ergänzung erwiesen (vgl. hierzu R. Tuomela 1978, und W. Stegmüller 1983, S. 482–500).

Davidsons und von Wrights unterstrichen (vgl. G. E. M. Anscombe 1974 e, I u. III).

Ihre Erörterung in „Absicht" galt Schlüssen von durchaus anderer Form. Die von ihr herausgestellten Schlüsse erwähnten in der ersten Prämisse etwas Begehrenswertes, und nicht, *daß* jemand etwas begehrt, *daß* jemand eine Absicht hat. Ebenso auch erwähnte die zweite Prämisse nicht, *daß* jemand bestimmte Mittel für angemessen hält; und ebensowenig, daß der Betreffende diese Mittel für *notwendig* hält. Schließlich stellte die Konklusion eine Handlung dar, und nicht eine Handlungs*beschreibung*, einen Satz.

Worin besteht nun die Gültigkeit *dieser* Schlüsse? Wie schon in „Absicht" darlegt (vgl. A, S. 95), kann sie nicht durch den Inhalt des praktischen Schlusses begründet werden. Der Gültigkeitsnachweis beruht vielmehr auf bestimmten formalen Merkmalen des Schlusses (vgl. G. E. M. Anscombe 1965 b, S. 74). Anscombe stellt zunächst fest, daß jeder Schluß durch eine bestimmte Menge „hypothetischer Überlegungen" dargestellt werden kann, z. B.:

> Wenn p, dann q,
> wenn q, dann r.

Wie ist dieses Schema zu verstehen? Dies hängt von seiner Verwendung ab. Wird die Wahrheit von „p" behauptet, dann schließt man auf die Wahrheit von „r". Soll „r" wahr *gemacht* werden, dann kann zu diesem Zweck „p" wahr gemacht werden.

Zwischen den hypothetischen Überlegungen bestehen bestimmte logische Beziehungen. Wird ein theoretischer, ein praktischer oder ein explanativer Schluß usw. gerechtfertigt, ist die Rede von seiner Gültigkeit, dann geschieht dies durch den Verweis auf jene logischen Beziehungen. In dieser Hinsicht findet sich also zwischen theoretischen, praktischen und anderen Schlüssen kein Unterschied. Es zeigt sich jedoch, was es bedeutet, von der Gültigkeit eines praktischen (und auch eines theoretischen) Schlusses zu sprechen: Dies heißt, auf die zwischen den zugrundeliegenden Propositionen bestehenden Beziehungen zu verweisen (vgl. G. E. M. Anscombe 1974 e, III). Die Gültigkeit eines Schlusses zeigt sich also *an einer bestimmten Darstellung*, die wir von ihm geben können, nämlich als einer Menge hypothetischer Überlegungen. In *dieser* Darstellung folgt dann die Konklusion aus den Prämissen:

> „Die Überlegungen und ihre logischen Beziehungen zueinander sind genau dieselben, ob es sich nun um einen praktischen oder um einen theoretischen Schluß handelt... Sollten wir also jene Konditionale angeben wollen, welche logische Wahrheiten sind und von denen wir uns vorstellen können, daß sie uns jene logischen Verknüpfungen liefern, welche ‚hinter‘ den Schlüssen stehen, dann werden diese bei den praktischen und bei den entsprechenden ‚theoretischen‘ Schlüssen genau dieselben Konditionale sein.“ (G. E. M. Anscombe 1974 e, III) [24]

Es gibt jedoch einen formalen Unterschied zwischen theoretischen, praktischen und anderen Schlüssen. Er besteht erstens in einer bestimmten Form, welche die

---

[24] Anscombe nimmt daher ihren in „Absicht" gegenüber Aristoteles geäußerten Psychologismusvorwurf zurück, dieser sei der Auffassung gewesen, praktische Schlüsse müßten in der Form theoretischer Schlüsse formuliert werden, weil sie das Produkt ein und desselben psychischen Mechanismus seien (vgl. A, S. 95 f.). Sie hält nun fest, daß auch für Aristoteles ein und dieselbe Logik hinter dem Praktischen *und* dem Theoretischen stehe (vgl. G. E. M. Anscombe 1974 e, III).

zugrundeliegenden Propositionen annehmen, wenn sie in eine bestimmte Verwendung eingehen. In ihrer praktischen Verwendung treten sie gewissermaßen im Modus des Befehls auf – etwa: „Fiat p" oder „p!" Hingegen haben im theoretischen Schluß jene Propositionen die Form von Annahmen: Behauptungen oder Verneinungen. Der Unterschied liegt zweitens in der Gesamtform des Schlusses in der jeweiligen Verwendung. Im Falle des praktischen Schlusses wollen wir etwas wahr machen. Dies ist daher der Ausgangspunkt unserer Überlegungen, z. B. „Fiat r"; wir überlegen dann, daß wir r hervorbringen können, indem wir q hervorbringen, und daß wir q hervorbringen können, indem wir p hervorbringen. Und vielleicht ist p etwas, welches wir unmittelbar tun können. Das Schema unserer praktischen Überlegungen ist dann das folgende:

(Fiat r)
Wenn q, dann r,
Wenn p, dann q,
Fiat p.

Hingegen nimmt eine entsprechende theoretische Verwendung ihren Ausgang von einer Annahme her, z. B. „Angenommen p"; und unser Interesse gilt hier der Wahrheit der Konklusion. Dann hat – bei gleichbleibenden hypothetischen Überlegungen – der Schluß die folgende Form:

(Angenommen p)
Wenn p, dann q,
Wenn q, dann r,
Zu folgern r.

Wie schon in „Absicht" geht Anscombe auch an dieser Stelle nicht auf die umstrittene Frage nach der Form einer Handlungserklärung ein. Aufgrund des bisherigen ist jedoch, wenn „p" ein Handlungssatz ist, das folgende Schema denkbar:[25]

(Zu erklären p)
A wollte, daß r,
A glaubte: Wenn q, dann r,
          Wenn p, dann q,
Aufgrund dieses Wollens und dieses Glaubens machte *A* p wahr.

Es ist jetzt deutlich, daß sich die Redeweise von „praktisch" in „praktischer Schluß" im strengen Sinne nur auf den Schluß in der 1. Person Präsens oder Futur bezieht.[26] Natürlich spricht nichts dagegen, auch eine Handlungserklärung als „praktischen Schluß" zu bezeichnen. Diese teilt jedoch nicht die Form des praktischen Schlusses im strengen Sinne. Will man ihn dennoch so bezeichnen, dann deshalb, weil in ihm der praktische Schluß des Handelnden durch den Erklärenden rekonstruiert wird. Nicht im praktischen Schluß im strengen Sinne, wohl aber in der Handlungserklärung müssen die Absicht und der

---

[25] Sie gibt jedoch ein Schema der Erklärung von Sachverhalten an: (Zu erklären t); wenn s, dann t; wenn u, dann s; Zu untersuchen: ob u. (vgl. G. E. M. Anscombe 1974 e, III).

[26] G. H. v. Wright hat dies beiläufig bemerkt und darauf hingewiesen, daß im Schluß in der 1. Person eine andere Konklusion (nämlich „ich soll…") auftritt, als in dem, den er für die 3. Person angibt (vgl. G. H. v. Wright 1971, S. 173 Anm. 33). Doch auch dieser Schluß ist nicht praktisch: Einem Hinweis Anscombes auf eine entsprechende Bemerkung Thomas von Aquins folgend, könnte er als ein „theoretischer Schluß über Praktisches" bezeichnet werden (vgl. G. E. M. Anscombe 1965 b, S. 74, und Thomas von Aquin, ST, Ia, Q 14, art. 16, Respondeo). Schlüsse von dieser Art, so macht Thomas deutlich, betrachten spekulativ etwas daraufhin, daß es getan werden *könnte* (sollte), nicht darauf hin, daß es getan werden wird – sie sind *considerationes speculativae, tamen de re operabili*. Die Konklusion ist daher keine tatsächliche, sondern eine mögliche Handlung, „etwas, das man zu tun wählen kann".

Glaube des Handelnden erwähnt werden. Darin besteht gerade die Handlungserklärung. Doch sie ist keine Erklärung im Sinne der logischen Ableitung: Daraus, daß der Handelnde etwas will und etwas glaubt, folgt nicht logisch, daß er entsprechend handelt. ‚Erklären‘ heißt hier vielmehr, denjenigen praktischen Schluß anzugeben, aus dem hervorgeht, was der Handelnde mit seiner Handlung erreichen wollte. (Eben dies wird in der ersten Prämisse des in der Handlungserklärung eingebetteten praktischen Schlusses erwähnt.)

Vielleicht stellt die Handlungserklärung in dieser Form tatsächlich jenes durch von Wright vermutete eigenständige Erklärungsschema der Geistes- und Sozialwissenschaften dar (vgl. G. H. v. Wright 1971, S. 37).

Von der Warte des präzisierten Begriffs eines „praktischen Schlusses" aus kann jetzt die in diesem Abschnitt einleitend angegebene Schlußform beurteilt werden. In diesem Schema wird eine Absicht und ein Glaube des Handelnden behauptet. Für Davidson und von Wright folgt aus diesen Feststellungen, daß derjenige, dem die Einstellungen zugesprochen werden, handelt. Doch die Aufnahme von „ich will" und von „ich glaube" in die Prämissen ist eine Form des Psychologismus, welche der Aufnahme von „ich nehme an" in die Prämissen eines theoretischen Schlusses vergleichbar wäre. Diese Formulierung des praktischen Schlusses stellt den Versuch dar, Tatsachen der Logik auf solche der Psychologie zu reduzieren. Daß beide voneinander unabhängig sind, zeigt sich im theoretischen Falle daran, daß natürlich auf die Konklusion eines Schlusses auch dann geschlossen werden kann, wenn man den Prämissen nicht glaubt. Gleiches gilt auch im Falle des praktischen Schlusses. Dieser Schluß kann im Handeln von jemandem vollzogen werden, der die betreffende Absicht und den betreffenden Glauben nicht hat. So kann (und wird vielleicht zumeist) ein Sklave die praktische Konklusion aus den Absichten und Überzeugungen seines Herren ziehen, ohne diese zu teilen. Des Sklaven *eigene* Absicht wird darin bestehen, die Befehle seines Herren auszuführen (vgl. G. E. M. Anscombe 1974e, IV). Für von Wright und Davidson handelt man, weil man angesichts der eigenen Absicht und des eigenen Glaubens handeln *muß*. Für Anscombe, weil bestimmte Überlegungen zeigen, daß man durch das den Überlegungen entsprechende Handeln das erreichen kann, was man erreichen *will*.

Anscombe hat also nun gezeigt, daß ‚Gültigkeit' sich auf die angegebenen Relationen zwischen Propositionen bezieht, nicht aber auf jene *Verwendungen*, denen die Propositionen in ihren Beziehungen zugeführt werden. Doch das durch Davidson und von Wright untersuchte Schema ist nicht das Schema der zwischen den Propositionen bestehenden Beziehungen, sondern das Schema einer bestimmten, nämlich der theoretischen Verwendung. Gültigkeit wird hier also – im Sinne der von Anscombe vorgenommenen Unterscheidung: fälschlicherweise – einer bestimmten Verwendung und nicht den Beziehungen zwischen den Propositionen zugesprochen.

Die Vorstellung, daß Gültigkeit der theoretischen Verwendung (und nicht den Beziehungen zwischen den Propositionen) zuzusprechen sei, mag daher stammen, daß zwischen dem Schema der theoretischen Verwendung und dem Schema der Beziehungen zwischen den Propositionen Formgleichheit besteht.

Die Vorstellung, daß das untersuchte Schema dasjenige der Verwendung eines praktischen Schlusses sei, kann hingegen von der Ähnlichkeit dieses Schemas mit einem anderen Verwendungsschema herstammen, nämlich dem der Handlungserklärung.

So also kommt die von Anscombe untersuchte Verwirrung zustande: Das durch Davidson und von Wright untersuchte Schema wird wegen seiner Ähnlichkeit mit dem der Handlungserklärung als das Schema eines praktischen Schlusses bezeichnet. Und wegen seiner Ähnlichkeit mit dem zugrundeliegenden logischen Schema wird an ihm der Versuch unternommen, Gültigkeit nachzuweisen.

Doch alle erwähnten Verwendungsschemata, das des praktischen, das des theoretischen Schlusses und das der Handlungserklärung sind gegeneinander autonom. Hingegen sind alle Verwendungen in gleicher Weise von der zugrundeliegenden Logik abhängig, ihre Gültigkeit wird durch das Bestehen bestimmter Beziehungen zwischen den Propositionen nachgewiesen. Die Gültigkeit aller Schlüsse, praktischer, theoretischer, u. a. ist logische Gültigkeit.

Dies festzustellen heißt gerade, das Praktische in seiner Eigenständigkeit gelten zu lassen. Wir sind dann nicht mehr versucht zu denken, daß seine Gültigkeit durch eine Rückführung auf das Theoretische dargelegt werden müsse.

Zitierte Literatur

Aristoteles   NE: Nikomachische Ethik; zit. nach: Aristotelis Opera, ex rec. Immanuelis Bekkeri et Academia Regia Borussica, Berlin 1831, Bd. II.

Churland, P.   1970: The Logical Character of ActionExplanations, in: Philosophical Review 79 (1970) S. 214–236; zit. nach der dt. Übers.: Der logische Status von Handlungserklärungen, in: A. Beckermann (Hrsg.): Analytische Handlungstheorie, Bd. 2; Hand-

	lungserklärungen, Frankfurt a. M. 1977, S. 304–331.
Davidson, D.	1963: Actions, Reasons and Causes, in: ders.: Actions and Events, Oxford 1980, S. 1–19; zit. nach der dt. Übers.: Handlungen, Gründe und Ursachen, in: U. Pothast (Hrsg.): Freies Handeln und Determinismus, Frankfurt a. M. 1978, S. 356–378.
Hume, D.	1748: An Inquiry Concerning Human Understanding; zit. nach der Ausg. von L. A. Selby-Bigge, Oxford ²1902.
James, W.	1890: The Principles of Psychology, 2 Bde., New York 1890.
Kenny, A.	1966: The Practical Syllogism and Incontinence, in: Phronesis 11 (1966) S. 163–184. 1975: Will, Freedom and Power, Oxford 1975. 1979: Aristotle's Theory of the Will, London 1979.
Platon	Protagoras, zit. nach: Platonis Opera, hrsg. von J. Burnet, Oxford 1903, Bd. III.
Russel, B.	1914: Our Knowledge of the External World, London 1929.
Stegmüller, W.	1983: Probleme und Resultate der Wissenschaftstheorie und Analytischen Philosophie, Bd. I: Erklärung, Begründung, Kausalität, Berlin ²1983.
Thomas von Aquin	ST: Summa Theologica; zit. nach der Ausg. von T. Gilby, Cambridge 1964 ff.
Toumela, R.	1978: Erklären und Verstehen menschlichen Verhaltens, in: K.-O. Apel, J. Manninen und R. Toumela (Hrsg.): Neue Versuche über Erklären und Verstehen, Frankfurt a. M. 1978, S. 30–58.
Wittgenstein, L.	Tgb: Tagebücher 1914–1916, in: L. Wittgenstein: Schriften 1, hrsg. von G. E. M. Anscombe und G. H. v. Wright, Frankfurt a. M. 1969. T: Tractatus logico-philosophicus, in: L. Wittgenstein: Schriften 1, Frankfurt a. M. 1969.

The Brown Book; zit. nach: L. Wittgenstein: The Blue and Brown Books, hrsg. von R. Rhees, Oxford 1958.

Eine philosophische Betrachtung, in: L. Wittgenstein: Schriften 5, hrsg. von R. Rhees, Frankfurt a. M. 1970.

Z: Zettel, in: L. Wittgenstein: Schriften 5, hrsg. von G. E. M. Anscombe und G. H. v. Wright, Frankfurt a. M. 1970.

PU: Philosophische Untersuchungen, in: L. Wittgenstein: Schriften 1, hrsg. von G. E. M. Anscombe und R. Rhees, Frankfurt a. M. 1969.

v. Wright, G. H.   1971: Explanation and Understanding, New York 1971.

1972: On So-Called Practical Inference, in: Acta Sociologica 15 (1972) S. 39–53; zit. nach der dt. Übers. in: G. H. v. Wright: Handlung, Norm und Intention, hrsg. von H. Poser, Berlin 1977, S. 61–81.

1976: Determinism and the Study of Man, in: J. Manninen und R. Toumela (Hrsg.): Essays on Explanation and Understanding. Studies in the Foundations of Humanities and Social Sciences, Dordrecht 1976, S. 415–435; zit. nach der dt. Übers.: Determinismus in den Geschichts- und Sozialwissenschaften. Ein Entwurf, in: G. H. v. Wright: Handlung, Norm und Intention, hrsg. von H. Poser, Berlin 1977, S. 131–152.

Bibliographie

Werke G. E. M. Anscombes

1939   The Justice of the Present War Examined (mit Norman Daniel), Oxford 1939; auch in: 1981a, Bd. II.

1947   A Reply to Mr. C. S. Lewis's Argument that „Naturalism" is Self-Refuting, in: Socratic Digest (Oxford ca. 1947); auch in: 1981a, Bd. II.

1950   The Reality of the Past, in: Max Black (Hrsg.): Philosophical Analysis, New York 1950; auch in: 1981a, Bd. II.

1953   The Principle of Individuation, in: Proceedings of the Aristotelian Society, supplementary vol. XXVII (1953); auch in: 1981a, Bd. I.

1956a   Analysis Competition – Tenth Problem, in: Analysis XVI (1956) Nr. 6 und XVII (1957) Nr. 3; auch in: 1981a, Bd. II.

1956b   Aristotle and the Sea Battle, in: Mind LXV (1956) Nr. 257; auch in: 1981a, Bd. I.

1957a   Intention, Oxford 1957.

1957b   Intention, in: Proceedings of the Aristotelian Society (1957); auch in: 1981a, Bd. II.

1957c   Does Oxford Moral Philosophy Corrupt the Youth?, in: Listener (14. Februar 1957).

1957d   Mr. Truman's Degree, Oxford 1957; auch in: 1981a, Bd. III.

1958a   Pretending, in: Proceedings of the Aristotelian Society, supplementary vol. XXXII (1958); auch in: 1981a, Bd. II.

1958b   Modern Moral Philosophy, in: Philosophy XXXIII (1958) Nr. 124; auch in: 1981a, Bd. III.

1958c   On Brute Facts, in: Analysis XVIII (1958) Nr. 3; auch in: 1981a, Bd. III.
        In dt. Übers.: Natürliche Tatsachen, in: G. Meggle

(Hrsg.): Analytische Handlungstheorie, Bd. 1: Handlungsbeschreibungen, Frankfurt a. M. 1977, S. 163–168.

1959   An Introduction to Wittgenstein's Tractatus, London 1959.

1961 a   Three Philosophers (gemeinsam mit Peter Geach), Oxford 1961.

1961 b   War and Murder, in: Walter Stein (Hrsg.): Nuclear Weapons: A Catholic Response, London und New York 1961; auch in: 1981 a, Bd. III.

1962 a   On Sensations of Position, in: Analysis XXII (1962) Nr. 3; auch in: 1981 a, Bd. II.

1962 b   Authority in Morals, in: J. Todd (Hrsg.): Problems of Authority, London 1962; auch in: 1981 a, Bd. III.

1963 a   Two Kinds of Error in Action, in: Journal of Philosophy LX (1963) Nr. 14; auch in: 1981 a, Bd. III.

1963 b   Events in the Mind, in: 1981 a, Bd. II.

1964 a   Before and After, in: Philosophical Review LXXIII (1964); auch in: 1981 a, Bd. II.

1964 b   Substance, in: Proceedings of the Aristotelian Society, supplementary vol. XXXVIII (1964); auch in: 1981 a, Bd. II.

1965 a   The Intentionality of Sensation, in: R. J. Butler (Hrsg.): Analytical Philosophy, second series, Oxford 1965; auch in: 1981 a, Bd. II.

1965 b   Thought and Action in Aristotle, in: J. R. Bambrough (Hrsg.): New Essays on Plato and Aristotle, London 1965; auch in: 1981 a, Bd. I.

1965 c   Necessity and Truth, in: Times Literary Supplement (14. Februar 1965); überarbeitete Fassung in: 1981 a, Bd. I.

1965 d   Retraction, in: Analysis XXVI (1965) Nr. 2; auch in: 1981 a, Bd. I.

1966   The New Theory of Forms, in: The Monist 50 (1966) Nr. 3; auch in: 1981 a, Bd. I.

1967   On the Grammar of „Enjoy", in: Journal of Philosophy LXIV (1967) Nr. 19; auch in: 1981 a, Bd. II.

1968   You Can have Sex without Children: Christianity and the New Offer, in: Renewal of Religious Structures: Proceedings of the Canadian Centenary Theological Congress (Toronto 1968); auch in: 1981 a, Bd. III.

1969a   Causality and Extensionality, in: Journal of Philosophy LXVI (1969) Nr. 6; auch in: 1981a, Bd. II.

1969b   Parmenides, Mystery and Contradiction, in: Proceedings of the Aristotelian Society (1969); auch in: 1981a, Bd. I.

1969c   On Promising and its Justice, and Whether it Need be Respected in Foro Interno, in: Critica III (Mexiko 1969) Nr. 7/8; auch in: 1981a, Bd. III.

1971   Causality and Determination, Cambridge 1971; auch in: 1981a, Bd. II.

1972a   Comments on Professor R. L. Gregory's Paper on Perception, in: S. C. Brown (Hrsg.): Philosophy of Psychology, 1972; auch in: 1981a, Bd. II.

1972b   Contraception and Chastity, in: The Human World (Mai 1972).

1972c   Reply to Peter Winch, B. A. O. Williams and M. K. Tanner, in: The Human World (November 1972).

1973   Hume and Julius Caesar, in: Analysis XXXIII (1973) Nr. 1; auch in: 1981a, Bd. I.

1974a   Times, Beginnings and Causes, in: Proceedings of the British Academy LX (Oxford 1974); auch in: 1981a, Bd. II.

1974b   Memory, „Experience" and Causation, in: H. D. Lewis (Hrsg.): Contemporary British Philosophy, fourth series, London 1974; auch in: 1981a, Bd. II.

1974c   On Transubstantiation, London: Catholic Truth Society 1974; auch in: 1981a, Bd. III.

1974d   „Whatever has a Beginning of Existence must have a Cause": Hume's Argument Exposed, in: Analysis XXXIV (1974) Nr. 1; auch in: 1981a, Bd. I.

1974e   Von Wright on Practical Inference, erscheint demnächst in: L. E. Hahn (Hrsg.): The Philosophy of G. H. von Wright (The Library of Living Philosophers Bd. 18), La Salle, Ill.

1975a   The First Person, in: Samuel Guttenplan (Hrsg.): Mind and Language, Oxford 1975; auch in: 1981a, Bd. II.

1975b   Subjunctive Conditionals, in: Ruch Filizoficzny XXXIII (1975) Nr. 3/4; erweiterte Fassung in: 1981a, Bd. II.

1976a   The Subjectivity of Sensation, in: Ajatus. Jahrbuch der

Finnischen Gesellschaft für Philosophie 36 (1976); auch in: 1981 a, Bd. II.

1976 b   The Question of Linguistic Idealism, in: J. Hintikka (Hrsg.): Essays on Wittgenstein in Honour of G. H. von Wright (Acta Philosophica Fennica 28, 1–3), 1976; auch in: 1981 a, Bd. I.

1976 c   On Frustration of the Majority by Fulfilment of the Majority's Will, in: Analysis XXXVI (1976) Nr. 4; auch in: 1981 a, Bd. III.

1977 a   Soft Determinism, in: G. Ryle (Hrsg.): Contemporary Aspects of Philosophy, London 1977; auch in: 1981 a, Bd. II.

1977 b   Contraception and Chastity, London: Catholic Truth Society 1977.

1978 a   Will and Emotion, in: Grazer Philosophische Studien 5 (1978); auch in: 1981 a, Bd. I.

1978 b   Rules, Rights, and Promises, in: Mid-Western Studies in Philosophy III (1978); auch in: 1981 a, Bd. III.

1978 c   On the Source of the Authority of the State, in: Ratio III (1978); auch in: 1981 a, Bd. III. Erweiterte Fassung in dt. Übers.: Ursprung und Grenzen der staatlichen Autorität, in: G. Anscombe, P. Berglar und C. Clark: Globale Gesellschaft und Zivilisation, Köln 1975.

1979 a   Under a Description, in: Nous XIII (1979); auch in: 1981 a, Bd. II.

1979 b   Understanding Proofs, in: Philosophy LIV (1979) Nr. 208; auch in: 1981 a, Bd. I.

1979 c   Chisholm on Action, in: Grazer Philosophische Studien 7/8 (1979).

1979 d   Prolegomenon to a Pursuit of the Definition of Murder, in: Dialectics and Humanism 6 (1979).

1981 a   Collected Philosophical Papers, Bd. I–III, Oxford 1981.

1981 b   The Early Theory of Forms, in: 1981 a, Bd. I.

1981 c   Faith, in: 1981 a, Bd. III.

1981 d   A Theory of Language, in: Irving Block (Hrsg.): Perspectives on the Philosophy of Wittgenstein, Cambridge 1981.

1981 e   Commentary 2 on Harris' „Ethical Problems in the Management of Some Severely Handicapped Children", in: Journal of Medical Ethics 9 (1981).

1982a   Medalist's Address: Action, Intention and „Double Effect", in: Proceedings of the Catholic Philosophical Association 56 (1982).

1982b   Eröffnungsrede zum 6. Internationalen Wittgenstein-Symposium, Sprache und Ontologie, in: W. Leinfellner, E. Kraemer und J. Schank (Hrsg.): Akten des sechsten Int. Wittgenstein-Symposiums, Wien 1982.

1982c   On Private Ostensive Definition, in: W. Leinfellner, E. Kraemer und J. Schank (Hrsg.): Akten des sechsten Int. Wittgenstein-Symposiums, Wien 1982.

1983a   Symposium – Sins of Omission: The Non-Treatment of Controls in Clinical Trials, II, in: Proceedings of the Aristotelian Society, supplementary vol. 57 (1983).

1983b   The Causation of Action, in: Carl Ginet (Hrsg.): Knowledge and Mind: Philosophical Essays, New York und Oxford 1983.

1985   Rezension von S. Kripke: Wittgenstein on Rules and Private Language, in: Ethics 95 (1985) S. 342–352.

1986   Privates hinweisendes Definieren (Kurs der Fern-Universität), Hagen (im Druck).

Sekundärliteratur zu „Absicht"

A. Rezensionen

(Ohne Autorenangabe), in: Australasian Journal of Philosophy 38 (1960) S. 71–81.

Chisholm, R., in: Philosophical Review 68 (1959) S. 110–115.

Griffiths, A. P., in: Philosophy 34 (1959) S. 245–247.

Heath, P. L., in: Philosophical Quarterly 10 (1960) S. 281f.

Jarvis, J., in: Journal of Philosophy 56 (1959) S. 31–41.

Ramkin, K. W., in: Mind 68 (1959) S. 261–264.

B. Kritische Besprechungen

Adams, E. M.: The Theoretical and the Practical, in: The Review of Metaphysics 13 (1960) S. 642–662.

Connolly, J. M.: Philosophische Handlungstheorie (Kurs der Fern-Universität), 2 Kurseinheiten, Hagen 1982/1983.

Donaldson, T. J.: A Mistake in Anscombe's Account of Voluntary Action, in: Journal of Value Inquiry 12 (1973) S. 307–311.

Margolis, J.: Anscombe on Knowledge Without Observation, in: The Personalist 51 (1970) S. 46–57.

Mothersill, M.: Anscombe's Account of the Practical Syllogism, in: The Philosophical Review 71 (1962) S. 448–461.

C. Sonstige Literatur

Annas, Julia: Davidson and Anscombe on „The Same Action", in: Mind 85 (1976) S. 251–257.

Ayers, M. R.: Some Thoughts, in: Proceedings of the Aristotelian Society 73 (1972/1973), S. 69–86.

Baier, Annette C.: The Intentionality of Intentions, in: Review of Metaphysics 30 (1977) S. 389–414.

Beckermann, Ansgar: Zur Natur und Geltung praktischer Schlüsse, in: Grazer Philosophische Studien 9 (1979) S. 161–177.

Brennenstuhl, Waltraud: Ziele der Handlungslogik, in: H. Lenk (Hrsg.): Handlungstheorie – Interdisziplinär, Bd. 1, München 1980, S. 35–66.

Carrier, David: Three Kinds of Imagination, in: The Journal of Philosophy 70 (1973) S. 819–831.

Dennett, D. C.: Features of Intentional Actions, in: Philosophy and Phenomenological Research 29 (1968) S. 232–244.

Diamond, C. und Teichman, J. (Hrsg.): Intention and Intentionality. Essays in Honour of G. E. M. Anscombe, New York 1979.

Donaldson, Thomas J.: A Mistake in Anscombe's Account of Voluntary Action, in: Journal of Value Inquiry 12 (1973) S. 307–311.

Fitzgerald, P. J.: Voluntary and Involuntary Acts, in: A. G. Guest (Hrsg.): Oxford Essays in Jurisprudence, Oxford 1961, S. 373–402.

Fleming, N. B.: On Intention, in: The Philosophical Review 73 (1964) S. 301–320.

Goldman, Alvin I.: The Individuation of Action, in: The Journal of Philosophy 68 (1971) S. 761–774.

Gustafson, D.: Expressions of Intentions, in: Mind 83 (1974) S. 321–340.

Helmp, Paul: Pretending and Intending, in: Analysis 31 (1971) S. 128–132.

Locke, Don: Intention and Intentional Action, in: J. J. MacIntosh und S. Covall (Hrsg.): The Business of Reason, London 1969.

Margolis, Joseph: Puzzles Regarding Explanation by Reasons and Explanation by Causes, in: The Journal of Philosophy 67 (1970) S. 187–195.

Martin, C. B.: Knowledge Without Observation, in: Canadian Journal of Philosophy I (1971) Nr. 1.

Meiland, Jack W.: The Nature of Intention, London 1970.

Müller, A. W.: How Theoretical is Practical Reason?, in: Diamond u. Teichman 1979, S. 91–108.

Patzig, G.: Theoretische Elemente in der Geschichtswissenschaft, in: J. Kocka und T. Nipperdey (Hrsg.): Theorie und Erzählung in der Geschichte, München 1979, S. 137–152.

Pears, D. F.: Ursachen und Gegenstände einiger Gefühle und psychologischer Reaktionen, in: Ratio 4 (1962) S. 82–99.

Price, A. W.: Doing Things Explicitly With Words, in: Philosophical Studies 36 (1979) S. 345–357.

Rau, C. D.: The Artist's Intention and G. E. M. Anscombe's Intention, in: Philosophical Review (Taiwan 1973) S. 25 bis 34.

Rayfield, D.: On Describing Actions, in: Inquiry 13 (1970) S. 90–99.

Shope, R. K.: Freud on Conscious and Unconscious Intentions, in: Inquiry 13 (1970) S. 149–159.

Taylor, Charles: Explaining Action, in: Inquiry 51 (1970) S. 46–57.

–: Action as Expression, in: Diamond u. Teichman 1979, S. 73–89.

Thalberg, I.: Intending the Impossible, in: Australian Journal of Philosophy 40 (1962) S. 49–56.

–: Singling out Actions. Their Properties and Components, in: The Journal of Philosophy 68 (1971) S. 781–787.

Thomson, J. J.: Individuating Actions, in: The Journal of Philosophy 68 (1971) S. 774–781.

Unger, Peter: Impotence and Causal Determination, in: Philosophical Studies 31 (1977) S. 289–305.

Vesey, G. N. A.: Knowledge Without Observation, in: The Philosophical Review 72 (1963) S. 198–212.

Wilkins, B. T.: Concerning „Motive" and „Intention", in: Analysis 31 (1971) S. 139–142.

Yolton, J.: Agent Causality, in: American Philosophical Quarterly 3 (1966) S. 14–26.

G. E. M. Anscombe

Absicht

p. X Der größere Teil dessen, was hier erscheint, bildete einen Vorlesungszyklus in Oxford im Wintersemester 1957. Eine geringfügig abgeänderte Auswahl, welche die Diskussion des Unterschiedes zwischen ‚Motiv‘, ‚Absicht‘ und ‚geistige Ursache‘ umfaßte, wurde am 3. Juni 1957 der Aristotelian Society vorgetragen. Ich bin der Society zu Dank für die Erlaubnis verpflichtet, einen wesentlichen Teil dieses Materials wieder abzudrucken. Was das eigentliche Thema angeht, so versammelt dieses Buch die Resultate einer Forschungstätigkeit, die auf meine Zeit als Mary-Somerville-Forschungsstipendiatin am Somerville College zurückgeht. Ich spreche daher den Stiftern meinen Dank aus. Später wurde ich durch die Rockefeller Foundation unterstützt, der deshalb ebenfalls Anerkennung gebührt.

Bemerkung zum zweiten Druck

Ich habe einige Änderungen vorgenommen; die einzigen von Bedeutung finden sich auf den Seiten 47, 91, 93, 94, 95, 96 und 97.

Bemerkung zur zweiten Auflage

Für diese Auflage habe ich einige Änderungen in den §§ 2, 6, 17, 33 und 34 vorgenommen.

2

Absicht

§ 1 Wenn ein Mensch sagt ‚Ich werde das-und-das tun', p. 1
dann würden wir dies sehr oft den Ausdruck einer Absicht
nennen. Wir sprechen auch manchmal von einer Handlung als absichtlich, und wir können auch danach fragen,
mit welcher Absicht etwas getan wurde. In jedem Fall
verwenden wir einen Begriff der ‚Absicht'; wenn wir uns
nun daran machen, diesen Begriff unter der Annahme zu
beschreiben, eine dieser drei Aussagearten allein enthalte
den gesamten Gegenstand unserer Abhandlung, dann mag
es sehr wohl sein, daß wir etwas über die Bedeutung von
‚Absicht' sagen, was in einem der anderen Fälle nicht
zutreffen würde. Vielleicht sagen wir z. B.: ‚Absicht
bezieht sich immer auf die Zukunft'. Aber eine Handlung
kann absichtlich sein, ohne sich in irgendeiner Weise auf
die Zukunft zu beziehen. Wenn wir uns dies klarmachen,
dann kann uns das dazu führen zu sagen, daß es verschiedene Bedeutungen von ‚Absicht' gebe und, vielleicht, daß
es ganz irreführend sei, das Wort ‚absichtlich' mit dem
Wort ‚Absicht' zu verknüpfen, denn eine Handlung kann
absichtlich sein, ohne irgendeine Absicht zu enthalten.
Vielleicht auch sind wir zu denken versucht, daß nur
solche Handlungen als absichtlich bezeichnet werden
sollten, die mit bestimmten weiteren Absichten getan
werden. Und wir mögen zu der Feststellung neigen, daß
‚Absicht' eine andere Bedeutung hat, wenn wir von den
Absichten eines Menschen *simpliciter* sprechen – d. h.
davon, was er zu tun beabsichtigt – als wenn wir von der
Absicht *in* dem sprechen, was er tut oder vorschlägt –

wonach er damit strebt. Tatsächlich ist es jedoch nicht plausibel zu sagen, dies Wort sei mehrdeutig, so wie es in diesen verschiedenen Fällen vorkommt.

Dort, wo wir versucht sind, von ‚verschiedenen Bedeutungen' eines Wortes zu sprechen, das offensichtlich nicht mehrdeutig ist, können wir den Schluß ziehen, daß wir uns in Wahrheit nicht recht über die Eigenheit des Begriffs im klaren sind, den das Wort repräsentiert. Es ist jedoch nicht falsch, einen Gegenstand Teil für Teil anzugehen. Ich werde daher meine Untersuchung mit der Betrachtung von Ausdrücken der Absicht beginnen.

§ 2 Man beruft sich allgemein auf die Unterscheidung zwischen einem Ausdruck der Absicht und einer Vorhersage als auf etwas, das intuitiv klar sei. ‚Ich werde mich erbrechen' ist üblicherweise eine Vorhersage, ‚Ich werde spazierengehen' üblicherweise der Ausdruck einer Absicht. Die beabsichtigte Unterscheidung *ist* intuitiv klar, und zwar im folgenden Sinne: Wenn / ich sage ‚Ich werde dieses Examen nicht bestehen' und jemand antwortet ‚Du kennst Dich doch in diesem Stoff ganz gut aus', dann kann ich das, was ich meine, verdeutlichen, indem ich erkläre, daß ich eine Absicht zum Ausdruck gebracht habe, und nicht eine Einschätzung meiner Chancen abgab.

Fragen wir aber in der Philosophie nach dem Unterschied zwischen z. B. ‚Ich werde mich erbrechen', so wie dies in den allermeisten Fällen geäußert wird, und ‚Ich werde spazierengehen', so wie *dies* in den meisten Fällen geäußert wird, dann ist die Erwiderung, das eine sei eine Vorhersage, das andere der Ausdruck einer Absicht, nicht erhellend. Denn tatsächlich fragen wir dann danach, was diese beiden denn seien. Nehmen wir an, die Antwort lautet: ‚Eine Vorhersage ist eine Aussage über die Zukunft'. Dies legt den Gedanken nahe, der Ausdruck einer

p. 2

4

Absicht sei keine. Er ist vielleicht die Beschreibung – oder der Ausdruck – eines gegenwärtigen geistigen Zustands, eines Zustands, dessen Eigenschaften ihn als Absicht charakterisieren. Doch um welche es sich dabei handelt, muß vermutlich noch entdeckt werden. Dann ist es aber nur schwer einzusehen, warum diese wesentlich mit der Zukunft verknüpft sein sollen, wie dies bei der Absicht ja der Fall zu sein scheint. Niemand wird wohl glauben, daß jene Geisteszustände, die Absichten sind, nur zufällig, als bloße Tatsache der Psychologie, immer mit der Zukunft zu tun haben, so wie man es etwa eine Tatsache der Rassenpsychologie nennen könnte, daß die meisten frühesten historischen Überlieferungen um Heldengestalten kreisen. Versuchst Du aber, die Zukunftsbezogenheit zu einer definierenden Eigenschaft von Absichten zu machen, dann kannst Du gefragt werden, in welcher Weise diese Zukunftsbezogenheit von der der Vorhersage unterscheidbar ist.

Wir wollen also eine Darstellung der Vorhersage versuchen. Der folgende Ansatz erscheint vielversprechend: Jemand sagt etwas, und das Verb in seinem Satz ist auf eine bestimmte Art gebeugt; später kann eben diese Aussage, nur mit veränderter Beugung des Verbs, angesichts dessen, was sich später ereignet hat, als wahr (oder falsch) bezeichnet werden.

Diesem Kriterium zufolge sind nun auch Befehle und Ausdrücke der Absicht Vorhersagen. Zieht man die oben beschriebenen Schwierigkeiten in Betracht, so mag dies keinen Einwand darstellen. Wir könnten dann, einem Hinweis Wittgensteins folgend (Philosophische Untersuchungen, §§ 629–630)[1], zunächst Vorhersage im allge-

---

[1] L. Wittgensteins „Philosophische Untersuchungen" werden zitiert nach: ders., Schriften 1, Frankfurt a. M. 1969, S. 279–544.

meinen irgendwie in dieser Art definieren, und dann unter den Vorhersagen Befehle, Ausdrücke der Absicht, Einschätzungen, reine Prophezeiungen usw. unterscheiden. Auf diese Weise stellt sich die ‚intuitiv klare' Unterscheidung, von der wir sprachen, als eine solche zwischen Ausdrücken der Absicht und Einschätzungen heraus.

p. 3 Doch / eine einzelne Äußerung kann die Rolle von mehr als einer dieser Arten der Vorhersage spielen. Wenn z. B. ein Arzt einem Patienten in Anwesenheit einer Krankenschwester sagt ‚Die Krankenschwester wird Sie in den Operationssaal bringen', dann kann diese Äußerung sowohl als ein Ausdruck seiner Absicht (wenn in ihr seine Entscheidung, was geschehen soll, zum Ausdruck kommt), und als ein Befehl dienen, wie sie auch eine Information für den Patienten darstellt; und letzteres gilt, obwohl die Äußerung in keinem Sinne eine auf einen Beweisgrund gegründete Einschätzung der Zukunft, oder gar eine Vermutung oder Prophezeiung ist; auch *schließt* der Patient normalerweise nicht aus der Tatsache, daß der Arzt ihm dies gesagt hat, auf die Information. Er würde sagen, der Arzt habe ihm dies *mitgeteilt*. Dies Beispiel zeigt, daß der indikativische (beschreibende, informative) Charakter nicht das unterscheidende Kennzeichen von ‚Vorhersagen' *im Gegensatz zu* ‚Ausdrücken der Absicht' ist, wie wir vielleicht auf den ersten Blick zu denken versucht waren.

Ein Imperativ wird die Beschreibung einer zukünftigen Handlung sein, welche an jemanden gerichtet ist, der handeln soll, und die in eine Form gekleidet ist, deren sprachliche Pointe darin besteht, die Person dazu zu veranlassen, das Beschriebene zu tun. Ich sage deshalb, daß hierin ihre sprachliche Pointe bestehe, eher als daß dies der Vorsatz des Sprechers sei, weil der Sprecher zum Teil einen Befehl natürlich mit einem ganz anderen Vorsatz als dem, daß er befolgt werden solle, erteilen kann (z. B. mit dem, daß er *nicht* befolgt werden soll) – ohne daß der Befehl aufhört, ein Befehl zu sein.

Ausführungsbedingungen für Befehle entsprechen Wahrheitsbedingungen für Propositionen. Welche Gründe sprechen dagegen, Befehle wahr oder falsch zu nennen, je nachdem, ob sie befolgt oder nicht befolgt werden – von einem entbehrlichen Sprachgebrauch einmal abgesehen? Ein Befehl wird üblicherweise in der einen oder anderen Absicht erteilt, ist aber als solcher kein Ausdruck eines Wollens; er ist schlicht eine in eine bestimmte Form gegossene Handlungsbeschreibung; diese Form ist manchmal eine besondere Beugung und manchmal ein Futurum, das auch andere Verwendungen hat.

Befehle werden üblicherweise eher als vernünftig oder unvernünftig kritisiert, und nicht, weil sie erfüllt oder nicht erfüllt werden. Aber dies taugt nicht zur Unterscheidung von Befehlen gegenüber Einschätzungen der Zukunft, denn von ihnen gilt, soweit sie wissenschaftlich sind, dasselbe. (Unwissenschaftliche Einschätzungen werden natürlich eher dann gelobt, wenn sie sich erfüllen, als deshalb, weil sie gut begründet wären; denn niemand weiß, worin die gute Begründung einer unwissenschaftlichen Einschätzung besteht – z. B. einer politischen.) Doch es gibt einen Unterschied zwischen den Arten von / Gründen, derentwegen wir einen Befehl oder eine Einschätzung der Zukunft vernünftig nennen. Die Gründe, die einen Befehl rechtfertigen, legen nicht nahe, daß etwas wahrscheinlich ist oder daß es sicherlich geschehen wird, sondern z. B. daß es gut ist, etwas im Hinblick auf ein bestimmtes Ziel, oder im Hinblick auf ein vernünftiges Ziel geschehen zu machen. In dieser Hinsicht ähneln sich Befehle und Ausdrücke der Absicht.

Es ist natürlich, daß sich Einwände dagegen regen, beides,

p. 4

Befehle und Ausdrücke der Absicht, als Vorhersagen zu bezeichnen. Im Falle von Befehlen liegt der Grund in der Oberflächengrammatik, und eben deshalb ist er leichter beiseite zu schieben. Bei Absichten könnte uns die Oberflächengrammatik eher dazu bewegen, die Diagnose anzunehmen, da eine verbreitete Form des Ausdrucks der Absicht eine einfache Aussage in der Zukunftsform ist, und tatsächlich muß diese Verwendung der Zukunftsform eine beherrschende Rolle spielen, wenn immer Kinder sie erlernen. Unsere Einwände wurzeln jedoch tiefer.

Tue ich nicht, wovon ich sagte, daß ich es tun würde, dann wird mir kein Fehler angekreidet, ja, mir wird nicht einmal unbedingt unterstellt, ich hätte gelogen; daher scheint die Wahrheit einer Absichtsbekundung nicht darin zu bestehen, daß ich tue, was ich behauptete. Aber warum sollen wir nicht sagen: dies zeigt nur, daß es neben Lügen und Fehlern weitere Weisen gibt zu sagen, was nicht wahr ist?

Eine Lüge ist hier jedoch möglich; und wenn ich lüge, dann ist das, was ich sage, wegen etwas Gegenwärtigem eine Lüge, nicht wegen etwas Zukünftigem. Ich kann sogar lügen, indem ich sage, ich würde etwas tun, obwohl ich es später tat. Hier lautet die Antwort, daß eine Lüge eine Äußerung ist, die im Gegensatz zu dem steht, was man denkt, und dies kann eine Meinung sein, oder man mag gedenken, etwas in die Tat umzusetzen. Daß eine Lüge eine Äußerung ist, die im Gegensatz zu dem steht, was man denkt, bedeutet nicht, daß sie ein falscher Bericht über die eigenen Denkinhalte wäre, wie wenn man als Antwort auf die Frage ‚Wenn ich bloß wüßte, was du denkst‘ lügt.

Es kann vorkommen, daß man etwas nicht zu tun ‚gedachte‘, sich aber dennoch entsprechend äußerte. Und dann mag man es doch ausführen, ‚um die Äußerung zu rehabilitieren'. Ein solches Bild hat Quine einmal (auf einer philosophischen Tagung) benützt. Denn wenn ich nicht ausführe, was ich sagte, dann war das, was ich sagte, nicht wahr (obwohl es sein könnte, daß die Frage nach der *Wahrhaftigkeit* meiner Äußerung gar nicht auftaucht). Aber Quines Bemerkung ist deshalb ein Scherz, weil diese Falschheit das, was ich *sagte*, nicht notwendig anficht. Manchmal werden sozusagen eher die Tatsachen angefochten, weil sie sich nicht in Übereinstimmung mit den Worten befinden, / als umgekehrt. Dies ist manchmal so, p. 5 wenn ich meine Absicht ändere; doch ein weiterer Fall liegt vor, wenn ich z. B. etwas anderes schreibe, als das, was ich zu schreiben glaube: Wie Theophrast sagt (Magna Moralia, 1189 b 22),[2] liegt hier der Fehler in der Ausführung, nicht im Urteil. Es gibt noch weitere Fälle: z. B. hat der hl. Petrus nicht *seine Absicht geändert,* was den Verrat an Christus betraf; dennoch wäre es nicht richtig zu sagen, er habe ein lügnerisches Treuegelöbnis abgelegt.

Ein Befehl ist wesentlich ein Zeichen (oder Symbol), während eine Absicht auch ohne Symbol bestehen kann; wir sprechen daher von Befehlen und nicht vom Ausdruck des Befehlens; wohl aber vom *Ausdruck der* Absicht. Dies ist ein weiterer Grund für die sehr naheliegende Vorstellung, daß wir, um den Ausdruck der Absicht verstehen zu können, etwas Inneres betrachten müssen, d. h. dasjenige, wovon er ein Ausdruck ist. Diese Überlegung macht uns weniger geneigt, ihn eine Vorhersage zu nennen – d. h. die Beschreibung von etwas Zukünftigem. Obwohl doch 'Ich werde das-und-das tun' ganz danach aussieht, und obwohl 'Ich habe die Absicht spazierenzugehen,

---

[2] Vorausgesetzt, uns wird zu Recht berichtet, daß Theophrast der Autor war.

9

werde aber nicht spazierengehen' irgendwie widersprüchlich klingt.

Absicht scheint etwas zu sein, dem wir Ausdruck verleihen können, das aber Tiere (die z. B. keine Befehle erteilen) *haben* können, obwohl sie über keinen abgegrenzten Ausdruck der Absicht verfügen. Denn die Bewegungen einer Katze auf der Pirsch nach einem Vogel können kaum als Ausdruck der Absicht bezeichnet werden. Ebensogut könnte man das Absterben des Motors als den *Ausdruck* dafür bezeichnen, daß der Wagen bald stehen werde. Absicht unterscheidet sich von Gemütsregung insofern, als ihr Ausdruck rein konventionell ist; wir könnten auch sagen ,sprachlich', wenn wir es zulassen, bestimmte körperliche Bewegungen, denen konventionell eine bestimmte Bedeutung zukommt, in die Sprache mitaufzunehmen. Mir scheint, daß Wittgenstein darin fehlgegangen ist, daß er vom ,natürlichen Ausdruck einer Absicht' sprach (Philosophische Untersuchungen, § 647).

§ 3 Wir benötigen einen fruchtbareren Pfad der Forschung als den der Untersuchung des sprachlichen Ausdrucks der Absicht, oder des Versuchs der Untersuchung dessen, wovon dieser ein Ausdruck ist. Betrachten wir nämlich lediglich den sprachlichen Ausdruck der Absicht, dann kommen wir nur zu dem Ergebnis, daß er eine – seltsame – Art der Vorhersage ist; suchen wir aber danach, wovon er ein Ausdruck ist, dann finden wir uns wahrscheinlich in der einen oder anderen Sackgasse wieder, z. B.: dem psychologischen Jargon über ,Triebe' und / ,Einstellungen'; der Reduktion von Absicht auf eine Spezies der Begierde, d. h. auf eine Art von Gemütsregung; oder der irreduziblen Intuition der Bedeutung von ,Ich beabsichtige'.

Die Betrachtung des sprachlichen Ausdrucks der Absicht

p. 6

ist allemal nützlich, will man diese besonderen Sackgassen vermeiden. In all diese gerät man, wenn man auf die Unterscheidung zwischen der Einschätzung der Zukunft und dem Ausdruck der Absicht als auf etwas vertraut, das schon intuitiv einsichtig ist. Ein Mensch sagt ‚Ich werde spazierengehen‘, und wir sagen ‚Das ist der Ausdruck einer Absicht, keine Vorhersage‘. Aber wie wissen wir das? Wenn wir ihn fragen, dann würde er es uns ohne Zweifel sagen; aber was weiß er, und wie? Wittgenstein hat gezeigt, daß es unmöglich ist, auf diese Frage mit der Feststellung zu antworten ‚Er nimmt wahr, daß er die Absicht hat oder hatte, einen Spaziergang zu machen, oder daß er jene Worte als einen Ausdruck der Absicht meinte‘. Wäre diese Antwort korrekt, dann müßte es hier Raum für die Möglichkeit geben, daß seine Wahrnehmung ihn getrogen hatte. Zudem enthüllt uns das Gedächtnis – wenn wir uns eines Vorhabens erinnern – nur einige dürftige Einzelheiten als das, was in unserem Bewußtsein vor sich ging, die sich keinesfalls zu einer solchen Absicht zusammenfügen; oder es legt uns nur nahe, die Worte ‚Ich hatte vor...‘ zu gebrauchen, ohne irgendein geistiges Bild, von dem wir meinen könnten, daß es durch die Worte angemessen beschrieben werde. Die Unterscheidung kann also nicht als intuitiv einsichtig hingenommen werden, es sei denn in jenen Fällen, in denen mit ihr die Frage danach beantwortet wird, in welchem Sinn ein Mensch die Wortverbindung ‚Ich werde...‘ bei einer besonderen Gelegenheit gemeint habe.

Wir könnten versuchen, die Unterscheidung zu verstehen, indem wir sagen: Ein Ausdruck der Absicht ist die Beschreibung von etwas Zukünftigem, in der der Sprecher eine Art Handelnder ist; er rechtfertigt diese Beschreibung (wenn er sie rechtfertigt) durch Handlungsgründe, d. h. Gründe dafür, warum es nützlich oder erstrebenswert wäre, wenn die Beschreibung wahr werden würde, nicht aber durch Beweisgründe dafür, daß die Beschreibung wahr ist. Einmal hier angelangt sehe ich jedoch nicht, in welche Richtung dieser Gedankengang weiter verfolgt werden könnte, und der gesamte Themenkomplex bleibt eher verwirrend. Ich sah einmal einige Aufzeichnungen einer Vorlesung Wittgensteins, in der er sich ein paar vom Wind hin- und hergetriebene Blätter vorstellte, die sagten ‚Jetzt fliege ich hierhin, ... jetzt fliege ich dorthin', während der Wind sie trug. Die Analogie ist unbefriedigend, da sie diesen Vorhersagen offenbar keine weitere Rolle als die einer unnötigen Begleiterscheinung der Bewegungen der Blätter beimißt. Aber man könnte antworten: Was verstehst Du unter einer ‚unnötigen' Begleiterscheinung? Wenn Du eine solche meinst, in deren Abwesenheit die / Bewegungen der Blätter genau dieselben gewesen wären, dann ist die Analogie sicherlich schlecht. Aber woher weißt Du, wie die Bewegungen der Blätter gewesen wären, wären sie nicht von diesen Gedanken begleitet worden? Wenn Du glaubst, ihre Bewegungen aus Deinem Wissen über ihre Geschwindigkeit, die Windrichtung, das Gewicht und andere Eigenschaften der Blätter berechnen zu können, bestehst Du dann darauf, daß diese Berechnungen Berechnungen ihrer Gedanken nicht einschließen könnten? – Wittgenstein erörterte den freien Willen, als er diese Analogie vorbrachte; nun lautet der Einspruch gegen diese Analogie nicht, daß in ihr unseren Absichten eine falsche Rolle zugewiesen werde, sondern nur, daß sie ihre Rolle überhaupt nicht beschreibt; dies aber war nicht ihr Zweck. Dieser Zweck bestand eindeutig darin, den freien Willen in *irgendeiner* Weise zu leugnen, unabhängig davon, ob wir nun den Wind als Symbol für die physikalischen Kräfte verstehen, die auf uns einwirken, oder für Gott oder das Schicksal. Es kann sein, daß

p. 7

eine richtige Beschreibung der Rolle, die unseren Absichten in unseren Handlungen zukommt, für die Frage des freien Willens nicht relevant ist; ich vermute jedenfalls, daß dies Wittgensteins Auffassung war; daher stand es ihm frei, die Rolle der Absicht eher im dunkeln zu belassen, als er dieses gegen den freien Willen gerichtete Bild zeichnete. Nun ist unsere Darstellung der Ausdrücke der Absicht, durch die sie von Einschätzungen der Zukunft unterschieden werden, in einer ganz ähnlichen Weise begrenzt wie das Bild vom Wind, der die Blätter trägt. Menschen geben in der Tat Darstellungen zukünftiger Ereignisse, in denen sie irgendwie Handelnde sind. Sie rechtfertigen diese Darstellungen nicht durch die Angabe von Gründen, aus denen hervorgeht, warum ihnen geglaubt werden sollte, sondern, wenn überhaupt, durch Gründe von anderer Art; und sehr oft treffen diese Darstellungen zu. Man nennt eine solche Darstellung einen Ausdruck der Absicht. Sie kommt in der menschlichen Sprache einfach vor. Will man dem Begriff der ‚Absicht‘ auf die Spur kommen, dann hat diese Untersuchung Ergebnisse gezeigt, die keineswegs falsch, aber doch verwirrend sind. Offensichtlich stellt dasjenige, was hier mit ‚Grund‘ gemeint ist, einen fruchtbaren Weg der Forschung dar; ich ziehe es jedoch vor, diesen Gegenstand zunächst im Zusammenhang mit dem Begriff der absichtlichen Handlung zu betrachten.

§ 4 Daher schlage ich nun einen neuen Forschungspfad ein: Wie stellen wir jemandes Absichten fest? Oder: Welche Art wahrer Aussagen können wir mit Gewißheit über die Absichten von Menschen abgeben, und wie wissen wir, daß sie wahr sind? Ist es, mit anderen Worten, möglich, Aussagetypen von der Form ‚A beabsichtigt X‘ zu finden, von denen wir sagen können, daß ihnen ein /

groß Teil Gewißheit zukommt? Nun, wenn Du zumindest einiges Wahre über die Absichten eines Menschen äußern willst, dann wirst Du sehr gute Erfolgsaussichten haben, wenn Du erwähnst, was er tatsächlich getan hat oder tut. Denn der größte Teil dessen, wovon Du unmittelbar behaupten würdest, ein Mensch habe es getan oder tue es, ist beabsichtigt – was auch immer er sonst noch beabsichtigen mag, und was auch immer seine Absichten in dem, was er tut, sein mögen.

Ich beziehe mich hiermit darauf, was Du etwa als Zeuge vor Gericht auf die Frage hin aussagen würdest, was ein Mensch tat, als Du ihn sahst. D. h. daß in einer großen Anzahl von Fällen Deine Auswahl aus der unermeßlichen Vielfalt wahrer Aussagen über ihn, die Du äußern könntest, mit dem übereinstimmen würde, was er über das, was er gerade tut, sagen könnte, vielleicht sogar ohne darüber nachzudenken, ganz sicher aber ohne Rekurs auf Beobachtung. Ich sitze auf einem Stuhl und schreibe, und jeder, der in derselben Welt zum Alter der Vernunft herangewachsen ist, erkennt dies, sobald er mich sieht, und im allgemeinen wäre dies seine erste Darstellung dessen, was ich tue: wäre dies für ihn nur schwer zugänglich, und würde er demgegenüber unmittelbar erkennen, wie genau ich die akustischen Eigenschaften des Raumes beeinflusse (eine für mich äußerst dunkle Information), dann wäre die Verständigung zwischen uns ziemlich ernsthaft beeinträchtigt.

So kann ich, um den Bereich dessen, was es hier zu entdecken gibt, abzustecken, eine Abkürzung wählen, ohne weiter zu erörtern, wie aus der großen Anzahl wahrer Aussagen, die ich über eine Person machen kann, ausgewählt wird, und was die Existenz solch einer unmittelbaren Beschreibung wie ‚Sie sitzt auf einem Stuhl und schreibt' mit einschließt. (Dies soll nicht heißen, daß hier

nicht höchst interessante Fragen aufgeworfen werden. Vgl. Philosophische Untersuchungen, S. 350, [b]: ‚Ich sehe ein Bild: es stellt einen alten Mann dar, der auf einen Stock gestützt einen steilen Weg aufwärts geht. – Und wie das? Konnte es nicht auch so aussehen, wenn er in dieser Stellung die Straße hinunterrutschte? Ein Marsbewohner würde das Bild vielleicht so beschreiben.‘ Et passim.) Es geht mir hier allein darum, die Tatsache zu konstatieren: Wir können einfach sagen ‚Betrachte einen Menschen und sage, was er tut‘ – d. h. sage, was Dir unmittelbar als Bericht für jemanden einfällt, der den Menschen nicht sehen konnte und wissen wollte, was es dort zu sehen gab. In den meisten Fällen wirst Du eben das sagen, was auch dieser Mensch selbst weiß; und wiederum meistenfalls, obwohl freilich in weniger Fällen, wirst Du nicht nur berichten, was er tut, sondern auch *eine* Absicht des Betreffenden, nämlich, eben dies / zu tun. Und mehr   p. 9
noch: entspricht dies nicht einer Absicht des Betreffenden, dann ist dies zumeist klar, ohne ihn zu befragen. Es mag nun leicht so erscheinen, als ob die Frage, welche Absichten ein Mensch hat, allein von ihm selbst autoritativ entschieden wird. Ein Grund hierfür ist, daß wir im allgemeinen nicht nur die Absicht eines Menschen *zu* tun, was er tut, sondern die Absicht, *in* der er es tut, erfahren wollen, und diese kann oft dem, was er tut, nicht angesehen werden. Ein weiterer Grund besteht darin, daß sich die Frage, ob er das, was er tut, auch beabsichtigt, im allgemeinen einfach nicht stellt (weil die Antwort offensichtlich ist); stellt sie sich hingegen, dann wird sie oft entschieden, indem der Betreffende gefragt wird. Und schließlich kann ein Mensch eine Absicht fassen, ohne sodann irgendetwas zu tun, um sie auszuführen, sei es, weil er daran gehindert wird, sei es, weil er seine Absicht ändert: Dennoch kann die Absicht selbst vollständig sein,

15

obwohl sie rein innerlich bleibt. All dies trägt dazu bei, daß wir veranlaßt werden zu denken, wir müßten seine Denkinhalte, und nur diese, erforschen, wenn wir etwas über die Absichten eines Menschen wissen wollen; und folglich müßten wir etwas untersuchen, dessen Existenz rein in der Sphäre des Geistigen liegt, wenn wir verstehen wollen, was Absicht ist; und daß, was sich physisch ereignet, d. h. was ein Mensch wirklich tut, zu allerletzt Gegenstand unserer Untersuchung sein muß, obwohl Absicht Handlungen hervorbringt, und die Art und Weise, in der dies geschieht, Anlaß zu interessanten Fragen gibt. Dagegen möchte ich sagen, daß hier zuerst unser Untersuchungsfeld liegt. Mit dieser Präambel gehe ich zum zweiten Thema der im § 1 vorgenommenen Unterscheidung über: Absichtliches Handeln.

§ 5 Was unterscheidet Handlungen, die absichtlich sind, von solchen, die es nicht sind? Die Antwort, die ich vorschlagen werde, lautet, daß es solche Handlungen sind, auf die die Anwendung der Frage ‚Warum?' in einem bestimmten Sinne zugelassen wird; der Sinn ist natürlich derjenige, in dem die Antwort, wenn sie bejahend ausfällt, einen Grund zum Handeln angibt. Aber diese Aussage ist nicht hinreichend; denn die Fragen „Welches ist der relevante Sinn der ‚Warum?'-Frage?" und „Was ist mit ‚Handlungsgrund' gemeint?" sind gleichbedeutend.
Betrachte, um die hier bestehenden Schwierigkeiten zu erkennen, die Frage ‚Warum hast Du die Tasse vom Tisch gestoßen?' und die Antwort ‚Ich dachte, ich sähe ein Gesicht am Fenster, und das erschreckte mich'. Nun habe ich bis hierher den Handlungsgrund nur insofern gekennzeichnet, als ich ihn den Beweisgründen für die Annahme, etwas werde sich ereignen, gegenüberstellte – aber in p. 10   diesem Beispiel war der ‚Grund' / kein Beweisgrund

dafür, daß ich die Tasse vom Tisch stoßen würde. Wir können auch nicht sagen, daß dies eher eine Ursache als ein Grund sei, da etwas der Handlung Vorgängiges angegeben wird; denn wenn Du fragst ‚Warum hast Du ihn umgebracht?‘, dann stellt die Antwort ‚Er hat meinen Vater umgebracht‘ ganz sicher eher einen Grund als eine Ursache dar, aber was sie angibt, geht der Handlung voraus. Es ist wahr, daß wir üblicherweise nicht an einen solchen Fall wie ein plötzliches Zusammenzucken denken, wenn wir von einem Handlungsgrund sprechen. „Ein plötzliches Zusammenzucken“, so könnte jemand sagen, „ist kein *Handeln* in dem Sinne, der durch den Ausdruck ‚Handlungsgrund‘ nahegelegt wird. Obwohl wir also durchaus bereitwillig z. B. sagen ‚Aus welchem Grund bist Du so heftig zusammengezuckt?‘, ist dies doch ein ganz anderer Fall, als ‚Welches war Dein Grund dafür, den Soundso aus Deinem Vermächtnis auszuschließen?‘ oder als ‚Welches war Dein Grund dafür, nach einem Taxi zu rufen?‘.“ Aber worin *besteht* der Unterschied? In keinem der Fälle stellt die Antwort einen Beweisgrund dar. Warum ist ein Zusammenzucken oder ein Keuchen keine ‚Handlung‘, wohl aber das Herbeirufen eines Taxis oder das Überqueren der Straße? Die Antwort kann nicht lauten „Weil die Antwort auf die ‚Warum?‘-Frage in den letzteren Fällen einen *Grund* liefern kann“, denn auch in den ersteren Fällen kann die Antwort ‚einen Grund liefern‘; und wir können nicht sagen „O ja, aber keinen Grund zum *Handeln*“; dann würden wir uns im Kreis bewegen. Wir müssen den Unterschied zwischen den beiden Arten von ‚Grund‘ finden, ohne über ‚Handeln‘ zu reden; und wenn wir dies tun, dann werden wir vielleicht herausfinden, was mit ‚Handeln‘ gemeint ist, wenn es mit dieser besonderen Betonung geäußert wird.

Es wird kaum erhellend sein zu sagen: im Falle eines

plötzlichen Zuckens ist der ‚Grund‘ eine *Ursache;* das Thema Kausalität ist in einem Zustand allzugroßer Verwirrung; alles, was wir wissen, beschränkt sich darauf, daß dies einer jener Orte ist, an denen wir das Wort ‚Ursache‘ verwenden. Wir wissen aber auch, daß es sich dabei um einen ziemlich seltsamen Fall von Kausalität handelt; das Subjekt ist im Stande, die Ursache eines Gedankens oder Gefühls oder einer körperlichen Bewegung in eben der gleichen Art und Weise anzugeben, wie es auch den Ort seines Schmerzes oder die Lage seiner Gliedmaßen bezeichnen kann.

Ebensowenig können wir sagen: „ – Nun, der ‚Grund‘ für eine Bewegung ist eine Ursache, und nicht ein Grund im Sinne von ‚Handlungsgrund‘, wenn die Bewegung unwillkürlich ist; wenn die Bewegung willkürlich und absichtlich ist, ist es jedoch ein Grund im Gegensatz zur Ursache." Dies ist teils so, weil jedenfalls das Ziel der gesamten Untersuchung gerade darin besteht, solche Begriffe wie die des Willkürlichen und des Absichtlichen zu beschreiben, und teils deshalb, weil man auch einen ‚Grund‘ angeben kann, der für das, was willkürlich und absichtlich ist, nur eine ‚Ursache‘ darstellt. Zum Beispiel: „Warum / läufst Du so auf und ab?" – „Das ist diese Militärkapelle; sie erregt mich." Oder: „Was hat Dich dazu gebracht, das Dokument schließlich zu unterzeichnen?" – „Der Gedanke ‚Es ist meine Pflicht‘ ging mir immer wieder im Kopf herum, bis ich mir sagte ‚Ich kann nicht anders‘ und also unterzeichnete."

p. 11

Wir hören sehr oft, dies oder jenes sei es, was wir ‚Handlungsgründe‘ *nennen,* und es sei ‚vernünftig‘, oder ‚was wir vernünftig *nennen‘,* aus Gründen zu handeln; aber solche Bemerkungen sind üblicherweise mehr als nur halb moralisch gemeint (und Moral ist schlecht fürs Denken, wie Bradley bemerkt hat); im übrigen lassen sie unsere begrifflichen Probleme unberührt, obwohl sie anscheinend eine schnelle Erklärung liefern. Jedenfalls ist dieser Anschein nicht einmal plausibel, da solche Bemerkungen keinen Hinweis darauf enthalten, worin es besteht, aus Gründen zu handeln.

§ 6 Um die vorgeschlagene Bestimmung „Absichtliche Handlungen sind solche, auf die die ‚Warum?'-Frage in einem bestimmten Sinne Anwendung findet" zu verdeutlichen, werde ich sowohl diesen Sinn erklären als auch Fälle beschreiben, in denen sich herausstellt, daß die Frage auf sie *keine* Anwendung findet. Ich werde der zweiten Aufgabe in zwei Phasen nachkommen, denn das, was ich in der ersten Phase sage, wird bei der Erklärung des relevanten Sinns der ‚Warum?'-Frage von Nutzen sein. Zurückgewiesen wird die Anwendung dieser Frage durch die Antwort: ‚Mir war nicht bewußt, daß ich das tat'. Mit einer solchen Antwort wird gewiß nichts bewiesen (denn es kann sich um eine Lüge handeln), aber doch die Behauptung aufgestellt, daß die Frage ‚Warum hast Du das getan (tust Du das)?' keine Anwendung im geforderten Sinne findet. Nicht in jedem Fall ist diese Antwort plausibel; wenn Du z. B. einen Menschen beobachtest, der ein Brett zersägt, und der auf die Frage ‚Warum zersägst Du dieses Brett?' antwortet ‚Ich wußte nicht, daß ich ein Brett zersäge', dann würdest Du darüber nachdenken müssen, was er wohl meint. Vielleicht kannte er das Wort ‚Brett' vorher nicht, und er wählt diesen Weg, um das zum Ausdruck zu bringen. Aber die Frage danach, was er wohl meint, muß erst gar nicht aufkommen – z. B. wenn Du jemanden fragst, warum er auf einem Wasserschlauch steht, und er sagt, ‚Ich wußte nicht, daß ich das tat'.
Da eine einzelne Handlung viele unterschiedliche Be-

schreibungen erfahren kann, z. B. ‚Ein Brett zersägen‘, ‚Eichenholz zersägen‘, ‚Eines der Bretter von Smith zersägen‘, ‚Ein kreischendes Geräusch mit der Säge machen‘, ‚Eine große Menge Sägemehl produzieren‘ usw. usw., ist es wichtig zu bemerken, daß ein Mensch zwar in der einen Beschreibung wissen mag, daß er etwas tut, in einer anderen aber nicht. Nicht in jedem dieser / Fälle weiß er einen Teil von dem, was er tut, und einen anderen nicht (wie wenn er z. B. weiß, daß er sägt, nicht aber, daß er mit der Säge ein kreischendes Geräusch macht). Er mag wissen, daß er ein Brett zersägt, aber nicht, daß er ein Brett aus Eichenholz oder das Brett von Smith zersägt; aber das Zersägen eines Eichenholzbretts oder des Bretts von Smith ist nicht etwas anderes, das er neben dem Zersägen des Brettes, welches er zersägt, außerdem noch tut. Daher folgt aus der Aussage, daß ein Mensch weiß, daß er X tut, nicht die Aussage, daß er weiß, daß er irgendetwas tut, worin sein X-Tun außerdem noch besteht. Zu sagen, ein Mensch wisse, daß er X tut, ist daher soviel wie eine Beschreibung seines Tuns zu geben, *in der* er es weiß. Sagt also ein Mensch ‚Mir war nicht bewußt, daß ich das tat‘, womit er zugleich behauptet, daß die ‚Warum?‘-Frage keine Anwendung findet, dann kann er nicht immer durch die Tatsache widerlegt werden, daß seine Aufmerksamkeit doch auf diese seine eigene Vorgehensweise gerichtet war, in der das Tun von X bestand.

§ 7 Es ist auch klar, daß man die Anwendung der ‚Warum?‘-Frage (im relevanten Sinne) mit den Worten zurückweist: ‚Es geschah unwillkürlich‘, selbst wenn die Handlung in etwas bestand, dessen man sich bewußt war. Aber dies kann ich in dieser Formulierung nicht verwenden, denn der Begriff des Unwillkürlichen deckt doch offensichtlich Begriffe genau desjenigen Typus ab, auf den eine philosophische Untersuchung der Absicht Licht werfen sollte.

Ich möchte hier für einen Augenblick abschweifen, um eine modische Sichtweise der Begriffe ‚willkürlich' und ‚unwillkürlich' zurückzuweisen, derzufolge diese Begriffe nur dort angemessen verwendet werden, wo eine Person etwas Unangebrachtes getan hat. Erscheint diese Sichtweise irgend jemandem als verführerisch, dann sollte er bedenken, daß Physiologen sich mit willkürlichem Handeln befassen, und daß sie diesem Wort keinen besonderen technischen Sinn verleihen. Fragst Du sie nach ihrem Kriterium, dann sagen sie Dir, daß sie, haben sie es mit einem erwachsenen Menschen zu tun, diesen befragen, und daß sie sich bei einem Tier an den Bewegungen orientieren, mit denen das Tier z. B. nach etwas trachtet, etwa nach Nahrung. D. h. die Bewegung, mit der ein Hund bei einem plötzlichen Laut die Ohren aufrichtet, würde nicht als Beispiel verwendet werden.

Dies heißt nicht, daß jede Handlungsbeschreibung, an der die Willkürlichkeit der Handlung untersucht werden kann, für Physiologen von Interesse ist. Natürlich gilt ihr Interesse allein Körperbewegungen.

Wir geraten auch leicht angesichts der Tatsache in Verwirrung, daß ‚unwillkürlich' / weder einfach nicht-willkürlich bedeutet noch, für sich genommen, einen unproblematischen Sinn hat. Tatsächlich ist dieses Begriffspaar insgesamt überaus verwirrend. Betrachte die folgenden vier Beispiele für Unwillkürliches: p. 13

a) Die peristaltische Bewegung des Darms.

b) Jene seltsame Art des Zuckens oder Auffahrens des gesamten Körpers, wenn man einschläft.

c) ‚Er zog seine Hand mit einer Bewegung unwillkürlichen Schauderns zurück.'

21

d) ‚Ich mußte unwillkürlich an Fritz denken, als Du von diesem Erlebnis erzähltest.'

Wie kann ich angesichts solcher Beispiele wie c) und d) ‚Es geschah unwillkürlich' als Zurückweisungsform der ‚Warum?'-Frage in jenem Sinne einführen, den ich hier verdeutlichen möchte – wenn der ganze Zweck der Verdeutlichung in der Darstellung des Begriffs ‚absichtlich' bestehen soll? Dies ist offensichtlich nicht möglich. Dennoch gibt es eine Klasse von Gegenständen, die unter den Begriff des ‚Unwillkürlichen' fallen, welche eingeführt werden kann, ohne eine *petitio principii* zu begehen und ohne annehmen zu müssen, wir verstünden bereits Begriffe von eben jener Art, die ich nach eigenem Bekunden hier untersuche. Das Beispiel b) gehört zu dieser Klasse, zur Klasse der Körperbewegungen in rein physikalischer Beschreibung. Weitere Beispiele sind Ticks, der Streckreflex des Knies und das seitliche Heben des Arms, wenn man sich schwer mit ihm gegen eine Wand gelehnt hat.

§ 8 Erforderlich ist es, diese Klasse ohne die Verwendung solcher Begriffe wie ‚beabsichtigt' oder ‚gewollt' oder ‚willkürlich' und ‚unwillkürlich' zu beschreiben. Dies kann in der folgenden Weise geschehen: Wir grenzen zunächst eine besondere Klasse von Tatsachen aus, die von einem Menschen gelten: nämlich die Klasse derjenigen Tatsachen, die er *ohne Beobachtung weiß*. So weiß z. B. ein Mensch normalerweise ohne Beobachtung um die Lage seiner Gliedmaßen. Er weiß dies ohne Beobachtung, weil nichts ihm die Lage seiner Gliedmaßen *zeigt*; es ist nicht so, als ob er sich nach einem Klingeln in seinem Knie richten würde, das ihm anzeigt, das Knie sei gebeugt und nicht gestreckt. Wo wir von abgegrenzt beschreibbaren Empfindungen sprechen können – und solche zu haben stellt gewissermaßen unser Kriterium dafür dar, daß wir etwas sagen können –, dort können wir davon sprechen, daß die betreffende Tatsache beobachtet wird; aber dies ist im allgemeinen nicht der Fall, wenn wir um die Lage unserer Gliedmaßen wissen. Dennoch *können* wir diese ohne ein besonderes Stichwort *angeben.* Ich sage jedoch, daß wir sie *wissen* und nicht nur *angeben können,* / weil es hier die Möglichkeit gibt, das Richtige oder das p. 14 Falsche zu sagen: Es ist nur dort angebracht, von menschlichem Wissen zu sprechen, wo es einen Gegensatz zwischen ,Er *weiß*' und ,Er *glaubt* (bloß) zu wissen' gibt. Obwohl die Angabe der Lage der eigenen Gliedmaßen der Angabe des Orts des eigenen Schmerzes ähnlich ist, weiß man normalerweise, so will ich daher sagen, um die Lage der eigenen Gliedmaßen, und zwar ohne Beobachtung, während die Fähigkeit, angeben zu können, wo man Schmerz empfindet, nicht ein Fall von etwas Gewußtem ist. Das ist nicht deshalb so, weil der Ort des Schmerzes (der Empfindung, nicht der Verletzung) von demjenigen, dem ich ihn angebe, hingenommen werden müßte; denn wir können uns Umstände vorstellen, unter denen er nicht hingenommen wird. Wie z. B. wenn Du von Deinem Fuß, nicht aber von Deiner Hand sagst, daß er sehr schmerze, während Du Deine Hand pflegst, und keine Angst und keinen Widerstand dagegen zeigst, daß Dein Fuß unachtsam angefaßt wird, und Du dennoch auf Deinen Fuß als den schmerzenden Teil hinweist: und so weiter. Aber hier würden wir sagen, es sei schwer zu raten, was Du wohl meinst. Sagt hingegen jemand, sein Knie sei gebeugt, wenn es gestreckt ist, dann mag das zwar überraschen, ist aber nicht besonders dunkel. Er irrt sich, ist aber in dem, was er sagt, nicht unverständlich. Daher nenne ich dies Vermögen, etwas anzugeben, ,Wissen', und nicht *bloß* ,imstande sein, etwas anzugeben'.

Die Klasse der ohne Beobachtung gewußten Tatsachen ist
für unsere Untersuchung von allgemeinem Interesse, da
die Klasse der absichtlichen Handlungen eine ihrer Unter-
klassen ist. Ich erwähnte bereits, daß ,Ich war mir nicht
bewußt, daß ich das tat' eine Zurückweisung der ,War-
um?'-Frage ist, deren Sinn wir zu erfassen suchen; hier
kann ich nun weiter sagen, daß auch ,Ich wußte, daß ich
das tat, aber nur weil ich es beobachtete' eine Form
darstellen würde, die Frage zurückzuweisen. So z. B.
wenn jemand bemerken würde, daß er dadurch, daß er die
Straße überquert, die Verkehrsampel schaltet.

Die Klasse der ohne Beobachtung gewußten Tatsachen ist
aber auch von spezifischem Interesse für diesen Teil
unserer Untersuchung, denn sie ermöglicht die Beschreibung der besonderen Klasse der ,unwillkürlichen Handlungen', auf die ich bisher nur durch die Angabe einiger
Beispiele hingewiesen habe: Dies sind Handlungen wie
das oben angeführte Beispiel b), und es ist unsere Aufgabe,
diese Klasse abzugrenzen, ohne die Antworten auf jene
Fragen, die wir zu beantworten versuchen, implizit vorauszusetzen. Körperliche Bewegungen wie die peristaltische Bewegung des Darms sind unwillkürlich; aber diese
beschäftigen uns nicht, da ein Mensch nicht darum weiß,
daß sein Körper sie vollzieht, es sei denn aufgrund von
Beobachtung, durch Schlußfolgerung usw. Das Unwillkürliche, das uns beschäftigt, ist auf die Klasse der ohne
Beobachtung gewußten Tatsachen beschränkt; so wie Du

p. 15   / auch mit geschlossenen Augen wissen würdest, daß Du
reagiert hast, wenn der Arzt auf Dein Knie schlägt,
obwohl Du keine Empfindung identifizieren kannst, aufgrund welcher Du das weißt. Wenn Du von ,der Empfindung' sprichst, ,die man beim Kniereflex hat', dann ist
diese nicht gleich z. B. ,der Empfindung, mit einem
Fahrstuhl abwärts zu fahren'. Denn obwohl man sagen

24

könnte ‚Ich dachte, ich hätte reagiert, als mir auf das Knie geschlagen wurde, obwohl ich mich nicht bewegt hatte‘, würde man z. B. nie sagen ‚Diese Empfindung wird einem durch den Bericht bestürzender Neuigkeiten vermittelt‘: Die Empfindung ist nicht abgrenzbar, so wie dies bei der Empfindung ‚Wie in einem Fahrstuhl abwärts fahren‘ der Fall ist.

Unter jene Tatsachen, die ohne Beobachtung gewußt werden, müssen die Ursachen einiger Bewegungen mitgerechnet werden. Zum Beispiel ‚Warum bist Du auf einmal zurückgesprungen?‘ ‚Der Satz und das laute Bellen dieses Krokodils ließen mich springen‘. (Ich sage damit nicht, ich hätte das bellende Krokodil nicht beobachtet; aber die Verursachung meines Sprunges durch das Bellen habe ich nicht beobachtet.) Doch in Beispielen wie b) weiß man die Ursache der Bewegung *nur* durch Beobachtung.

Diese Klasse unwillkürlicher Handlungen ist also die Klasse jener körperlichen Bewegungen in rein physikalischer Beschreibung, die ohne Beobachtung gewußt werden, und bei denen es so etwas wie eine ohne Beobachtung gewußte *Ursache* nicht gibt. (Insofern gehört mein Zurückspringen angesichts des Satzes und des Bellens des Krokodils *nicht* zu dieser Unterklasse unwillkürlicher Handlungen.) Diese Unterklasse kann beschrieben werden, ohne daß wir zuvor den Begriff ‚unwillkürlich‘ geklärt hätten. Die Zurechnung einer Bewegung zu dieser Klasse ist mit der Zurückweisung der ‚Warum?‘-Frage gleichbedeutend.

§ 9 Ich sagte zunächst bei der einleitenden Betrachtung der Ausdrücke von Absichten, daß es sich bei ihnen um Vorhersagen handle, die, wenn überhaupt, durch einen Handlungsgrund, im Gegensatz zu einem Grund dafür, sie für wahr zu halten, gerechtfertigt werden. Ich unterschied hier also bereits einen Sinn von ‚Warum?‘, in dem die Antwort Beweisgründe erwähnt. ‚Morgen wird es eine Sonnenfinsternis geben‘. – ‚Warum?‘ ‚Weil…‘ – und eine Antwort ist der Grund dafür, dies zu denken. Oder: ‚Hier gab es einmal ein altes britisches Lager‘. ‚Warum?‘ – Und eine Antwort ist der Grund dafür, so zu denken. Aber wie wir bereits bemerkt haben, gibt eine Antwort auf die ‚Warum?‘-Frage, die keinen Grund für das Fürwahrhalten angibt, nicht *deshalb* schon einen Handlungsgrund an. Sie mag eine Ursache erwähnen, und dies ist alles andere als das, was wir wollen. Doch wir haben bereits angemerkt, daß die Beschreibung des Unterschieds zwischen einer / Ursache und einem Grund in manchen Kontexten gewisse Schwierigkeiten bereitet. Wie z. B., wenn wir auf die Frage ‚Warum hast Du die Tasse vom Tisch gestoßen?‘ die prompte Antwort geben: ‚Ich habe das-und-das gesehen, und *das ließ mich zusammenfahren*‘.

p. 16

Wir können nun erkennen, daß diejenigen Fälle, in denen diese Schwierigkeit auftaucht, eben die sind, in denen die Ursache selbst ‚qua‘ Ursache (oder vielleicht sollte man eher sagen: die Verursachung selbst) in die Klasse der Tatsachen fällt, die man ohne Beobachtung weiß.

§ 10 Ich werde den hier zur Diskussion stehenden Typus der Ursache eine ‚*geistige* Ursache‘ nennen. Nicht nur Handlungen (‚Die Militärmusik erregt mich, und deshalb laufe ich auf und ab‘), sondern auch Gefühle und sogar Gedanken können geistige Ursachen haben. Bei der Betrachtung von Handlungen ist die Unterscheidung zwischen geistigen Ursachen und Motiven wichtig; bei der Betrachtung von Gefühlen, wie Furcht oder Zorn, ist es wichtig, zwischen geistigen Ursachen und dem Gegenstand eines Refühls zu unterscheiden. Mache Dir dies an den folgenden Fällen klar:

Ein Kind hatte einen roten Stoffetzen in einer Ecke des Treppenhauses gesehen und gefragt, was das sei. Es glaubte, seine Kinderschwester hätte ihm geantwortet, dies wäre ein Stück Satan, und empfand schreckliche Furcht davor. (Zweifellos hatte sie ihm gesagt, dies sei ein Stück Satin.) Das, wovor es sich fürchtete, war der Stoffetzen; die Ursache seiner Furcht war die Bemerkung seiner Kinderschwester. Der Gegenstand der Furcht kann die Ursache der Furcht sein, aber wie Wittgenstein[3] bemerkt, ist er nicht *als solcher* die Ursache der Furcht. (Erscheint ein schreckliches Gesicht am Fenster, dann würde es sowohl Ursache als auch Gegenstand der Furcht sein, und daher wird beides leicht durcheinandergebracht.) Oder nochmals: Du ärgerst Dich vielleicht *über* jemandes Handlungsweise, aber das, was Dich ärgerlich *macht*, ist etwas, was Dich daran erinnert, oder, daß Dir jemand davon erzählt.

Diese Art der Ursache eines Gefühls oder einer Reaktion kann von der Person selbst berichtet wie auch von jemand anderem erkannt werden, und zwar auch dann, wenn sie vom Gegenstand verschieden ist. Man beachte, daß diese Art der Kausalität oder dieser Sinn von ‚Kausalität‘ so weit davon entfernt ist, sich in Humes Erklärungen zu fügen, daß diejenigen, die der Auffassung sind, Hume habe das Thema Kausalität leidlich bewältigt, Kausalität in diesem Sinne nicht einmal in ihre Überlegungen mit einbeziehen würden; hierauf aufmerksam gemacht, würden sie vielleicht darauf bestehen, daß das Wort ‚Ursache‘ unangemessen oder gar mehrdeutig sei. Es wäre auch denkbar,

---

[3] Philosophische Untersuchungen, § 476.

daß sie versuchen würden, die Sache nach der Art Humes darzustellen, was die Erkenntnis der Ursache durch den externen Beobachter angeht; kaum aber hinsichtlich der des Betroffenen./

p. 17 § 11 Man könnte meinen, daß, wenn die ‚Warum?'-Frage durch die Angabe der Absicht, mit welcher eine Person handelt, beantwortet wird – etwa durch den Verweis auf etwas Zukünftiges –, dann sei auch dies ein Fall von geistiger Ursache. Denn könnte hierfür nicht auch die Form gewählt werden: ‚Weil ich... wollte' oder ‚Aus dem Wunsch heraus, daß...'? Wenn mich der Wunsch, Äpfel zu essen, überkommt, und ich aufstehe und an den Küchenschrank gehe, weil ich glaube, daß dort welche sind, dann kann ich auf die Frage, was mich zu dieser Handlung bewegte, durch den Verweis auf den Wunsch antworten, der mich dazu brachte... usw. Aber nicht in allen Fällen steht ‚Ich *empfand* den Wunsch, daß...' hinter ‚Ich tat das und das, um zu...'. Vielleicht höre ich z. B. einfach ein Klopfen an der Tür und steige die Treppe hinunter um zu öffnen, ohne irgendeinen solchen Wunsch zu verspüren. Oder angenommen, ich spüre wie Ärger über jemanden in mir aufsteigt und zerreiße eine Mitteilung, die er bekommen hat, damit er eine Verabredung verpaßt. Beschreibe ich dies, indem ich sage ‚Ich wollte, daß er diese Verabredung verpaßt', dann heißt das nicht notwendig, daß ich den Gedanken hatte ‚Wenn ich dies tue, dann wird er...', und daß dies den Wunsch in mir wachrief, es in die Tat umzusetzen, was dann zu meinem entsprechenden Tun führte. Dies kann, muß aber nicht so gewesen sein. Vielleicht war alles, was sich abspielte, nur: Ich las die Nachricht, dachte voller Haß ‚Dieser unglaubliche Mensch!', zerriß die Nachricht und lachte. Wenn dann die Frage ‚Warum hast Du das getan?' von jemandem gestellt wird, der deutlich macht, daß er von mir die geistigen Ursachen erfahren will – z. B. was mir durch den Kopf ging und in die Handlung mündete –, dann würde ich ihm vielleicht diese Darstellung geben; aber normalerweise sieht die Antwort nicht so aus. Diese besondere Untersuchung wird nicht oft angestellt. Und ich will auch nicht sagen, daß es auf sie überall dort, wo sie angestellt werden kann, eine Antwort gibt. Man mag die Achseln zucken, oder sagen ‚Ich wüßte nicht, daß es irgendeinen bestimmten Ablauf von der Art, die Du meinst, gegeben hätte‘ oder ‚Das fiel mir einfach ein…‘.

Natürlich muß eine ‚geistige Ursache‘ kein geistiges Ereignis, d. h. ein Gedanke oder ein Gefühl oder ein Bild sein; sie kann auch ein Klopfen an der Tür sein. Ist sie aber kein geistiges Ereignis, dann muß sie etwas sein, das von der betroffenen Person wahrgenommen wird – z. B. muß das Klopfen an der Tür gehört werden. Wenn daher jemand in diesem Sinne sagen möchte, es handle sich immer um ein geistiges Ereignis, so habe ich nichts dagegen. Eine geistige Ursache ist dasjenige, was jemand beschreiben würde, wenn ihm die spezifische Frage gestellt wird: Was hat diese Handlung oder diesen Gedanken oder dieses Gefühl bei Dir hervorgebracht: Was hast Du gesehen oder gehört oder empfunden, oder welche Vorstellungen oder Bilder tauchten in / Deinem Geist auf und leiteten dazu über? Ich p. 18 habe diesen Begriff der geistigen Ursache abgehoben, weil es so etwas wie diese Art der Frage mit dieser Art Antwort gibt, und weil ich ihn vom ‚Motiv‘ und der ‚Absicht‘ im üblichen Sinne unterscheiden will, nicht aber, weil er in sich selbst von größerer Bedeutung wäre; denn ich glaube, daß er sehr unwichtig ist. Wichtig ist es hingegen, eine klare Vorstellung von ihm gewonnen zu haben, zum Teil deshalb, weil *ein* sehr naheliegendes Verständnis von ‚Motiv‘ darin besteht, es sei dasjenige, was *bewegt* (das

29

Wort selbst legt dies nahe) – glossiert als das, was die Handlungen eines Menschen usw. ‚verursacht'. Und das, ‚was sie verursacht', stellt man sich dann vielleicht als ein Ereignis vor, das die Wirkung hervorbringt – obwohl natürlich vollkommen unklar ist, wie das Ereignis das tun soll – d. h. ob es als eine Art Anstoß in einem anderen Medium gedacht werden soll, oder in irgendeiner anderen Weise.

§ 12 In der Philosophie wurden zuweilen unsere Motive und Absichten im Handeln in einer Weise unterschieden, als ob es hier um ganz unterschiedliche Dinge gehe. Die Absicht eines Menschen ist dasjenige, *wonach* er strebt oder *was* er wählt; sein Motiv ist das, was sein Streben oder seine Wahl determiniert; und ich nehme an, daß ‚determiniert' hier ein anderer Ausdruck für ‚verursacht' sein muß.

Im Alltag werden Motiv und Absicht nicht als so verschieden in ihrer Bedeutung behandelt. Man spricht z. B. vom ‚Profitmotiv'; einige Philosophen wollten zum Ausdruck bringen, daß ein solcher Ausdruck elliptisch sei; der Profit sei die *Absicht,* und der *Wunsch nach Profit* das Motiv. Auf die Frage nach einem Motiv kann man antworten ‚Ich wollte…', eine Antwort, welche diesen Philosophen zusagen würde; oder aber ‚Ich tat das, um zu…'; diese Antwort würde ihnen nicht gefallen; dennoch ist die Bedeutung der beiden Sätze hier dieselbe. Werden die Motive eines Menschen als gut bezeichnet, dann muß sich dies in keiner Weise davon unterscheiden, seine Absichten gut zu nennen – z. B.: Er wollte nur Frieden unter seinen Verwandten stiften.

Dennoch gibt es sogar im Alltag eine Unterscheidung zwischen der Bedeutung von ‚Motiv' und der Bedeutung von ‚Absicht'. Bringt z. B. ein Mensch einen anderen um, dann wird man vielleicht von ihm sagen, er habe es aus Liebe und Mitleid, oder, er habe es aus Haß getan; dies kann sehr wohl in der Form ‚um ihn von seinem schrecklichen Leiden zu erlösen', oder ‚um dieses Schwein loszuwerden' zum Ausdruck gebracht werden; aber obwohl Ausdrucksformen dieser Art naheliegen, hier würden Ziele verfolgt, bringen sie vielleicht doch eher den Geist zum Ausdruck, in dem der Mensch umgebracht wurde, als daß sie einen Zweck beschreiben würden, den zu erreichen das Töten ein Mittel war – einen zukünftigen Sachverhalt, der durch / das Töten hervorgebracht werden sollte. Und dies zeigt uns einen Teil des Unterschieds, der zwischen den alltäglichen Bedeutungen von Motiv und Absicht besteht. Wir könnten sagen: Im Alltag hat ‚Handlungsmotiv' eine eher weitere und unterschiedlichere Anwendung als ‚Absicht, mit der die Handlung ausgeführt wurde'.

p. 19

Wenn ein Mensch – im alltäglichen Sinne gesprochen, und in einem Sinne, in dem ‚Motiv' mit ‚Absicht' unverwechselbar ist – sagt, welches sein Motiv war, dann gibt er keine ‚geistige Ursache' in dem Sinne an, den ich diesem Ausdruck verliehen habe. – Die Tatsache, daß die geistigen Ursachen so-und-so beschaffen waren, mag tatsächlich dazu beitragen, seine Behauptung verständlich zu machen. Zudem kann die Berücksichtigung verschiedener Umstände, darunter auch der geistigen Ursachen, dazu führen, daß er selbst und andere Menschen zu dem Urteil kommen, daß seine Bekundung des eigenen Motivs falsch war, obwohl er geradeheraus und ohne zu lügen erklärt haben mag, sein Motiv sei dies oder jenes gewesen – d. h. ohne wissentlich oder auch nur halb wissentlich etwas Unwahres zu sagen. Doch es scheint mir, daß die geistigen Ursachen selten mehr als eine ganz triviale Einzelheit unter all den Umständen darstellen, die vernünftigerweise mit betrachtet werden sollten. Was die Bedeutsamkeit einer Untersuchung der Handlungsmotive im Gegensatz zu einer Untersuchung der Absicht angeht, so bin ich sehr froh, nicht Ethik oder Literaturkritik zu schreiben, in deren Bereich diese Frage gehört.

Motive können uns Handlungen erklären; aber das heißt nicht, daß sie Handlungen im Sinne der Verursachung ,determinieren'. Wir sagen: ,Seine Wahrheitsliebe ist die Ursache dafür, daß er...' und ähnliches, und zweifellos bringen uns solche Wendungen auf den Gedanken, ein Motiv müsse dasjenige sein, was eine Wahl hervorbringt, oder entstehen läßt. Doch der Satz besagt eher ,Er tat dies insofern, als er die Wahrheit liebte'; dies ist eine Deutung seiner Handlung.

Jemand, der die Verwirrungen sieht, welche die radikale Unterscheidung zwischen Motiven und Absichten und die Definition von Motiven, derart abgegrenzt als Determinanten der Wahl, mit sich bringen, kann leicht dazu neigen, sowohl zu leugnen, daß es so etwas wie geistige Kausalität gibt, als auch, daß ,Motiv' irgend etwas anderes als Absicht bedeutet. Aber beide Tendenzen sind falsch. Wir werden Verwirrung stiften, wenn wir nicht beachten, a) daß es Phänomene gibt, die den Namen der geistigen Kausalität verdienen, denn wir können die ,Warum?'-Frage zur Aufforderung zu der Art Antwort machen, die ich unter jenem Titel abgehandelt habe; b) daß geistige Kausalität nicht auf Wahl oder willkürliche oder absichtliche Handlungen beschränkt ist, sondern daß ihr ein umfassenderes Anwendungsfeld zukommt; geistige Kausalität ist auf das umfassendere Feld derjenigen Tatsachen beschränkt, um die der Handelnde *nicht* / als Beobachter weiß, so daß hier auch einige unwillkürliche Handlungen mit eingeschlossen sind; c) daß Motive keine geistigen Ursachen sind; d) daß es eine Anwendung von ,Motiv'

p. 20

gibt, die sich von den Anwendungen von ‚die Absicht, mit welcher ein Mensch handelt‘, unterscheidet.

§ 13 Rache und Dankbarkeit sind Motive; bringe ich einen Menschen um und vollziehe damit einen Akt der Rache, dann kann ich sagen, daß ich das tue, um mich zu rächen, oder daß Rache mein Gegenstand ist; aber Rache ist nichts Zusätzliches, das ich erreiche, wenn ich ihn umbringe. Es ist eher so, daß Rache darin besteht, daß ich ihn umbringe. Werde ich gefragt, warum ich ihn umbringe, dann gebe ich zur Antwort ‚Weil er meinen Bruder umgebracht hat‘. Wir könnten diese Antwort, die ein konkretes Ereignis der Vergangenheit beschreibt, mit der Antwort vergleichen, die einen konkreten zukünftigen Sachverhalt beschreibt, und die wir manchmal bei Aussagen über Ziele bekommen. Ebenso verhält es sich mit Dankbarkeit, Reue und Mitleid für etwas Bestimmtes. Diese Motive unterscheiden sich etwa von Liebe, Neugier oder Verzweiflung in der folgenden Weise: etwas, das *sich ereignet hat* (oder gegenwärtig geschieht), wird als Grund für eine Handlung oder für deren Unterlassung angeführt, die entweder gut oder schlecht für jene Person ist, auf die sie zielt (und diese Person kann, wie im Falle der Reue, man selbst sein). Und wenn wir versuchen wollten, z. B. Rache zu erklären, dann würden wir sagen, daß durch sie jemandem Schaden zugefügt werde, weil dieser einem selbst einen Schaden zugefügt hatte; wir müßten hier keine zusätzliche Beschreibung jener Gefühle beifügen, die zu der Handlung veranlaßten, oder des Gedankens, der sie begleitet hatte. Wohingegen die Aussage, daß jemand etwa aus Freundschaft etwas getan hat, nicht in irgendwie vergleichbarer Weise erklärt werden kann. Ich werde von Rache, Dankbarkeit, Reue und Mitleid als von rückschau-

enden Motiven sprechen und ihnen das Motiv-im-allgemeinen gegenüberstellen.

Das Motiv-im-allgemeinen ist ein außerordentlich
schwieriges Thema, auf welches ich nicht in größerem
Umfang eingehen will. Betrachte die Aussage, ein Motiv
dafür, daß ich eine Petition unterschrieb, sei die Bewunderung für deren Förderer X gewesen. Auf die Frage ‚Warum hast Du sie unterschrieben?‘ kann ich sehr wohl
antworten: ‚Nun, zum einen hat X, der die Petition
unterstützt, … getan‘, wobei ich das, was er tat, voller
Bewunderung beschreibe. Ich kann hinzufügen ‚Natürlich weiß ich, daß dies kein Grund ist, sie zu unterschreiben, ich bin aber sicher, daß mich dies mit am meisten
beeinflußt hat‘ – und das muß *nicht* heißen: ‚Daran dachte
ich explizit, bevor ich unterschrieb‘. Ich sage: ‚Betrachte
diesen Fall‘ wirklich auch um zu sagen: ‚Wir wollen diesen
Fall hier nicht betrachten‘. Er ist zu verwickelt.

Die von Prof. Ryle verbreitete Darstellung des Motivs ist
p. 21 offenbar unbefriedigend. Er empfiehlt ‚Er prahlte / aus
Eitelkeit‘ zu konstruieren als ‚Er prahlte, und dieses
Benehmen genügt dem gesetzartigen Satz, daß er immer,
wenn er eine Gelegenheit sieht, die Bewunderung und den
Neid anderer zu erregen, alles tut, was seiner Meinung
nach diese Bewunderung und diesen Neid auslösen wird‘.[4]
Dieser Passus ist ziemlich seltsam und umständlich im
Ausdruck; er scheint zu besagen, und ich kann ihn nur
verstehen, wenn aus ihm folgt, daß man von einem
Menschen nur dann sagen könne, er habe aus Eitelkeit
geprahlt, wenn er sich immer eitel benimmt, oder sich
zumindest sehr, sehr oft so benommen hat. Aber das
scheint nicht wahr zu sein.

---

[4] Der Begriff des Geistes, Stuttgart 1969, S. 116.

34

Ein Motiv (von der Art, die ich, im Gegensatz zu rückschauenden Motiven und Absichten, Motiv-im-allgemeinen genannt habe) anzugeben, heißt soviel wie zu sagen ‚Sieh die Handlung in diesem Licht‘. Eigene Handlungen durch eine Darstellung zu erklären, die auf ein Motiv verweist, bedeutet, sie in ein bestimmtes Licht zu stellen. Diese Art der Erklärung wird oft durch die ‚Warum?‘-Frage gefordert. Die Frage, ob das Licht, in das man die eigenen Handlungen auf diese Weise stellt, das Licht der Wahrheit ist, ist eine notorisch schwierige.

Die Motive der Bewunderung, der Neugier, der Boshaftigkeit, der Freundschaft, der Furcht, der Wahrheitsliebe, der Verzweiflung und unzählige andere sind entweder von dieser außerordentlich verwickelten Art oder sie sind vorwärtsschauend oder gemischt. Ich nenne ein Motiv vorwärtsschauend, wenn es eine Absicht ist. Sagt man zum Beispiel, jemand habe etwas aus Furcht vor... getan, dann sagt man damit oft dasselbe, wie wenn man sagt, er habe es getan, so daß..., oder damit... nicht geschehe.

§ 14 Wir wollen uns also vom Thema des Motivs-im-allgemeinen oder des ‚interpretativen‘ Motivs abwenden und zu den rückschauenden Motiven zurückkehren. Warum verhält es sich so, daß im Falle der Rache und Dankbarkeit, des Mitleids und der Reue das vergangene Ereignis (oder die gegenwärtige Situation) einen Handlungsgrund und nicht nur eine geistige Ursache darstellt? Besonders auffällig bei diesen vier ist die Weise, in der hier gut und böse eine Rolle spielen. Bin ich z. B. jemandem dankbar, dann dafür, daß er mir etwas Gutes erwiesen hat, oder ich glaube dies zumindest, und ich kann meine Dankbarkeit nicht durch etwas zeigen, womit ich ihm schaden will. Im Falle der Reue verweigere ich mir einiges, was gut für mich ist; ich könnte meiner Reue nicht

Ausdruck verleihen, indem ich mir viele Vergnügungen verschaffe, oder wegen etwas, das ich nicht als schlecht empfunden habe. Tue ich etwas aus Rache, das für meinen Feind *de facto* eher von Vorteil als / schädlich ist, dann ist meine Handlung in ihrer Beschreibung als einer für ihn vorteilhaften unwillkürlich.

p. 22

Diese Tatsachen sind der Schlüssel zu dem hier vorliegenden Problem. Muß eine Handlung vom Handelnden in irgendeiner Weise als nützlich oder schädlich und das Vergangene als gut oder schlecht betrachtet werden, damit dies Vergangene der Handlungsgrund sein kann, dann zeigt dieser Grund keine geistige Ursache an, sondern ein Motiv. Dies erweist sich an den Ausführungen des Handelnden, wenn er die ‚Warum?‘-Frage beantwortet.

Es könnte so scheinen, als ob dies nicht der wichtigste Punkt sei, sondern daß der eigentlich wichtige Punkt darin bestehe, daß eine *geplante* Handlung befragt werden kann, und daß die Antwort die Erwähnung von etwas Vergangenem ist. ‚Ich werde ihn umbringen‘ – ‚Warum?‘ – ‚Er hat meinen Vater umgebracht‘. Aber wenn wir dies sagen, dann zeigen wir, daß wir im Begriff sind, den Gang unserer Untersuchung zu vergessen; wir wissen noch nicht, was ein Handlungsplan ist; bis jetzt können wir ihn nur als eine vom Handelnden vorhergesagte Handlung beschreiben, entweder ohne daß dieser seine Vorhersage irgendwie rechtfertigen würde, oder indem er als Rechtfertigung einen Handlungsgrund angibt; und die Bedeutung des Ausdrucks ‚Handlungsgrund‘ ist genau das, was wir hier zu erläutern versuchen. Könnte man etwa geistige Ursachen und ihre Wirkungen nicht vorhersagen? Oder sogar ihre Wirkungen, nachdem die Ursachen stattgefunden haben? Zum Beispiel ‚Dies wird mich wütend machen‘. Hier mag die Bemerkung angebracht sein, daß es ein Irrtum ist zu glauben, man habe nicht die Wahl, aus einem Motiv zu handeln. Platons Bemerkung zu einem Sklaven ‚Ich würde Dich schlagen, wenn ich nicht zornig wäre‘, wäre ein solcher Fall. Oder ein Mensch könnte es aus Prinzip unterlassen, über eine bestimmte Person zu reden, weil er nicht imstande wäre, über diesen Menschen etwas ohne Neid oder ohne Bewunderung zu sagen.

Wir haben nun rückschauendes Motiv und geistige Ursache voneinander unterschieden und herausgefunden, daß, jedenfalls hier dasjenige, was der Handelnde auf die Frage ‚Warum?‘ erwähnt, dann ein Handlungsgrund ist, wenn der Handelnde, insofern als er es als einen Grund auffaßt, es als etwas Gutes oder Schlechtes und seine eigene Handlung als nützlich oder schädlich betrachtet. Könntest Du z. B. nachweisen, daß entweder jene Handlung, für die er Rache genommen hat, oder aber diejenige, mit der er sich rächte, ziemlich harmlos oder wohltuend war, dann gibt er keinen Grund mehr an, es sei denn, er leitet ihn durch die Worte ‚Ich glaubte‘ ein. Handelt es sich um einen Racheplan, dann gibt er diesen entweder auf, oder er ändert seine Begründung. Keine Entdeckung dieser Art würde eine Behauptung geistiger Kausalität beeinträchtigen. Ob generell Nutzen und Schaden für den Begriff der Absicht eine wesentliche Rolle spielen, ist noch herauszufinden. Bis hierher wurden sie nur / als klares Unterscheidungsmerkmal des rückschauenden Motivs gegenüber der geistigen Ursache eingeführt. Wird die ‚Warum?‘-Frage nach einer gegenwärtigen Handlung durch die Beschreibung eines zukünftigen Sachverhalts beantwortet, dann ist dieser als zukünftiger bereits von einer geistigen Ursache unterschieden. Es scheint also bis hierher keine Notwendigkeit gegeben zu sagen, Absicht sei als solche die Absicht zu nützen oder zu schaden.

p. 23

37

§ 15 Wir wollen jetzt jedoch den folgenden Fall betrachten:

Warum hast Du das getan?
Weil er mich dazu aufgefordert hat.

Ist dies eine Ursache oder ein Grund? Das scheint weitgehend von den Umständen abzuhängen oder davon, worin die Handlung bestand. Und oft würden wir uns weigern, überhaupt zwischen etwas als Grund oder Ursache von der fraglichen Art zu unterscheiden; denn diese wurde zu demjenigen erklärt, wonach man sucht, wenn man den Handelnden danach fragt, was zu der Handlung führte und in ihr resultierte. Aber daß man ihm einen Handlungsgrund liefert, und daß er ihn annimmt, kann von dieser Art sein. Wie soll man denn auch zwischen Grund und Ursache unterscheiden, wenn man etwa seinen Hut auf einen Haken gehängt hat, weil der Gastgeber sagte ‚Häng Deinen Hut dort auf den Haken'? Ebensowenig halte ich es für richtig, hier deshalb von einem Grund und nicht von einer geistigen Ursache zu sprechen, weil in das Aufgreifen dieser Aufforderung das Verständnis der Äußerung mit eingeht. Man würde es hier mit einem Gegensatz zwischen diesem Falle und demjenigen versuchen, in dem, sagen wir, jemand sich umdreht, weil er einen anderen Buh! sagen hört. Aber dieser Fall wäre nicht wirklich definitiv der einen oder anderen Seite zuzurechnen; wäre man zur Wahl gezwungen, den Laut als einen Grund oder als Ursache aufzufassen, dann würde man wahrscheinlich danach entscheiden, wie plötzlich die eigene Reaktion erfolgte. Auch im folgenden Fall gibt es nicht die Frage des Verständnisses einer Äußerung: ‚Warum hast Du mit Deinen beiden Zeigefingern an den Schläfen gewackelt?' – ‚Weil *er* es tat'; aber dieser Fall unterscheidet sich nicht sehr von dem, wo man seinen Hut aufhängte, weil der Gastgeber sagte ‚Häng Deinen Hut auf'. Grob gesagt – wäre man gezwungen, die Unterscheidung durchzuziehen –, würde man um so eher dem Wort ‚Ursache' zuneigen, je eher die Handlung als bloße Reaktion beschrieben wird; hingegen wäre man um so eher geneigt, das Wort / ‚Grund' zu verwenden, je eher die Handlung p. 24 als Reaktion auf etwas als *Sinnhaltiges* beschrieben wird, bei dem sich der Handelnde in seiner Darstellung aufhält, oder als Reaktion, die von Gedanken und Fragen umgeben ist. Aber in sehr vielen Fällen würde die Unterscheidung zu nichts führen.

Dies heißt aber nicht, daß sie nie zu etwas führt. Jene Fälle, auf die wir die Unterscheidung zunächst gründeten, könnte man ‚voll entfaltet' nennen: also etwa den Fall der Rache einerseits und andererseits jenen Fall, in dem einen etwas erschreckte und die Tasse vom Tisch stoßen ließ. Grob gesagt wird etwas als Grund dadurch etabliert, daß man dagegen argumentiert; nicht so, wie wenn man sagt ‚Geräusche sollten Dich nicht so erschrecken; müßtest Du nicht mal zum Arzt gehen?', sondern derart, daß man ihn mit Motiven und Absichten in Verbindung bringt: ‚Du hast das getan, weil er Dich dazu aufgefordert hat? Aber warum tust Du, was er sagt?' Antworten wie ‚Er hat eine Menge für mich getan', ‚Er ist mein Vater', ‚Hätte ich das nicht getan, dann wäre es um so schlimmer für mich gewesen' weisen der ursprünglichen Antwort einen Platz unter den Gründen zu; ‚Gründe' stimmt hier natürlich mit unserer allgemeinen Erklärung überein. Daher bieten sich die voll entfalteten Fälle zur Betrachtung an, wenn man den Unterschied zwischen Grund und Ursachen erkennen will. Man sollte jedoch beachten, daß die so verbreitete Behauptung, Gründe und Ursachen seien durchweg scharf abgegrenzte Begriffe, nicht wahr ist.

§ 16 Hier angelangt, wird es nützlich sein, die bis jetzt erzielten Ergebnisse zusammenzufassen. Absichtliche Handlungen sind eine Unterklasse derjenigen Ereignisse in der Geschichte eines Menschen, die ihm *nicht* einfach deshalb bekannt sind, weil er sie beobachtet. Diese umfassendere Klasse schließt einen Typus unwillkürlicher Handlungen mit ein, der dadurch abgegrenzt ist, daß er geistiger Kausalität nicht unterliegt; und geistige Kausalität ist selbst dadurch charakterisiert, daß sie ohne Beobachtung bekannt ist. Absichtliche Handlungen sind jedoch nicht einfach dadurch gekennzeichnet, daß sie geistiger Kausalität unterworfen sind, denn es gibt unwillkürliche Handlungen, bei denen geistige Kausalität nicht ausgeschlossen ist. Demnach sind absichtliche Handlungen solche, auf die die ‚Warum?'-Frage in einem bestimmten Sinne angewendet wird, der bisher folgendermaßen erklärt wurde: Die Frage hat diesen Sinn nicht, wenn die Antwort einen Beweis darstellt, oder eine Ursache behauptet, einschließlich einer geistigen Ursache; positiv gewendet kann die Antwort a) einfach vergangene Geschichte erwähnen, b) eine Interpretation der Handlung liefern, oder c) etwas Zukünftiges erwähnen. In den Fällen b) und c) ist die Antwort bereits als Handlungsgrund charakterisiert, d. h. als Antwort auf die ‚Warum?'-Frage im geforderten Sinn; im Fall a) handelt es sich um eine Antwort auf diese Frage, wenn die Vorstellungen von Nutzen oder Schaden / in ihre Bedeutung als Antwort eingehen; oder auch, wenn die weitere Untersuchung ans Licht bringt, daß sie mit dem ‚interpretativen' Motiv oder der Absicht, *mit welcher* verbunden ist.

§ 17 Ich kann nun meine Darstellung, wann unsere ‚Warum?'-Frage sich als nicht anwendbar erweist, vervollständigen. Wir bemerkten bereits, daß ihre Anwendung dann zurückgewiesen wurde, wenn die Antwort des Handelnden lautete ‚Ich war mir nicht bewußt, daß ich das tat‘, und auch, wenn aus der Antwort folgte ‚Ich *beobachtete, daß ich das tat‘.* Es gab auch eine dritte Situation, in der die Frage keine Anwendung finden würde; nämlich diejenige, in der die Handlung in irgendeiner Weise als eine charakterisiert wird, in der kein Platz für das bleibt, was ich als geistige Kausalität bezeichnet habe. Dies würde sich z. B. dann zeigen, wenn die einzige Art und Weise, mit einer Frage nach der Ursache zu verfahren, darin bestünde, über die Ursache zu spekulieren oder Gründe dafür anzuführen, warum dies oder jenes als die Ursache betrachtet werden sollte. So z. B. wenn jemand sagen würde ‚Was ließ Dich so zusammenfahren?‘ als ein anderer gerade so zusammenzuckte, wie dies einem manchmal beim Einschlafen widerfährt, und dieser die Frage beiseite schieben oder sagen würde ‚Es geschah unwillkürlich – Du weißt schon, wie man eben manchmal in dieser Weise zusammenfährt‘; es ist nun bezeichnend für die Zurückweisung dieser besonderen Frage ‚Was ließ Dich?‘, daß man Antworten gibt wie ‚Ich weiß nicht, ob irgend jemand die Ursache kennt‘ oder ‚Hat es nicht etwas mit elektrischer Entladung zu tun?‘ und daß dies der einzige Sinn ist, den man hier ‚Ursache‘ gibt.

Nun ist natürlich eine mögliche Antwort auf die ‚Warum?‘-Frage eine wie ‚Ich dachte einfach, ich tue es mal‘ oder ‚Es geschah impulsiv‘ oder ‚Aus keinem besonderen Grunde‘ oder ‚Das war eine müßige Handlung – ich habe nur herumgekritzelt‘. Ich bezeichne eine Antwort von dieser Art nicht als eine Zurückweisung der Frage. Die Anwendung der Frage wird durch die Antwort, es gebe hier *keinen* Grund, ebensowenig zurückgewiesen wie die Anwendung der Frage danach, wieviel Geld ich in meiner Tasche habe, durch die Antwort ‚Keines‘.

Eine Antwort von eher eigentümlichem Interesse lautet: ‚Ich weiß nicht, warum ich das tat'. Diese Antwort kann einen Sinn haben, in dem sie nicht bedeutet, daß es vielleicht eine Kausalerklärung gibt, die man nicht kennt. Sie geht Hand in Hand mit ‚Ich merkte auf einmal, daß ich das tat', ‚Ich hörte mich sagen...', ist jedoch Handlungen angemessen, in denen ein besonderer Grund gefordert scheint, man aber keinen hat. Sie suggeriert Erstaunen angesichts der eigenen Handlungen; aber das ist keine hinreichende Bedingung, um so etwas zu sagen, denn man kann ein bißchen überrascht sein, ohne doch einen solchen p. 26 / Ausdruck verwenden zu wollen – wenn man z. B. eine witzige Bemerkung gemacht hat, die dem sonstigen eigenen Stil nicht entspricht.

‚Ich weiß nicht, warum ich das tat' wird vielleicht öfters von Leuten gesagt, die bei einem Alltagsdelikt ertappt werden, wo es jedoch ‚Es geschah impulsiv' nahekommt. Ich lasse diese Verwendung, die allzusehr zu einem Gemeinplatz geworden ist, außer acht; tatsächlich erscheint es nicht seltsam, davon angezogen zu sein, Alltagsdelikte ohne Not zu verüben (wenn es daran etwas Seltsames gibt, dann nur, daß hier naheliegende Überlegungen nicht abschreckend wirken, nicht aber der Gedanke an die Ausübung einer solchen Tat). Manchmal kann man sagen: ‚Warum habe ich das wohl getan?' – z. B. bei der Entdeckung, daß man etwas an einen eher ungewöhnlichen Ort gelegt hat. Aber ‚Ich weiß nicht, warum ich das tat' kann eher von jemandem gesagt werden, der nicht *entdeckt,* daß er das tat. Er ist sich dessen durchaus bewußt, wenn er es tut; aber er verfällt auf diesen Ausdruck, wie um zu sagen ‚Dies ist jene Art von Handlung, bei der ein Grund erforderlich scheint'. So als ob es einen Grund gäbe, wenn er ihn nur wüßte; aber das ist im relevanten Sinne natürlich nicht der Fall; nicht einmal, wenn die Psychoanalyse ihn davon überzeugt, etwas als einen Grund anzunehmen, oder wenn er in einer göttlichen oder teuflischen Planung oder Eingebung einen Grund findet, oder eine Kausalerklärung darin, daß er zuvor hypnotisiert wurde.

Ich habe selbst nie den Wunsch verspürt, diese Worte in dieser Weise zu verwenden, doch das läßt mich nicht vermuten, daß sie sinnlos seien. Sie stellen eine seltsame Zwischenform dar: Die ,Warum?'-Frage findet hier Anwendung und auch wieder nicht; sie kommt in dem Sinne zur Anwendung, daß sie als angemessene Frage zugelassen wird; sie kommt insofern nicht zur Anwendung, als die Antwort lautet, daß es hier keine Antwort gibt. Ich werde den Unterschied zwischen dem Absichtlichen und dem Willkürlichen später erörtern. Ist diese Unterscheidung einmal getroffen, dann werden wir in der Lage sein, festzustellen: Eine Handlung von dieser Art ist eher willkürlich als absichtlich. Und wir werden sehen (§ 25), daß es weitere, alltäglichere Fälle gibt, in denen die ,Warum?'-Frage nicht als unanwendbar *erwiesen*, dennoch aber ihre Anwendung nicht zugestanden wird.

§ 18 Antworten wie ,Aus keinem besonderen Grund', ,Ich dachte einfach, ich tue es mal', und so weiter sind häufig ganz verständlich; manchmal seltsam; und manchmal unverständlich. Das bedeutet, daß, wenn jemand alle grünen Bücher in seinem Haus aufstöbern, sie sorgfältig auf dem Dach ausbreiten und dann auf die ,Warum?'-Frage eine dieser Antworten geben würde, seine Worte unverständlich wären, es sei denn im / Scherz oder als Täuschung. Sie wären nicht deshalb unverständlich, weil man nicht wissen würde, was *sie* bedeuten, sondern weil man nicht verstehen könnte, welche Bedeutung der betreffende Mensch mit ihnen verbindet, wenn er sie hier

p. 27

äußert. Es ist der Mühe wert, über diese unterschiedlichen Arten der Unverständlichkeit kurz nachzudenken.

Wittgenstein hat gesagt, daß, wenn wir etwas sinnlos nennen, es nicht so ist, als ob es dessen Sinn sei, der sinnlos wäre, sondern es wird eine Wortverbindung aus der Sprache ausgeschlossen. Zum Beispiel: ‚Vielleicht haben von Geburt Blinde visuelle Bilder‘. Doch das Argument für ‚den Ausschluß dieser Wortverbindung aus der Sprache‘ besteht offenbar in einem Argument, demzufolge ‚ihr Sinn sinnlos ist‘. Das Argument verläuft etwa folgendermaßen: Was bedeutet der Satz? – Daß sie das haben, was ich habe, wenn ich ein visuelles Bild habe. Und *was* habe ich? – Etwas wie *dies* hier. – Wittgenstein würde hier fortfahren, gegen die private hinweisende Definition zu argumentieren. Der nächste Zug besteht darin, nachzuschauen, welches Sprachspiel mit ‚Ein visuelles Bild Haben‘ oder mit ‚Mit dem geistigen Auge Sehen‘ gespielt wird. Es besteht nicht einfach *darin,* solche Dinge zu sagen – und es kann auch nicht damit erklärt werden, daß man sie mit der richtigen Referenz zu sagen habe (dies ist durch das Argument gegen die private hinweisende Definition gezeigt worden). Die Konklusion lautet, daß das Sprachspiel mit ‚Sehen‘ ein notwendiger Teil des Sprachspiels mit ‚Mit dem geistigen Auge Sehen‘ ist; oder vielmehr, daß ein Sprachspiel nur als dieses letztere identifiziert werden kann, wenn das erstere Sprachspiel ebenfalls mit den hier verwendeten Worten gespielt wird. Das Ergebnis des Arguments besteht, wenn es erfolgreich ist, darin, daß wir nicht mehr den Wunsch verspüren, ‚Vielleicht haben Blinde... usw.‘ zu sagen. Daher Wittgensteins Redewendung von den ‚Therapien‘. Der ‚Ausschluß aus der Sprache‘ erfolgt nicht durch Gesetz, sondern durch Überredung. Der ‚Sinn, der sinnlos ist‘, ist der *Typus* von Sinn, den unsere Ausdrucksweise vermuten

läßt; die Vermutung erwächst aus einer ‚falschen Anglei-
chung von Spielen'.

Aber der uns vorliegende Fall ist ganz anders beschaffen.
Wenn wir sagen ‚Es ist für diesen Menschen sinnlos zu
sagen, er habe es aus keinem besonderen Grund getan',
dann ‚schließen wir damit [nicht] eine Wortverbindung
aus der Sprache aus'; wir sagen damit, daß ‚wir einen
solchen Menschen nicht verstehen können'. (Es scheint,
daß Wittgenstein im Verlauf der Entwicklung der „Philosophischen Untersuchungen" sein Interesse von der ersten
Art des ‚Keinen-Sinn-Machens' ab- und der zweiten Art
zuwandte.)

Ähnlich ist ‚Mir war nicht bewußt, daß ich das tat'
manchmal verständlich, manchmal seltsam, und in einigen
Fällen wäre es unverständlich. /

Es würde beträchtliches Geschick erfordern, Sprache auf   p. 28
so unverständliche Art und Weise häufig zu verwenden;
dies wäre ebenso schwierig, wie sich in der flüssigen
Produktion langer, unerprobter Wortsalate zu üben.

Die Antworten auf die ‚Warum?'-Frage, die dieser eine
Anwendung zugestehen, umfassen daher einen weiteren
Bereich als die Antworten, die Handlungsgründe angeben. Diese ‚Warum?'-Frage kann jetzt als die Frage
definiert werden, bei der eine Antwort in diesem Bereich
erwartet wird. Und hiermit haben wir in etwa das Feld
absichtlicher Handlungen abgesteckt.

§ 19 Wir fügen nichts hinzu, das der Handlung zum
Zeitpunkt der Ausführung anhaftet, wenn wir sie als
absichtlich beschreiben. Sie als absichtlich bezeichnen
heißt, sie der Klasse absichtlicher Handlungen zuzuord-
nen und damit darauf hinzuweisen, daß wir die ‚Warum?'-
Frage in dem von mir oben beschriebenen Sinn als relevant
betrachten sollten. Ich werde hier noch nicht fragen,

warum diese ‚Warum?'-Frage auf einige Ereignisse anwendbar sein soll und auf andere nicht.

Daß eine Handlung nicht kraft irgendeiner zusätzlichen Eigenschaft ‚absichtlich' genannt wird, die im Augenblick ihrer Ausführung existiert, geht aus folgendem hervor: Nehmen wir an, es gäbe eine solche Eigenschaft, die wir ‚A' nennen wollen. Nun kann der Charakter der Absichtlichkeit von einer Handlung nicht behauptet werden, ohne die Beschreibung anzugeben, in der sie absichtlich ist, denn dieselbe Handlung kann in der einen Beschreibung absichtlich sein und unabsichtlich in einer anderen. Doch es ist etwas tatsächlich Ausgeführtes, das absichtlich ist, wenn überhaupt eine absichtliche Handlung vorliegt. Ohne Zweifel zieht ein Mensch bestimmte Muskeln zusammen, wenn er einen Hammer aufhebt; aber es wäre im allgemeinen falsch, seine Muskelkontraktion als den absichtlichen Akt zu bezeichnen, den er vollzogen hat. Dies heißt nicht, daß seine Muskelkontraktion unabsichtlich war. Wir wollen sie als ‚vor-absichtlich' bezeichnen. Sollen wir sagen, daß A – jene Eigenschaft, kraft derer vorgeblich das, was er tut, eine absichtliche Handlung ist – etwas sei, das eine vor-absichtliche Handlung oder eine Bewegung seines Körpers begleitet? Ist dies der Fall, dann gewährleistet die vor-absichtliche Bewegung + A, daß *irgendeine* absichtliche Handlung ausgeführt wird: aber welche? Unser Symbol ‚A' muß eindeutig als die Beschreibung einer Handlung oder als zu einer solchen Beschreibung in einer internen Relation stehend gedeutet werden. Doch nichts an diesem Menschen selbst zu dem Zeitpunkt, zu dem er seine Muskeln zusammenzieht, und nichts an der Muskelkontraktion selbst könnte den Inhalt / dieser Beschreibung bestimmen; daher kann diese *irgend*eine sein, soweit wir nur betrachten, was an dem Menschen an sich zu dem Zeitpunkt bestimmt werden

p. 29

kann. Dann ist es nur ein glücklicher Zufall, wenn ein A, das für den umfassenderen Kontext und die zusätzlichen Folgen relevant ist, *jemals* die vor-absichtlichen Bewegungen begleitet, mit denen ein Mensch eine gegebene absichtliche Handlung ausführt. Was es *wahr* macht, daß die Bewegung eines Menschen eine solche ist, mit der er die-und-die Handlung ausführt, wird überhaupt keinen Bezug zu dem Auftreten des betreffenden A haben, es sei denn, wir unterstellen einen Mechanismus, durch den ein der Situation angemessenes A deshalb auftreten kann, weil der Mensch etwas über die Situation weiß – z. B. vermutet er, daß seine Muskelkontraktionen dazu führen werden, daß er den Hammer ergreift, und daher tritt das richtige A auf. Aber dies ist nicht gut möglich, da ein Mensch sich zuallermeist seiner vor-absichtlichen Akte nicht einmal bewußt ist. Im übrigen fordern wir sicherlich, daß A sich auf das, was geschieht, in einem gewissen Maße auswirkt. Bemerkt er nun, daß auf A oft genug das Wahrwerden von dessen Beschreibung folgt, und faßt er A derart zusammen? Aber dies macht die Zusammenfassung von A selbst zu einer absichtlichen Handlung, für die wir nach einem zweiten A Ausschau halten müssen. So führt uns die Annahme, irgendeine Eigenschaft des Augenblicks des Handelns konstituiere Handlungen als absichtliche, in unentwirrbare Verwirrungen. Wir müssen sie also fallenlassen.

Und es ist bei der Beschreibung von Handlungen als solchen ein Fehler, nach *der* fundamentalen Beschreibung dessen zu suchen, was stattfindet – wie etwa Bewegungen von Muskeln oder Molekülen –, und dann an Absicht als an etwas vielleicht sehr Verwickeltes denken, was dies näher bestimmt. Die einzigen Ereignisse, die untersucht werden müssen, sind die absichtlichen Handlungen selbst, und eine Handlung als absichtlich bezeichnen heißt soviel wie zu sagen, daß sie in irgendeiner von ihr gegebenen Beschreibung (oder in einer, die wir ihr geben könnten) absichtlich ist.

Normalerweise stellt sich die Frage nicht, ob das Vorgehen eines Menschen absichtlich ist; daher ist es oft ‚verquer‘, es so zu bezeichnen. Würde ich z. B. jemanden sehen, der den Bürgersteig entlanggeht, sich der Fahrbahn zuwendet, die Straße hinauf- und hinabblickt und sie überquert, wenn dies für ihn ungefährlich ist, dann wäre es keine gebräuchliche Ausdrucksweise zu sagen, er habe die Straße absichtlich überquert. Es wäre aber falsch, hieraus zu schließen, wir sollten eine solche Handlung nicht als ein typisches Beispiel für absichtliches Handeln angeben. Doch wäre es ebenso ein Fehler zu sagen: da das Überqueren der Straße durch diesen Menschen das Beispiel einer absichtlichen Handlung ist, wollen wir diese Handlung für sich betrachten und versuchen, an der Handlung oder an dem / Menschen selbst im Augenblick der Handlung das Kennzeichnende herauszufinden, das die Handlung zu einer absichtlichen macht.

§ 20 Würde absichtlichen Handlungen noch die Kennzeichnung des ‚Absichtlichen‘ zukommen, wenn es so etwas wie den Ausdruck einer zukunftsbezogenen Absicht oder die weitere Absicht im Handeln nicht gäbe? D. h., ist ‚absichtlich‘ eine Kennzeichnung jener Handlungen, denen sie zukommt, die von jenen anderen Fällen, in denen der Begriff der Absicht auftritt, formal unabhängig ist? Um dies zu überprüfen, werde ich von zwei eher seltsamen Annahmen ausgehen: a) Angenommen, ‚Absicht‘ kommt nur so vor, wie es in ‚absichtlicher Handlung‘ vorkommt, und b) angenommen, die einzige Antwort auf die Frage ‚Warum tust Du X?‘ lautet ‚Ich tue es eben, das ist alles', unter der Voraussetzung, daß die Anwendung der Frage nicht zurückgewiesen wird.

a) Diese Annahme, so können wir sagen, bringt den Vorschlag mit sich, ‚absichtliche Handlung' bedeute etwa absichtsvolle Handlung'. Das heißt soviel wie, daß die Absichtlichkeit einer Handlung eher gleich der Traurigkeit eines Gesichtsausdrucks wäre. Sie bliebe natürlich nicht folgenlos; die Anwendbarkeit der ‚Warum?'-Frage bliebe bestehen. Doch natürlich hat auch die Diagnose eines melancholischen Ausdrucks Folgen, und in ganz ähnlicher Weise: Es kann gefragt werden, ‚Worüber bist Du traurig?', und die Antwort kann entweder positiv ausfallen oder lauten ‚Über nichts'; und letzteres kann wiederum entweder heißen, daß man zwar traurig ist, aber über nichts Bestimmtes, oder aber, daß man nicht traurig ist. In dieser Interpretation unserer Annahme a) ist Absicht zu einer Stilkennzeichnung beobachtbarer menschlicher Vorgehensweisen geworden, mit denen die ‚Warum?'-Frage verknüpft ist. Dies steht aber in einigem Gegensatz zum Begriff der Absicht, da nach eben denselben menschlichen Vorgehensweisen in der Beschreibung ‚X' (‚Warum tust Du X?') und in der Beschreibung ‚Y' (‚Warum tust Du Y?') gefragt, und die Anwendung der ersten Frage zugelassen, die der zweiten aber zurückgewiesen werden kann, so daß eben dieselben Vorgehensweisen in einer Beschreibung absichtlich und unabsichtlich in einer zweiten sind. Es ist klar, daß ein Begriff, für den dies nicht gilt, kein Begriff der Absicht ist. Versuchen wir, ihm diese Kennzeichnung dennoch zu erhalten, indem wir unterstellen, es seien die Vorgehensweisen-in-einer-bestimmten-Beschreibung, die den Stempel der Absicht tragen, dann müssen wir annehmen, daß ein Mann, der deutlich zu sehen war und der gefragt wird, ‚Warum tust Du X?', nie vorgeben könnte, ihm sei nicht bewußt gewesen, daß er X tat, oder aber er müßte der Lüge bezichtigt werden, wenn er tatsächlich X tat. / Und diese Annahme brächte so radikale Veränderungen mit sich, daß es nicht mehr möglich wäre zu sagen, ob wir überhaupt noch einen Ort für den Absichtsbegriff sehen, und ob wir die ‚Warum?'-Frage als teilweise gleichbedeutend mit unserer ‚Warum?'-Frage diagnostizieren können. Wir würden nur über *irgendeine* Frage verfügen, und mögliche Antworten auf sie wären ‚Ich tat das eben, das ist alles', ‚Ich tat das nicht', die Erwähnung von etwas in der Vergangenheit wie ‚Er hat meinen Vater umgebracht', oder die Kennzeichnung der Handlung durch ein Gefühl. Denn natürlich sind ja Antworten, die weitere Absichten angeben, *ex hypothesi* ausgeschlossen, denn wenn sie mit eingeschlossen wären, dann würden die möglichen Substitutionen für ‚X' in ‚A beabsichtigt X' mehr einschließen, als die Annahme zuläßt.

Wir können aber versuchen, der Annahme a) eine andere Interpretation zu geben. Absicht kommt auch jetzt nur im gegenwärtigen Handeln vor. D. h. es gibt auch jetzt nicht so etwas wie die weitere Absicht, *mit* der der Mensch das tut, was er tut; und auch nicht so etwas wie eine zukunftsbezogene Absicht. Aber Absicht ist nicht ein Stil, der eine Handlung markiert, oder eine Handlung-in-einer-Beschreibung; denn ein Mensch kann denken, er tue etwas Bestimmtes, während er es nicht tut, sondern etwas anderes. Daher kann er sagen, er habe nicht gewußt, daß er dies tat, wenn er danach gefragt wird, warum er es tat. Wir dürfen allerdings nicht zu gründlich verfahren, wenn wir die Absicht, *mit* der ein Mensch das tut, was er tut, ausschließen. Denn vermutlich müssen wir die weitere Absicht, mit der er X tut, sagen wir Y, zulassen, solange vernünftig gesagt werden kann, daß er Y tut, indem, und zur selben Zeit, zu der er X tut: z. B. kann man von einem

Menschen sagen, daß er ein Glas an seine Lippen hält (zumindest) mit der Absicht zu trinken, vorausgesetzt er trinkt *tatsächlich,* wenn er es an seine Lippen hält. Durch die Annahme ausgeschlossen ist eine weitere Absicht Y derart, daß wir einwenden *könnten,* daß er Y ja noch gar nicht tut, sondern nur X im Hinblick auf Y, so wie wenn ein Mensch sein Gewehr im Hinblick darauf, Kaninchen zu schießen, vom Schrank genommen hat.

In diesem Fall werden absichtliche Handlungen als solche hervorgehoben, von denen ein Mensch Wissen ohne Beobachtung hat, und nach denen es eine Frage gibt, deren Antworten in den Bereich fallen a) ‚Ich habe es eben getan‘, b) das rückschauende Motiv, und c) die Kennzeichnung durch ein Gefühl. a) ist nicht von Interesse; daher muß unsere Frage lauten: reicht das *Motiv* hin, um absichtliche Handlungen als eine besondere Art zu konstituieren? Gegen Motive kann man argumentieren – d. h. einen Menschen deswegen kritisieren, weil er aus einem solchen Motiv gehandelt hat – aber ein Gutteil der Pointe, dies zu tun, verschwindet, wenn wir uns vorstellen, daß es keinen Ausdruck einer zukunftsbezogenen Absicht gäbe, / so wie dies unserer Hypothese entspricht. Eben deshalb p. 32 wird unter dieser Hypothese die Angabe eines interpretativen Motivs zur Kennzeichnung durch ein Gefühl. Es scheint vernünftig zu sagen, daß der Begriff der absichtlichen Handlung sehr dünn wäre, wenn Absicht nur als Absicht, das zu tun, was man gerade tut, auftreten würde. Es ist nicht einsichtig, warum sie unter all jenen menschlichen Handlungen und Bewegungen, von denen der Mensch ohne Beobachtung weiß, als eine besondere Klasse herausgehoben werden sollte, so wie wir ja auch Bewegungen, die der Ausdruck einer Emotion sind, nicht als eine abgegrenzte und wichtige Klasse von Geschehnissen herausheben.

b) Der zweiten Annahme folgend tritt Absicht zwar sowohl bei gegenwärtigen absichtlichen Handlungen als auch im Ausdruck einer zukunftsbezogenen Absicht auf, doch die alleinige Antwort auf die ‚Warum?'-Frage lautet ‚Ich tue es eben'. (Offensichtlich wird die ‚weitere Absicht, mit welcher' ein Mensch handelt, durch diese Hypothese ausgeschlossen, da sie in einem Antworttypus auf die ‚Warum?'-Frage zum Ausdruck kommt, der ausgeschlossen ist.) Es würde in diesem Fall überhaupt keine besondere Bedeutung der ‚Warum?'-Frage und keinen abgegrenzten Begriff der absichtlichen Handlung geben. Das heißt, daß es nicht möglich wäre, innerhalb der Klasse der Akte, von denen man ohne Beobachtung weiß, weitere Unterscheidungen zu treffen. Denn eine Frage, auf die nur mit der Aussage geantwortet wird, man *tue* das-und-das gerade, kann mit unserer ‚Warum?'-Frage selbst dann nicht identifiziert werden, wenn das für sie gebrauchte Wort auch bei Forderungen nach Beweisgründen und bei Kausaluntersuchungen verwandt wird. Der vorliegenden Hypothese zufolge gäbe es also zwischen solchen Tatsachen wie einem plötzlichen Auffahren und einem Keuchen und, ganz allgemein, *willkürlichen* Handlungen keinen Unterschied.

Der Gedanke ist natürlich, daß der Unterschied von der Art ist, daß wir ihn an den Tatsachen selbst sehen können. Gewiß gleichen sich all diese Tatsachen hinsichtlich unseres Wissens darum, daß sie bestehen – aber gibt es nicht einen durch Introspektion abhebbaren Unterschied zwischen einem unwillkürlichen Keuchen und einem willkürlichen Luftholen? – Nun, das eine mag plötzlicher als das andere auftreten. Aber ich kann auch willkürlich ganz rasch handeln, also liegt der Unterschied nicht darin. – Sollen wir sagen, daß die willkürliche Art *vorhersehbar* ist, vorhergesagt werden kann? – Aber auch die unwillkürliche Art könnte vorhergesagt werden. – Aber die *Grundlage* der Vorhersage wäre nicht dieselbe! – Sicherlich; aber der Unterschied zwischen Grundlagen der Vorhersage ist gerade der Unterschied zwischen einem Beweis- und einem Handlungsgrund. Obwohl ‚Ich habe das eben getan, das ist alles‘ eine Antwort auf die Frage ‚Warum?‘ darstellt, wird damit kein Grund angegeben, / und die parallele zukunftsbezogene Antwort, ‚Ich werde das eben tun, das ist alles‘ liefert nicht die Grundlage einer Vorhersage, diese wird hiermit nur wiederholt. p. 33

Wir wollen es mit einer anderen Methode der Unterscheidung versuchen. Eine willkürliche Handlung kann befohlen werden. Sagt jemand ‚Zittere‘ und ich zittere, dann *gehorche* ich ihm nicht – nicht einmal dann, wenn ich zittere, weil er es mit furchtbarer Stimme gesagt hat. Dies als Gehorsam zu spielen, wäre eine Art feinsinniger Witz (wie er charakteristisch für die Marx-Brothers ist), den man ‚Sprachspiele verkehrt spielen‘ nennen könnte. Wir dürfen nun annehmen, daß menschliche Handlungen, die nicht dadurch unterschieden sind, wie der betreffende Handelnde von ihnen weiß, befohlen werden können oder nicht. Können sie befohlen werden, dann können sie als getrennte Klasse unterschieden werden; aber diese Unterscheidung scheint leer zu laufen, und nur um ihrer selbst willen getroffen zu werden. Sage nicht: ‚Aber diese Unterscheidung nimmt auf ein offensichtlich *nützliches* Merkmal bestimmter Handlungen Bezug, daß man nämlich eine Person zu deren Ausführung bewegen kann, indem man ihr einen Befehl erteilt‘; denn ‚Nützlichkeit‘ ist kein Begriff, von dem wir annehmen können, daß er erhalten bliebe, wenn wir den ‚Vorsatz‘ abgeschafft haben.

Dennoch können einige Handlungen befohlen werden, bleibt also nicht doch Raum für die ‚Warum?‘-Frage? ‚Warum hast Du das getan?‘ ‚Weil Du mich dazu aufgefordert hast'. Dies ist eine Antwort, und wenn einige Handlungen befohlen werden können, dann stellt sich für die Betroffenen vielleicht die Frage, ob etwas einem Befehl gemäß getan wurde oder nicht. Aber die Frage ‚Warum?' kann hier einfach als ‚Befohlen oder nicht befohlen?' wiedergegeben werden. Dies stellt dann eine Form der ‚Warum?'-Frage im relevanten Sinne dar, wenn es dem Sprecher offensteht zu erwidern ‚Du hast das befohlen, und ich habe es getan, aber nicht als Ausführung Deines Befehls'. (‚Ich habe es nicht getan, weil Du mich dazu aufgefordert hast'.) Aber was wäre hier, für sich genommen, der Witz – d. h. losgelöst von den Gründen und Zielen einer Person? Denn diese sind ausgeschlossen; die ‚Warum?'-Frage soll in dem Fall, den wir uns hier vorstellen, keinerlei vergleichbare Anwendung haben. Der Ausdruck könnte vielleicht nur eine Form unhöflichen Benehmens sein.

Es ist also wesentlich für die Existenz des Begriffs einer Absicht oder einer willkürlichen Handlung, daß neben solchen Antworten wie ‚Ich habe es eben getan' noch andere Antworten auf die ‚Warum?'-Frage vorkommen.

§ 21 Antike und mittelalterliche Philosophen – oder doch einige von ihnen – betrachteten es als evident, als beweisbar, daß menschliche Wesen immer zielgerichtet, und sogar auf ein *einziges* Ziel ausgerichtet handeln müssen. Uns mutet die diesbezügliche Argumentation eher / seltsam an. Kann ein Mensch etwa nicht ein Großteil der Zeit einfach das tun, was er tut? Er mag einen Grund oder einen Vorsatz haben oder auch nicht; und wenn er einen Grund oder Vorsatz hat, dann kann wiederum gerade dies dasjenige sein, was er eben will; warum *dafür* einen Grund oder Vorsatz fordern? Und warum sollen wir zuletzt bei einem *einzigen* Vorsatz ankommen, der seine Finalität in

p. 34

sich selbst trägt? Der Entwurf der alten Argumente galt
dem Nachweis, daß die Kette nicht immer weitergehen
könne; uns treffen sie nicht, da wir nicht zu denken
geneigt sind, sie *müsse* auch nur beginnen; und sicherlich
kann sie dort enden, wo sie endet, es besteht keine
Notwendigkeit, daß sie bei einem Vorsatz endet, der als
intrinsische Finalität erscheint und der für alle Handlungen ein- und derselbe wäre. Tatsächlich scheint es bei
Aristoteles einen unerlaubten Übergang von ‚Alle Ketten
müssen irgendwo enden‘ zu ‚Es gibt ein Irgendwo, an dem
alle Ketten enden müssen‘ zu geben.

Doch wir können nun sehen, warum zumindest *einige*
Ketten ihren Anfang nehmen müssen. Wie wir gesehen
haben, heißt dies nicht, daß eine Handlung nicht als
willkürlich oder absichtlich bezeichnet werden kann,
wenn der Handelnde kein Ziel im Auge hat; es heißt, daß
es den Begriff der willkürlichen oder absichtlichen Handlung nicht geben würde, wenn es die ‚Warum?‘-Frage,
zusammen mit Antworten, die Handlungsgründe angeben, nicht gäbe. Da es sie gibt, können jene Fälle vorkommen, in denen die Antwort lautet ‚Aus keinem besonderen
Grund‘ usw.; aber diese Fälle sind nur von geringem
Interesse, und es darf nicht angenommen werden, daß,
weil sie auftreten können, diese Antwort durchweg verständlich wäre, oder daß dies die einzige Antwort sein
könnte, die jemals gegeben wird.

§ 22 Wenn ich davon sprach, daß die Antwort auf die
‚Warum?‘-Frage eine *Absicht* erwähnt, dann war in dieser
gesamten Erörterung die fragliche Absicht natürlich die
Absicht, *mit welcher* ein Mensch das tut, was er tut. Dies
gilt es nun genauer zu untersuchen. Bis hierher habe ich
einfach gesagt: ‚Wenn die Antwort auf die ‚Warum?‘-

Frage darin besteht, einfach etwas Zukünftiges zu erwähnen, dann bringt sie die Absicht zum Ausdruck', und die Frage der Gegenüberstellung von Ursache und Grund, die uns bei Antworten plagte, die die Vergangenheit erwähnen, taucht hier schlichtweg nicht auf. Ich will natürlich nicht sagen, daß jede Antwort, die angibt, mit welcher Absicht ein Mensch tut, was auch immer er tun mag, die Beschreibung eines zukünftigen Sachverhaltes sei; aber wenn die Beschreibung eines zukünftigen Sachverhaltes allein aus sich selbst als Antwort auf die Frage sinnvoll ist, dann ist sie ein Ausdruck der Absicht. Doch gibt es andere Ausdrücke der Absicht, mit welcher ein Mensch etwas

p. 35 tut: zum Beispiel eine / umfassendere Beschreibung dessen, *was* er tut. Jemand betritt zum Beispiel ein Zimmer, sieht mich auf einem Bett liegen und fragt ‚Was tust Du da?' Die Antwort, ‚Ich liege auf einem Bett' würde mit berechtigter Irritation entgegengenommen werden; eine Antwort wie ‚Ich ruhe mich aus' oder ‚Ich mache Yoga', die eine Beschreibung dessen darstellt, was ich tue, indem ich auf meinem Bett liege, wäre ein Ausdruck der Absicht. Aber ich will mich zunächst auf die einfache, zukunftsbezogene Antwort beschränken. Ich sagte, daß eine Antwort, die etwas Zukünftiges beschreibt, ‚allein aus sich selbst' ein Ausdruck der Absicht sei, mit welcher eine Person handelt. Daß hier eine Einschränkung vonnöten ist, kann z. B. aus dem folgenen Fall ersehen werden: ‚Warum baust Du eine Kamera hier auf dem Bürgersteig auf?' ‚Weil Marilyn Monroe vorbeikommen wird'. Dies ist eine Feststellung über etwas Zukünftiges, bringt aber keineswegs zum Ausdruck, daß ich eine Kamera mit der Absicht aufbaue, daß Marilyn Monroe vorbeikommen soll. Sagst Du hingegen ‚Warum überquerst Du die Straße?' und ich erwidere ‚Ich werde mir das Schaufenster da ansehen', dann drückt dies die Absicht aus, mit welcher

56

ich die Straße überquere. Worin besteht nun der Unterschied?

Betrachte den folgenden Fall: ‚Warum überquerst Du die Straße?' – ‚Weil im Juli eine Sonnenfinsternis stattfinden wird'. Diese Antwort muß, so wie die Dinge stehen, ergänzt werden. Und keine Art der Ergänzung, die *wir* widerspruchslos hinnehmen, würde dieser Antwort die Rolle der Aussage einer Absicht verleihen. (Ich meine z. B. so etwas wie ‚Sechs Monate lang vor der Sonnenfinsternis gibt es in diesem Schaufenster eine Ausstellung mit vielen erklärenden Diagrammen und Modellen'.) Aber irgendein Wilder könnte sehr wohl etwas unternehmen, um eine Sonnenfinsternis hervorzurufen; und ich nehme an, daß ‚Sonnenfinsternis im Juli' vielleicht als ein Ausdruck der Absicht von jener Dubliner Menge hätte verstanden werden können, die sich einst versammelte, um eine Sonnenfinsternis zu beobachten, und sich auflöste, als der Dechant Swift seinen Butler mit der Botschaft hinunterschickte, auf Veranlassung des Dechanten sei die Sonnenfinsternis abgesagt.

Das heißt: Der zukünftige Sachverhalt muß so beschaffen sein, daß wir verstehen können, inwiefern der Handelnde von ihm denkt, er werde oder könne durch die Handlung hervorgebracht werden, über die der Handelnde befragt wird.

Doch heißt dies, daß Menschen einen Begriff von Ursache und Wirkung haben müssen, um mit ihrem Handeln Absichten verbinden zu können? Betrachte die Frage ‚Warum steigst Du die Treppe hoch?' und die Erwiderung ‚Um meine Kamera zu holen'. Daß ich die Treppe hochsteige, ist keine Ursache, aus der irgend jemand die Wirkung ableiten könnte, daß ich meine Kamera hole. Aber ist es nicht doch ein / zukünftiger Sachverhalt, der dadurch, daß ich die Treppe hochsteige, hervorgebracht

p. 36

werden wird? Doch wer sagt denn, daß er hervorgebracht werden wird? Nur ich selbst, in diesem Falle. Es ist nicht so, daß üblicherweise die Treppe hochzusteigen das Holen von Kameras produziert, selbst wenn es oben eine Kamera gibt – wenn nicht in der Tat der Kontext einen mir erteilten Befehl ‚Hol Deine Kamera' oder meine eigene Aussage ‚Ich werde meine Kamera holen' einschließt.

Wendet andererseits jemand ein ‚Aber Deine Kamera befindet sich im Keller', und ich sage ‚Ich weiß, aber ich gehe sie dennoch oben holen', dann ist diese meine Bemerkung geheimnisvoll; zumindest muß hier etwas ergänzt werden. Vielleicht denken wir an einen Fahrstuhl, den ich von oben aus in Gang setzen kann, um die Kamera von unten hochzubringen. Doch wenn ich sage: ‚Nein, ich bin ganz Deiner Meinung, es gibt für eine Person, die sich oben im Haus befindet, kein Mittel, um an die Kamera zu kommen; aber ich gehe trotzdem nach oben, um sie zu holen', dann wird man mich kaum noch verstehen. Damit ‚Ich tue P im Hinblick auf Q' sinnvoll sein kann, müssen wir einsehen, wie der zukünftige Sachverhalt Q eine mögliche spätere Phase derjenigen Vorgehensweise sein soll, von der die Handlung P eine frühere Phase ist. Es ist wahr, daß einerseits Fälle von wissenschaftlicher Erkenntnis und andererseits Fälle von magischen Riten oder der vagen Vorstellung von gewaltiger Macht und Autorität, wie der des Dechanten Swift, insgesamt unter diese sehr vage und allgemeine Formel fallen. *Alles*, was ich gesagt habe, läuft schließlich auf die Behauptung hinaus: ‚Es ist nicht der Fall, daß die Beschreibung *irgendeines* künftigen Sachverhalts eine Antwort auf diese Frage nach einer gegenwärtigen Handlung darstellen kann'. Die Handlungsabsicht eines Menschen ist kein derart privater und innerlicher Gegenstand, daß der Mensch absolute Autorität darin hätte zu sagen, *was* diese ist – so wie er absolute Autorität darin hat zu sagen, *was* er träumte. (Wenn das, wovon ein Mensch sagt, er habe es geträumt, keinen Sinn ergibt, dann heißt das nicht, daß seine Feststellung, er habe es geträumt, keinen Sinn ergibt.) Ich werde nicht versuchen, meine vage und allgemeine Formel weiter auszuarbeiten, daß wir eine Vorstellung davon haben müssen, wie ein Sachverhalt Q eine Phase derjenigen Vorgehensweise sei, von der die Handlung P eine frühere Phase ist, wenn wir sagen können, wir täten P, damit Q. Denn natürlich ist die Anwendung dieser allgemeinen Begriffe nicht notwendig, um zu sagen ‚Ich tue P, damit Q‘. Es ist nur nötig zu verstehen, daß Aussagen wie: ‚Aber Q wird sich nicht ereignen, auch nicht, wenn Du P tust‘ oder ‚Aber es wird sich ereignen, ob Du nun P tust oder nicht‘, dazu dienen, der Absicht in irgendeiner Weise zu widersprechen. /

§ 23 Wir wollen fragen: Gibt es irgendeine Beschreibung, p. 37 die *die* Beschreibung einer absichtlichen Handlung ist, vorausgesetzt, es findet eine absichtliche Handlung statt? Und betrachten wir eine konkrete Situation. Ein Mensch pumpt Wasser in eine Zisterne, die das Trinkwasser eines Hauses versorgt. Jemand hat einen Weg gefunden, die Quelle systematisch mit einem tödlichen, kumulativ wirkenden Gift zu verseuchen, dessen Wirkungen jedoch erst bemerkbar werden, wenn sie nicht mehr kuriert werden können. Das Haus wird gewöhnlich von einer kleinen Gruppe von Parteibossen, die einen großen Staat beherrschen, und deren engsten Familienangehörigen bewohnt; sie rotten die Juden aus und planen vielleicht sogar einen Weltkrieg. – Der Mensch, der die Quelle verseuchte, hat sich überlegt, daß, wenn diese Leute umgebracht werden, einige gute Menschen an die Macht kommen, die anständig regieren, vielleicht gar das Himmelreich auf Erden

59

errichten und allen Menschen ein gutes Leben verschaffen; und er hat seine Kalkulation dem Mann an der Pumpe mitgeteilt, und ihm auch von dem Gift erzählt. Natürlich wird der Tod der Hausbewohner alle möglichen anderen Arten von Wirkungen zeitigen; z. B. daß eine Reihe von Menschen, die diesen Männern unbekannt sind, Legate erhalten werden, von denen sie nichts wissen.

Der Arm dieses Mannes geht auf und ab, auf und ab. Bestimmte Muskeln, deren lateinische Namen die Doktoren kennen, ziehen sich zusammen und entspannen sich. Bestimmte Substanzen werden in einigen Nervenfasern erzeugt – Substanzen, deren Erzeugung im Verlauf willkürlicher Bewegung Physiologen beschäftigt. Der sich bewegende Arm wirft einen Schatten auf einen Steingarten, wo er an einer Stelle und von einer bestimmten Position her betrachtet den seltsamen Eindruck erweckt, als ob ein Gesicht aus dem Steingarten blicke. Zudem gibt die Pumpe eine Reihe klappernder Geräusche von sich, und zwar in einem bestimmten, identifizierbaren Rhythmus.

Nun fragen wir: Was tut dieser Mann? Worin besteht *die* Beschreibung seiner Handlung?

Zunächst natürlich in *jeder* Beschreibung dessen, was vorgeht, die ihn zum Subjekt hat, und die tatsächlich wahr ist. Zum Beispiel verdient er einen Lohn, er unterhält eine Familie, er nutzt seine Schuhsohlen ab, er setzt die Luft in Bewegung. Er schwitzt, er erzeugt jene Substanzen in seinen Nervenfasern. Kommt es durch die Bemühungen der guten Menschen, die an die Macht gelangen, weil die Parteibosse sterben, tatsächlich zu einer guten Regierung oder zum Himmelreich auf Erden, oder zu einem guten Leben für jedermann, dann wird er dabei mitgeholfen haben, diesen Zustand der Dinge zu schaffen. Unsere Untersuchungen der / ‚Warum?‘-Frage ermöglichen es

p. 38

uns jedoch, unsere Betrachtung der Beschreibung dessen, was er tut, auf den Bereich einzuschränken, der alle und nur seine absichtlichen Handlungen abdeckt. ‚Er tut X‘ ist die Beschreibung einer absichtlichen Handlung, wenn sie a) wahr ist und es b) im Bereich, den ich definiert habe, so etwas wie eine Antwort auf die Frage ‚Warum tust Du X?‘ gibt. Das heißt, daß die Beschreibung in ‚Warum ziehst Du diese Muskeln zusammen?‘ ausgeschlossen wird, wenn die *einzige* Art Antwort auf die ‚Warum?‘-Frage zeigt, daß das Wissen des Mannes, daß er seine Muskeln zusammenzog, falls überhaupt vorhanden, aus seinem anatomischen Wissen erschlossen war. Und die Beschreibung in der Frage ‚Warum erzeugst Du diese Substanzen in Deinen Nervenfasern?‘ wird demnach *in der Tat* immer ausgeschlossen sein, wenn wir nicht annehmen, der Mann habe einen Plan, diese Substanzen zu produzieren (wenn dies möglich wäre, könnten wir annehmen, er wolle einiges davon sammeln), und er bewege daher kräftig seinen Arm, um sie zu erzeugen. Hingegen würden die Beschreibungen in der Frage ‚Warum läßt Du dieses Gesicht im Steingarten erscheinen und verschwinden?‘, ‚Warum schlägst Du diesen seltsamen Rhythmus?‘ sich als Beschreibungen absichtlicher Handlungen erweisen oder nicht, und zwar durch unterschiedliche Antwortstile, von denen der eine einen Hinweis darauf enthielte, daß der Mann *bemerkt*, daß er dies tut, während der andere in den von uns definierten Bereich fiele. Aber in dem von uns erdachten Fall gibt es eine große Anzahl von X, bei denen wir sofort vermuten können, daß die Antwort auf ‚Warum tust Du X?‘ in den Bereich fällt. Zum Beispiel ‚Warum bewegst Du Deinen Arm auf und ab?‘ – ‚Ich pumpe‘. ‚Warum pumpst Du?‘ – ‚Ich pumpe den Wasservorrat für das Haus‘. ‚Warum schlägst Du diesen seltsamen Rhythmus?‘ – ‚Oh, ich habe herausgefunden, wie man das tun kann, da die Pumpe ja sowieso klappert, und ich tue es nur zum Vergnügen'. ‚Warum pumpst Du das Wasser?' – ‚Weil es oben im Haus benötigt wird' und *(sotto voce)* ‚Um diese Sippschaft um die Ecke zu bringen.' ‚Warum vergiftest Du diese Leute?' – ‚Wenn es gelingt, die loszuwerden, dann kommen die anderen an die Regierung und...'.

Es gibt jedoch einen Bruch in der Reihe der Antworten, die man auf solch eine Frage erhalten kann. Enthält etwa die Antwort eine weitere Beschreibung Y, dann ist es manchmal korrekt, nicht nur zu sagen: Der Mann tut X, sondern zusätzlich: ‚Der Mann tut Y' – wenn nicht etwas beobachtet werden kann, was die Behauptung ‚Er tut Y' falsifiziert. Zum Beispiel ‚Warum pumpst Du?' – ‚Um den Wasser-/vorrat aufzufüllen'. War dies die Antwort, dann können wir sagen ‚Er *füllt* den Wasservorrat auf'; es sei denn freilich, daß er das nicht tut. Dies mag als Tautologie erscheinen; doch es steckt *mehr* dahinter. Denn wenn wir nach seiner Bemerkung ‚Um den Wasservorrat aufzufüllen' sagen können ‚Er füllt den Wasservorrat auf', dann würde das unter normalen Umständen genügen, *dieses* als eine absichtliche Handlung zu charakterisieren. (Die Einschränkung ist notwendig, weil eine beabsichtigte Wirkung zuweilen einfach zufällig zustande kommt.) Nun heißt das, wie wir bereits bestimmt haben, daß dieselbe ‚Warum?'-Frage wiederum auf diese Handlung Anwendung findet. Dies ist kein leerer Schluß: Es bedeutet, daß jemand, der in dieser Weise ‚Um den Wasservorrat aufzufüllen' geantwortet hatte und gefragt wird ‚Warum füllst Du den Wasservorrat auf?', z. B. nicht ‚Oh, ich wußte nicht, daß ich das tat' antworten oder jeden, ausgenommen einen kausalen, Sinn der Frage zurückweisen darf. Oder vielmehr daß, wenn er dies tut, es seine Antworten unsinnig macht.

Ein Mensch kann *dabei sein*, etwas *zu tun*, was er dennoch nicht *tut*, wenn es sich um einen Prozeß oder um ein Unternehmen handelt, das Zeit beansprucht, um vollendet zu werden, und von dem wir daher, wenn es zu irgendeinem Zeitpunkt abgebrochen wird, sagen können, der Mensch *sei dabei gewesen, es zu tun, habe es aber nicht getan*. Dies ist jedoch in keiner Weise eine Eigenheit der absichtlichen Handlung; denn wir können sagen, etwas sei dabei gewesen zu fallen, sei aber nicht gefallen (weil es durch etwas aufgehalten wurde). Daher berufen wir uns nicht auf das Vorhandensein einer Absicht, um die Beschreibung ‚Er tut Y‘ zu rechtfertigen; obwohl in manchen Fällen seine eigene Feststellung, er tue Y, für jemand anderen in einer bestimmten Phase der Vorgehensweise nötig sein kann, um ‚Er tut Y‘ sagen zu können, weil sich noch nicht genug ereignet hat, so daß dies evident wäre; so wie wenn wir einen Menschen sehen, der etwas mit einer Menge von Drähten und Stöpseln und so weiter tut.

Manchmal gefällt es uns, zum Scherz von einem Menschen zu sagen ‚Er tut das-und-das‘, wenn er es offensichtlich nicht tut. Zum Beispiel ‚Er füllt den Wasservorrat auf‘, wenn dies nicht geschieht, weil, wie wir im Gegensatz zu ihm sehen können, das Wasser auf dem Weg zur Zisterne aus einem Loch in der Wasserleitung ausläuft. Und in derselben Weise können wir von einem eher zweifelhaften und entfernten Ziel sprechen, z. B. ‚Er beweist Fermats letztes Theorem‘; oder man mag von einem Verrückten sagen ‚Er führt seine siegreichen Heere‘. Es ist jedoch einfach, diese Fälle aus der Betrachtung auszuschließen, und den Bruch zwischen solchen Fällen hervorzuheben, in denen wir sagen können ‚Er tut Y‘, wenn er Y als Antwort auf die Frage ‚Warum tust Du X?‘ erwähnt hat, und jenen, in denen wir eher sagen ‚Er wird / Y tun‘. Ich p. 40 glaube nicht, daß dies ein sehr scharfer Bruch ist. Gibt es

z. B. zwischen ‚Sie macht Tee‘ und ‚Sie setzt den Kessel auf, um Tee zu machen‘ – d. h. ‚Sie wird Tee machen‘, viel zu wählen? Offensichtlich nicht. Und daher stammt der allgemeine Gebrauch des Präsens zur Beschreibung einer zukünftigen Handlung, die in keiner Weise nur eine spätere Phase einer Tätigkeit ist, die den Namen eines einzelnen Ganzen trägt. Zum Beispiel: ‚Ich suche meinen Zahnarzt auf‘, ‚Er demonstriert auf dem Trafalgar Square‘ (beides kann gesagt werden, wenn jemand zu dem betreffenden Zeitpunkt z. B. im Zug fährt). Aber je weniger normal es wäre, das Erreichen des Ziels als selbstverständlich zu betrachten, um so mehr wird das Ziel *allein* durch ‚um… zu‘ zum Ausdruck gebracht. Zum Beispiel ‚Ich fahre nach London, um meinen Onkel zu veranlassen, sein Testament zu ändern‘; nicht ‚Ich veranlasse meinen Onkel, sein Testament zu ändern‘.

In einem gewissen Ausmaß sind die drei in § 1 vorgenommenen Unterteilungen schlichtweg äquivalent. Und zwar ist dies dort der Fall, wo die Antworten ‚Ich werde meine Kamera holen‘, ‚Ich hole meine Kamera‘ und ‚Um meine Kamera zu holen‘ als Antworten auf die Frage ‚Warum?‘ miteinander austauschbar sind, wenn ich die Treppe hochsteige.

Wie haben wir nun, trifft all das zu, diese vielen Beschreibungen einer absichtlichen Handlung zu beurteilen? Müssen wir sagen, daß es so viele verschiedene Handlungen gibt, wie wir verschiedene Beschreibungen mit X als unserem Ausgangspunkt hervorbringen können? Damit meine ich: Wir sagen ‚Warum tust Du X?‘ und bekommen zur Antwort ‚Um Y willen‘ oder ‚Ich tue Y‘, wobei Y so beschaffen ist, daß wir sagen können ‚Er tut Y‘; und dann können wir fragen ‚Warum tust Du Y?‘ und bekommen vielleicht die Antwort ‚Um Z willen‘, und können weiter sagen ‚Er tut Z‘. Zum Beispiel: ‚Warum bewegst Du

Deinen Arm auf und ab?' ,Um die Pumpe zu betätigen',
und er betätigt die Pumpe. ,Warum pumpst Du?' ,Um den
Wasservorrat aufzufüllen', und er füllt den Wasservorrat
auf. ,Warum füllst Du den Wasservorrat auf?' ,Um die
Hausbewohner zu vergiften', und er vergiftet die Hausbewohner, denn diese werden vergiftet. Und hier ist der
Bruch; denn obwohl es in dem von uns beschriebenen Fall
wahrscheinlich eine weitere Antwort gibt, die anders
lautet als ,Nur so zum Spaß', ist diese weitere Beschreibung (z. B.: Um die Juden zu retten, um die anständigen
Menschen an die Macht zu bringen, um das Himmelreich
auf Erden zu erlangen) doch nicht so beschaffen, daß wir
nun sagen können: Er rettet die Juden, er erlangt das
Himmelreich, er bringt die Anständigen an die Macht.
Daher wollen wir hier abbrechen und sagen: Gibt es hier
vier Handlungen, weil wir vier verschiedene Beschreibungen gefunden haben, die unsere / Bedingungen erfüllen,   p. 41
nämlich seinen Arm auf und ab zu bewegen, die Pumpe zu
betätigen, den Wasservorrat aufzufüllen und die Hausbewohner zu vergiften?

§ 24 Doch bevor wir versuchen wollen, dies zu beantworten, müssen wir einige Probleme aufwerfen. Denn
jemand könnte den Einwand erheben, daß Pumpen kaum
ein Akt des Vergiftens sein kann. Es ist natürlich ein Akt
des Giftauslegens, wie ein Jurist sagen würde, und man
könnte zu antworten versuchen, daß ein Mann die Hausbewohner vergiftet, wenn er Gift auslegt und diese vergiftet werden. Doch dem zufolge, was wir sagten, handelt es
sich um ein kumulativ wirkendes Gift; dies heißt, daß kein
einzelner Akt des Giftauslegens für sich genommen ein
Akt des Vergiftens ist; nebenbei, war es nicht der andere
Mann, der das Gift ,auslegte'? Nimm an, wir fragen,
,Wann vergiftete unser Mann sie?' Man könnte erwidern:

Während der gesamten Zeit, in der sie vergiftet wurden. Aber in diesem Fall könnte man sagen: ‚Daß er sie vergiftete, war keine Handlung; denn vielleicht hat er zu keiner Zeit, während sie Gift tranken, etwas Relevantes getan'. Muß die Frage ‚Wann genau hat er sie vergiftet?' beantwortet werden, indem all jene vielen Male aufgeführt werden, zu denen er das Gift ausgelegt hat? Aber keines dieser Male kann für sich genommen als ‚sie vergiften' bezeichnet werden; wie können wir dann das gegenwärtige Pumpen des Mannes einen absichtlichen Akt des Vergiftens nennen? Oder müssen wir den Schluß ziehen, daß er sie zu keiner Zeit vergiftet hat, da er zu der Zeit, in der sie vergiftet wurden, nicht mit Vergiften beschäftigt war? Wir können nicht sagen, daß, weil er sie zu irgendeiner Zeit vergiftet hat, es Handlungen geben *muß*, die wir als ‚sie vergiften' bezeichnen können, und an denen wir auffinden können, worin es bestand, sie zu vergiften. Denn in den Akten, vergiftetes Wasser zu pumpen, geht im einzelnen nichts notwendig vor sich, das nicht ebensogut hätte vor sich gehen können, wären die Akte solche, nicht-vergiftetes Wasser zu pumpen, gewesen. Selbst wenn Du Dir vorstellst, daß im Kopf des Mannes Vorstellungsbilder der tot daliegenden Hausbewohner ablaufen und ihm gefallen – solche Bilder können auch im Kopf desjenigen Mannes ablaufen, der sie *nicht* vergiftete und *müssen* nicht in diesem Mann vorkommen. Offenbar ist der Unterschied einer der Tatumstände und beruht nicht auf irgend etwas, was *zu dieser Zeit* geschieht.

§ 25 Eine weitere Schwierigkeit entsteht jedoch durch die Tatsache, daß die Absicht des Mannes nicht darin bestehen könnte, sie zu vergiften, sondern nur darin, seinen Lohn zu verdienen. Das heißt, wenn er über alle Maßen vertrauensselig ist / und gefragt wird ‚Warum hast Du den

p. 42

Wasservorrat des Hauses mit vergiftetem Wasser aufgefüllt?', dann lautet seine Antwort nicht ‚Um sie um die
Ecke zu bringen‘, sondern ‚Darum habe ich mich nicht
geschert, ich wollte meine Bezahlung und habe nur meine
gewöhnliche Arbeit verrichtet‘. Obwohl er in diesem Fall
von einem absichtlichen eigenen Akt weiß, daß es sich
hierbei *auch* um den Akt handelt, den Wasservorrat des
Hauses mit *vergiftetem* Wasser aufzufüllen – denn dies,
nämlich das Auffüllen des Wasservorrates des Hauses, ist
nach unseren Kriterien absichtlich –, wäre es nach unseren
Kriterien doch nicht korrekt zu sagen, dieser Akt, den
Hausvorrat mit vergiftetem Wasser aufzufüllen, sei absichtlich. Und ich zweifle die Korrektheit der Konklusion
nicht an; sie zeigt offenbar, daß unsere Kriterien eher
brauchbar sind. Andererseits scheinen wir wirklich in
einer gewissen Schwierigkeit zu sein, den absichtlichen
Akt, jene Personen zu vergiften, zu finden, immer angenommen, dies eben sei sein absichtlicher Akt. Es ist
wirklich durchaus nicht erstaunlich, daß so oft an Absicht
als eine besondere innere Bewegung gedacht wurde; dann
wäre dasjenige, was die Vorgehensweise dieses Mannes als
absichtliches Vergiften jener Personen kennzeichnen würde, gerade, daß diese innere Bewegung in ihm vorging.
Doch (ganz abgesehen von jenen Einwänden gegen diese
Vorstellung, die wir bereits in Erwägung gezogen haben)
neigt dieser Begriff der inneren Bewegung dazu, höchst
unglückliche, absurde Konsequenzen nach sich zu ziehen.
Denn schließlich können wir Absichten *bilden*; ist nun
eine Absicht eine innere Bewegung, dann könnte es
scheinen, als ob wir wählen könnten, eine bestimmte
Absicht und nicht eine andere zu haben, indem wir z. B.
einfach innerlich sagen: ‚Ich *meine* das, was ich gerade tue,
nur als meinen Lebensunterhalt verdienen, und *nicht* als
den Haushalt vergiften‘; oder ‚Ich *meine* das, was ich

gerade tue, als jenen guten Menschen zur Macht zu verhelfen; ich entziehe dem Akt des den Haushalt Vergiftens meine Absicht, und ich ziehe den Gedanken vor, daß dieser ohne die Beteiligung meiner Absicht geschieht'. Die Vorstellung, man könne die eigenen Absichten durch eine solche kleine Ansprache an sich selbst bestimmen, ist offensichtlicher Unfug. Doch der tatsächlich vorkommende Fall ‚Ich habe mich überhaupt nicht darum geschert, daß da jemand das Wasser vergiftet hatte, ich wollte nur meinen Lohn problemlos verdienen, indem ich wie gewöhnlich meine Arbeit tat – ich gehöre zur Hausverwaltung, sehen Sie? und mir ist es gleich, wer drin wohnt' macht es offenbar sehr schwierig, irgend etwas anderes als die Gedanken eines Menschen zu finden – und diese sind sicher innerlich –, um das absichtliche Vergiften von wissentlichem Vergiften zu unterscheiden, wenn dies dennoch nicht in der Absicht des Menschen lag.

Könnte man nun nicht sagen, es handele sich bei dem von mir vorgeschlagenen Kriterium in gewisser Weise um ein /

p. 43 Kriterium aufgrund von Gedanken? Lautet die Antwort auf die Frage ‚Warum hast Du den Hausvorrat mit vergiftetem Wasser aufgefüllt?': ‚Um sie um die Ecke zu bringen', oder wird eine Antwort innerhalb des Bereichs gegeben, wie ‚Ich dachte einfach, ich tu's mal', dann ist meinem Kriterium zufolge die Handlung in dieser Beschreibung als absichtlich charakterisiert; sonst nicht. Aber ist hier nicht vorausgesetzt, daß die Antwort *gegeben* wird oder gegeben werden würde? Und sicher kann ein Mensch sich die Antwort zurechtlegen, die er vorzieht! So kann es erscheinen, als hätte ich etwas genau von der Art der inneren Bewegung geliefert, aus der ein Mensch machen kann, was auch immer ihm zusagt; doch (vielleicht aus Anhänglichkeit an den ‚Verifikationismus') eine (tatsächliche oder hypothetische) äußere Antwort vorgezogen, aus der ein Mensch ebenso machen kann, was immer ihm zusagt – zumindest innerhalb des Bereichs leidlich plausibler Antworten. Natürlich muß ich der Auffassung sein, daß die *wahrhaftige* Antwort von der einen oder der anderen Art sei oder sein würde; aber welche Art der Kontrolle der Wahrhaftigkeit kann hier etabliert werden?

Die Antwort hierauf muß lauten: In einem gewissen Ausmaß kann es eine Kontrolle der Wahrhaftigkeit der Antwort geben. Zum Beispiel bestand im Falle jenes Mannes, der sich um nichts scherte, ein Teil der Darstellung, von der wir uns vorstellten, daß er sie geben würde, darin, er fahre einfach fort, seine übliche Arbeit zu verrichten. Daher ist es notwendig, daß es sich um seine übliche Arbeit handelt, wenn seine Antwort annehmbar sein soll; und er darf nichts tun, was nicht im üblichen Verlauf seiner Arbeit anfällt, das zum Vergiften beiträgt und das er nicht in annehmbarer Weise rechtfertigen kann. Stelle Dir z. B. vor, er lenkt die Aufmerksamkeit eines der Hausbewohner von irgend etwas an der Wasserquelle ab, das auf die Wahrheit hindeuten könnte; auf die Frage ,Warum hast Du ihn dort fortgerufen?' muß es eine glaubhafte Antwort geben, die anders lautet als ,Um ihn an der Entdeckung zu hindern'; und eine Vermehrung solcher erklärungsbedürftiger Punkte würde seine Behauptung, er habe nichts im Hinblick darauf getan, das Vergiften zu fördern, zweifelhaft erscheinen lassen. Und doch könnten wir hier auf die folgende Erklärung stoßen: Er wollte sich nicht all den Scherereien aussetzen, die sich aus der Entdeckung einer bestimmten Person ergeben hätten; er hoffte, alles würde ohne Verwicklungen ablaufen, da das Gift ja einmal ausgelegt war. Während des gesamten Verlaufs schätzte er ab, was ihm selbst aller Wahrscheinlichkeit nach möglichst geringe Scherereien bereiten würde, und er ging davon aus, daß dies gelinge, wenn er jedem Verdacht zuvorkäme. Dies ist gut möglich. Bis zu einem gewissen Punkt besteht also eine Überprüfung der Wahrhaftigkeit seiner Antwort in der Darstellung, die er unserer Auffassung nach vielleicht geben würde; aber es bleibt ein Gebiet, auf dem keine besteht.

p. 44 Der Unterschied zwischen denjenigen / Fällen, in denen es ihm gleichgültig ist, ob diese Leute tatsächlich vergiftet werden oder nicht, und denjenigen, in denen er sich mit Freude dessen bewußt ist, daß sie vergiftet werden, wenn er dazu beiträgt, indem er seine übliche Arbeit weiter verrichtet, ist nicht einer, der notwendig einen Unterschied in dem mit sich bringt, was er offen tut oder in dem, was man ihm ansehen kann. Der Unterschied in seinem Denken hierüber *könnte* allein im Unterschied zwischen den Bedeutungen seines Grunzens bestehen, das er von sich gibt, wenn er versteht, daß das Wasser vergiftet ist. Das heißt, daß er auf die Frage ‚Warum hast Du den Hausvorrat mit vergiftetem Wasser aufgefüllt?‘ entweder antworten könnte ‚Darum habe ich mich überhaupt nicht geschert‘ oder sagen könnte ‚Ich war froh, dabei helfen zu können, die zu erledigen‘, und wenn er imstande wäre anzugeben, was tatsächlich zu diesem Zeitpunkt als Träger des einen bzw. des anderen Gedankens in ihm vorging, dann könnte er vielleicht nur sagen, daß er grunzte. Dies ist jene Art Wahrheit, die sich in der Aussage verbirgt ‚Nur Du kannst wissen, ob Du die-und-die Absicht hattest oder nicht‘. Es gibt einen Punkt, an dem allein das, was der Mensch selbst sagt, ein Zeichen ist; und hier bleibt Raum für viele Dispute und feinsinnige Diagnosen seiner Ehrlichkeit.

Der Fall liegt jedoch anders, wenn dies etwa nicht seine normale Arbeit war, sondern er von dem Vergifter angestellt worden war, um das Wasser zu pumpen, wissend, daß es vergiftet war. Er kann sagen, daß ihm alles gleichgültig ist und er nur das Geld will; aber der Auftrag, durch dessen Annahme und Ausführung er das Geld erhält, lautet auf das Pumpen von vergiftetem Wasser – wie implizit auch immer man sich dies vorstellen will. Daher ist die Erklärung nicht annehmbar ‚Ich hatte nicht die Absicht, vergiftetes Wasser zu pumpen, sondern nur, Wasser zu pumpen und meinen Lohn zu bekommen‘, es sei denn, er unternimmt Schritte, um seinen Auftraggeber hinters Licht zu führen (er könnte z. B. etwas, was er irrtümlich für ein Gegengift hielt, ins Wasser tun). Insofern sind jene Formen unannehmbar, derer er sich bedient, um die Antwort auf die Frage ‚Warum hast Du vergiftetes Wasser gepumpt?‘ mit seiner Antwort aus dem von uns definierten Bereich zu verweigern – z. B. mit der Antwort ‚Um den Lohn zu bekommen‘. Zwar können wir also Fälle finden, ‚in denen nur der Mensch selbst sagen kann, ob er eine bestimmte Absicht hatte oder nicht‘, doch diese sind in der folgenden Weise noch weiter eingeschränkt: Er kann nicht vorgeben, nicht die Absicht gehabt zu haben, etwas zu tun, was ein Mittel zu einem seiner Zwecke war.

Alles dies, denke ich, dient der Erklärung dessen, was Wittgenstein in § 644 der „Philosophischen Untersuchungen" sagt:

> „‚Ich schäme mich nicht dessen, was ich damals tat, sondern der Absicht, die ich hatte.‘ – Und lag die Absicht nicht / *auch* in dem, was ich tat? Was rechtfertigt die Scham? Die ganze Geschichte des Vorfalls."

p. 45

Und vor dem Hintergrund jener Bestimmungen, die wir eingeführt haben, können wir zusammenfassend feststellen ‚Grob gesagt beabsichtigt ein Mensch das zu tun, was er tut'. Aber natürlich ist dies *sehr* grob gesagt. Dennoch ist es richtig, dies als Gegengift gegen die absurde These zu formulieren, die bisweilen vertreten wird: Daß die beabsichtigte Handlung eines Menschen nur beschrieben wird, indem man sein *Ziel* beschreibt.

Es stellt sich die Frage: Welches Interesse kann an der Absicht jenes Mannes, den wir beschrieben haben, bestehen, der nur seine Arbeit wie gewöhnlich tat usw.? Dies ist sicherlich kein ethisches oder juristisches Interesse; wenn das, was er gesagt hat, zutraf, dann wird ihn *dies* nicht von der Schuld am Mord entbinden! Wir *sind* einfach daran interessiert, was von einem Menschen in dieser Art und Weise wahr ist. Wiederum sagt hier Wittgenstein etwas Relevantes in seiner Erörterung von ,Ich wollte tun':

> „Warum will ich ihm außer dem, was ich tat, auch noch eine Intention mitteilen? … weil ich ihm etwas über *mich* mitteilen will, was über das hinausgeht, was damals geschah. Ich erschließe ihm mein Inneres, wenn ich sage, was ich tun wollte. – Nicht aber aufgrund einer Selbstbeobachtung, sondern durch eine Reaktion (man könnte es auch eine Intuition nennen)." (Philosophische Untersuchungen, § 659)

Wittgenstein denkt hier wahrscheinlich an eine Reaktion oder ein Ansprechen auf die Erinnerung an ,damals'; im Kontext *unserer* Interessen können wir uns dies als eine Reaktion auf unsere besondere Frage ,Warum?' denken.

§ 26 Wir wollen nun zu der Frage zurückkehren, mit der wir den § 23 beschlossen haben: Sollen wir sagen, daß der Mann, der (absichtlich) seinen Arm bewegt, die Pumpe betätigt, den Wasservorrat auffüllt, die Hausbewohner vergiftet, *vier* Handlungen ausführt? Oder nur eine? Die Antwort, die wir uns zu der ,Warum?'-Frage vorgestellt haben, enthüllt, daß die vier Beschreibungen eine Reihe A-B-C-D bilden, in der jede Beschreibung in Abhängigkeit von der vorausgehenden, aber unabhängig von der folgenden eingeführt wird. Ist dann B *eine* Beschreibung von A, C von B usw.? Nicht, wenn dies heißt, daß wir sehen können, daß ‚Er betätigt die Pumpe' eine andere / Beschreibung dessen ist, was hier auch durch ‚Er bewegt seinen Arm auf und ab' beschrieben wird – derart also, daß das, was letzteres verifiziert, in diesem Fall auch ersteres verifiziert. Sagen wir andererseits, es gebe vier Handlungen, dann werden wir finden, daß die einzige *Handlung*, in der B hier besteht, A ist; und so weiter. Nur sind mehr Umstände dafür erforderlich, daß A B sein kann, als dafür, daß A einfach A ist. Und weit mehr Umstände dafür, daß A D ist, als dafür, daß A B ist. Doch diese Umstände *müssen* nicht unbedingt eine jüngst ausgeführte Handlung des Mannes einschließen, von dem gesagt wird, er tue A, B, C und D (obwohl wir von einem kumulativ wirkenden Gift sprachen, können wir zum gegenwärtigen Zweck annehmen, daß ein einmaliges Pumpen ausreiche, um die Sache zu bewerkstelligen). Kurzum, die einzige unterscheidbare Handlung, die in Frage steht, ist diese eine, A. Denn seinen Arm mit der um den Pumpenschwengel geschlossenen Hand auf und ab zu bewegen *ist*, unter diesen Umständen, die Pumpe zu betätigen; und unter diesen Umständen *ist* es den Hausvorrat aufzufüllen; und unter diesen Umständen *ist* es das Vergiften der Hausbewohnerschaft.

Es gibt also eine Handlung mit vier Beschreibungen, deren jede von umfassenderen Umständen abhängt, und von denen jede auf die nächste als Beschreibung eines Mittels zu einem Zweck bezogen ist; was soviel bedeutet wie, daß wir ebensogut von *vier* entsprechenden Absichten oder von *einer* Absicht sprechen können – dem letzten Term, den wir in die Reihe eingeführt haben. Indem wir diesen zum letzten Term machen, der bis hierher eingeführt wird, haben wir ihm den Charakter derjenigen Absicht verliehen (soweit bis hierher entdeckt), *mit* welcher der Akt in seinen anderen Beschreibungen ausgeführt wurde. Sprechen wir von vier Absichten, dann sprechen wir also vom Charakter der Absichtlichkeit, der dem Akt in jeder der vier Beschreibungen zukommt; sprechen wir hingegen von einer Absicht, dann sprechen wir von der Absicht, *mit welcher*; der letzte Term, den wir in einer solchen Reihe angeben, gibt die Absicht an, *mit* welcher der Akt in jeder seiner anderen Beschreibungen ausgeführt wurde, und diese Absicht verschluckt sozusagen alle vorausgehenden Absichten, *mit* welchen frühere Glieder der Reihe ausgeführt worden waren. Dieses ‚Verschlucken‘ ist dadurch gekennzeichnet, daß es nicht falsch ist, D als Antwort auf die ‚Warum?‘-Frage nach A anzugeben; daß A mit der Absicht B ausgeführt wird, heißt nicht, daß D nur mittelbar die Absicht von A ist, so wie ich nur mittelbar gegen eine Wand drücke, wenn ich auf etwas drücke, was auf etwas drückt, ... was gegen eine Wand drückt. Wird D als Antwort auf die ‚Warum?‘-Frage nach A angegeben, dann können B und C in einer Antwort auf die Frage ‚Wie?‘ erscheinen. Sind Terme derart aufeinander / bezogen, dann konstituieren sie eine Reihe von Mitteln, und der letzte Term der Reihe wird, gerade insofern er als letzter angegeben wird, als Zweck behandelt.

Ein Term, der aus der Reihe A-D herausfällt, kann ein Term in einer anderen Reihe sein, die einige der Glieder A, B, C enthält: wenn zum Beispiel der Mann mit dem Klappern der Pumpe den Rhythmus von ‚God save the King‘ klopft. Die Absicht, sich so zu verhalten, *mit* welcher er seinen Arm auf und ab bewegt, wird von der Absicht von D nicht ‚verschluckt‘ (in diesem Rhythmus

p. 47

74

zu klopfen ist nicht, *wie* er das Wasser pumpt); das Kennzeichen hierfür besteht darin, daß, wenn auf die Frage ‚Warum bewegst Du Deinen Arm auf und ab?‘ die Antwort erfolgt: ‚Um im Rhythmus von ›God save the King‹ zu klappern‘, die Antwort auf die ‚Warum?‘-Frage nach *dieser* Handlung nicht zu D führt.

Eine andere Folge dessen, was ich ‚Verschlucken‘ nenne, besteht darin, daß es keine letztgültige Bedingung dafür gibt, *wie viele* Terme wir zwischen A und D setzen; im vorgestellten Fall haben wir z. B. keinen Term ‚das Wasser durch die Leitungen fließen lassen‘ eingefügt, der doch in diese Reihe gehören würde, wenn irgend jemand auf den Gedanken käme, nach ihm mit der ‚Warum?‘-Frage zu fragen.

§ 27 Gibt es jemals einen Ort für einen inneren Akt der Absicht? Ich nehme an, daß der Mann, den ich mir vorgestellt habe, der sagte ‚Ich habe nur meine gewöhnliche Arbeit getan‘, auf diese Formel stoßen und sie in der Präsens-Form in irgendeiner Phase seiner Beschäftigung auf sich selbst anwenden könnte. Wenn er dies jedoch tut, dann bemerken wir, daß sich unmittelbar die Frage stellt: Mit welcher Absicht tut er es? Diese Frage würde sich immer bei all dem stellen, was mit Bedacht als ein ‚Akt des Beabsichtigens‘ ausgeführt wurde. Die Antwort könnte in diesem Falle lauten: ‚So daß ich mir nicht überlegen muß, auf wessen Seite ich stehe‘. Somit hat die innere Ausführung nicht das abgesichert, was Du Dir vielleicht dachtest, daß nämlich die Handlung des Mannes, wenn er das Wasser pumpt, die *ist*, nur seine gewöhnliche Arbeit zu tun; sie ist selbst eine neue Handlung, wie wenn man mit der Pumpe den Rhythmus von ‚God save the King‘ klappert. Tatsächlich kommt dem Auftreten des Gedankens ‚Ich tue nur meine gewöhnliche Arbeit‘ nur dann *prima facie* eine gewisse Relevanz für die Frage zu, was die Absichten des Mannes wirklich sind, wenn dieser Gedanke, eher spontan als mit Bedacht auftritt. Und tritt er spontan auf, dann unterliegt er eben jenen Überprüfungen auf Wahrhaftigkeit, die, wie wir sahen, auch auf dieselbe Wortform Anwendung finden, wenn sie als Erklärung nach dem Ereignis gegeben wird; und unter der Voraussetzung, daß er all dieselben äußeren Überprüfungen übersteht, verfällt er dann derselben letzten / Bestimmung: ,*Letztlich* kannst nur Du wissen, ob dies Deine Absicht ist oder nicht'; das heißt nur: Es kommt ein Punkt, an dem ein Mensch sagen kann ,Dies ist meine Absicht', ohne daß sonst jemand irgendetwas dazu beitragen kann, die Frage zu entscheiden. (Es bedeutet nicht, daß er, wenn er sagt ,Dies ist meine Absicht', ein Wissen an den Tag legt, das nur ihm verfügbar ist. D. h., hier bedeutet ,Er weiß' nur: ,Er kann sagen'. Es sei denn freilich, wir stellen uns einen Fall vor, in dem gesagt werden könnte: Er *dachte*, dies sei seine Absicht, aber dann stellte sich heraus, daß er sich getäuscht hatte.) Die einzige neue Möglichkeit würde darin bestehen, eine eindeutig ehrliche Reaktion dadurch hervorzurufen, daß man so etwas sagt wie (um einige Beispiele anzudeuten): ,Nun, dann wird es Dich weiter nicht interessieren zu hören, daß das Gift alt ist und nicht wirken wird'; oder: ,Dann wirst Du also keinen Anteil an der beträchtlichen Summe verlangen, mit der jemand die Verschwörer zu belohnen wünscht'. Natürlich ist eine solche Verfahrensweise immer wieder ein Mittel zur Aufdeckung von Verstellungen, denen man in der Literatur häufig begegnet – wenn z. B. der Taube deutlich hört, was er nicht hören sollte –, und zweifellos werden im Leben Verstellungen durch versierte psychologische Detektive aufgedeckt. Aber es kommt ein Punkt, an dem es für den Erfolg des

Geschicks psychologischer Detektive keine eigenen Kriterien mehr gibt. Denn schließlich können bohrende Fragen einen Menschen dazu führen, etwas Neues vorzuspiegeln, anstatt das zu verraten, was schon da war. Daher können vielleicht aus den Wahrsprüchen der Detektive keine konkreten Schlüsse auf Tatsachen gezogen werden, die in einfacher Weise überprüfbar wären. Vielleicht *fühlt* man, daß der Wahrspruch richtig ist; daß der Mensch, der ihn erläßt, über ‚Einsicht' verfügt. Aber, wie Wittgenstein bemerkt hat (Philosophische Untersuchungen, S. 541), sind die Folgen hier diffuser Art. ‚Der Unterschied in der Einstellung, die man hat', wäre eine diffuse Folge; oder, wenn Du unter ‚Folge' ‚Ableitung' verstehen willst, die Nuancen in den Beziehungen zu den anderen Verschwörern, die der Mann voraussichtlich später haben wird; die Atmosphäre zwischen ihm und jenen, und ähnliches.

Wir können uns vorstellen, daß eine Absicht, die eine ausschließlich innere Angelegenheit ist, dennoch den gesamten Charakter bestimmter Dinge verändern würde. Einem Menschen könnte etwas Verächtliches in den Sinn kommen, so daß er sein höfliches und herzliches Verhalten gegenüber jemandem bei einer bestimmten Gelegenheit nur ironisch meint, ohne daß es hierfür irgendein äußeres Zeichen gibt (weil er vielleicht nicht wagt, ein äußeres Zeichen zu geben). Es bedarf hier keiner besonderen Vorgeschichte noch irgendwelcher Folgen, in deren Licht ein äußerer Beobachter diese Formen der / Zuwendung als ironisch gemeint begreifen könnte; denn was die Vorgeschichte angeht, so ist es immer möglich, etwas an Menschen verachtenswert zu finden, ohne daß es eine ganz besondere Geschichte gibt, die bei dieser Gelegenheit zur Verachtung führt; und im nachhinein kann er seine Meinung ändern, die Episode als seltsame Verirrung betrachten und niemals zukünftige Gelegenheiten zur

p. 49

Fortsetzung dieser einen machen. Nehmen wir an, er denkt bei sich ‚Du dummer kleiner Narr!‘ Auch hier ist es nicht genug, daß ihm diese Worte einfallen. Er muß sie meinen. Dies zeigt einmal mehr, daß Du keine Ausführung (nicht einmal eine innere Ausführung) für sich selbst als einen Akt der Absicht betrachten kannst; denn wenn Du eine Ausführung beschreibst, dann stellt die Tatsache, daß diese stattgefunden hat, keinen Beweis der Absicht dar; z. B. können Worte im Geist von jemandem auftreten, ohne daß er sie meint. Daher ist Absicht nie eine Ausführung im Geiste, obwohl eine Ausführung im Geist, die ernst *gemeint* ist, in mancher Hinsicht einen Unterschied für die korrekte Darstellung der Handlung eines Menschen bewirken kann – wenn er z. B. jemanden umarmt. Aber die zur Diskussion stehenden Fragen sind notwendig solche, in denen äußerliche Akte irgendwie ‚bedeutsam‘ sind.

§ 28 Wir müssen nun jene Formel genauer betrachten, die im Verlauf dieser Untersuchung so oft auftrat: ‚Ohne Beobachtung bekannt‘. Sie wurde zunächst auf die Lage der eigenen Gliedmaßen und auf bestimmte Bewegungen angewandt, wie etwa den Muskelspasmus beim Einschlafen. Es ist normalerweise nicht möglich, irgend etwas zu finden, was einem zeigt, daß das eigene Bein gebeugt ist. Es kann gut sein, daß man dies weiß, weil man Empfindungen hat; das heißt aber nicht, daß man es insofern weiß, als man die Empfindungen, die man hat, identifiziert. Mit den äußeren Sinnen ist es gewöhnlich möglich, das zu tun. Ich meine, daß, wenn ein Mensch sagt, er habe jemanden an einem bestimmten Ort stehen sehen oder er habe jemanden herumgehen hören, oder er habe gefühlt, wie ein Insekt auf ihm herumkroch, es zumindest möglich ist zu fragen, ob er nicht eine Erscheinung, ein Geräusch oder ein Gefühl mißverstanden habe; d. h., wir können sagen: Schau, ist nicht vielleicht *dies* dasjenige, was Du gesehen hast? indem wir einen visuellen Effekt reproduzieren, von dem er sagen kann: ,Ja, dies ist es oder könnte das sein, was ich gesehen habe, und ich gebe zu, daß ich mehr nicht mit Sicherheit sagen kann'; und dasselbe gilt für das Geräusch oder das Gefühl.[5] / Doch mit der Lage p. 50 der eigenen Gliedmaßen beispielsweise verhält es sich anders als mit den äußeren Sinnen. Sagt ein Mensch etwa, sein Bein sei gebeugt, wenn es ausgestreckt daliegt, dann wäre es nicht richtig zu sagen, er habe einen inneren kinästhetischen Eindruck als den Eindruck seines gebeugten Beins mißverstanden, während tatsächlich sein ausgestrecktes Bein vor ihm erschien. (Es handelt sich dabei zweifellos um ein schwieriges Thema, das eine umfassende Diskussion verdient hätte; hier jedoch wäre eine solche Diskussion nicht am Platz.) Diese Überlegung, ihre Richtigkeit vorausgesetzt, reicht hin, um die Behauptung zu rechtfertigen, daß man normalerweise die Lage oder Bewegung der eigenen Gliedmaßen nicht ,durch Beobachtung' kennt.

---

[5] Ich denke, diese Tatsachen sollten gegenüber dem Phänomenalismus weniger verächtlich stimmen, als dies seit nunmehr geraumer Zeit Mode ist; ich habe Leute über die Bezeichnung ,eine Erscheinung sehen' spotten hören, weil dies eine inkorrekte Redeweise ist. Es scheint mir nicht wichtig zu sein, ob es sich hier um eine inkorrekte Redeweise handelt oder nicht; es bleibt gültig, daß man zwischen der tatsächlichen Wahrnehmung eines Menschen und der Behauptung, man sehe oder habe einen Menschen gesehen, weil das Erscheinungsbild so beschaffen war, unterscheiden kann; und daß man das, was man bei einem solchen Anlaß ,sah', beschreiben oder identifizieren kann, ohne zu wissen, daß man in Wirklichkeit das eigene Spiegelbild oder einen auf dem Haken hängenden Mantel gesehen hat; beschreibt oder identifiziert man nun in dieser Weise dasjenige ,was man gerade gesehen hat', dann ist es vollkommen vernünftig, dies als Beschreiben oder Identifizieren einer Erscheinung zu bezeichnen.

Bei der Untersuchung des absichtlichen Handelns habe ich jedoch von dieser Formel ganz einfach allgemein Verwendung gemacht, und dem Leser wird wahrscheinlich der folgende Einwand in den Sinn gekommen sein: ‚Ohne Beobachtung bekannt' kann sehr wohl eine Formel sein, deren Verwendung für das Wissen um die Lage und die Bewegung der eigenen Gliedmaßen gerechtfertigt werden kann, Du aber hast vom absichtlichen Handeln insgesamt behauptet, es falle unter diesen Begriff. Man könnte z. B. eine Wand gelb streichen, und es auch so meinen. Aber ist es vernünftig zu sagen, man ‚wisse ohne Beobachtung', daß man eine Wand gelb streicht? Und ähnlich für Handlungen aller Art: Das heißt, für alle Handlungen, die unter irgendeinem Aspekt beschrieben werden, der über den der Körperbewegung hinausreicht. Meine Erwiderung lautet, daß das Thema Absicht etwas sein kann, über das es Wissen und Meinungen gibt, die auf Beobachtung, auf Schlußfolgerung, auf Hörensagen, auf Aberglauben gegründet sind oder worauf auch immer Wissen und Meinung jemals beruhen; oder ein Thema, von dem eine Meinung ohne alle Grundlage vertreten wird. Liegt ein Wissen oder eine Meinung bezüglich dessen vor, was der Fall ist und was geschehen kann – sagen wir Z –, wenn man bestimmte Dinge tut, sagen wir ABC, dann ist es möglich, mit dem Tun von ABC die Absicht zu haben, Z zu tun; und handelt es sich um einen Fall von Wissen oder ist die Meinung richtig, dann ist das Tun oder Verursachen von Z eine absichtliche Handlung, und man weiß, daß man Z tut, nicht durch Beobachtung; bzw. soweit man beobachtet, ableitet usw. daß Z tatsächlich stattfindet, ist dies Wissen nicht dasjenige Wissen, das ein Mensch von den eigenen absichtlichen Handlungen hat. Mit dem Wissen, das ein Mensch von den eigenen

p. 51   absichtlichen / Handlungen hat, meine ich dasjenige Wissen, dessen Besitz man verneint, wenn man z. B. auf die Frage ‚Warum läutest Du diese Schelle?' antwortet: ‚Oh, Gott! Ich wußte nicht, daß *ich* sie läute!'

Dies ist schwierig. Nehmen wir an, ich gehe zum Fenster hinüber und öffne es. Jemand, der hört, wie ich mich bewege, ruft: Was machst Du da für ein Geräusch? Ich antworte: ‚Ich öffne das Fenster'. Solch eine Aussage habe ich durchweg als Wissen bezeichnet; und zwar genau deshalb, weil in einem solchen Falle das, was ich sage, wahr ist – ich öffne das Fenster; und dies heißt, daß das Fenster durch die Bewegungen desjenigen Körpers geöffnet wird, aus dessen Mund die Worte kommen. Aber ich sage diese Worte nicht in der folgenden Weise: ‚Schauen wir einmal, was bringt dieser Körper zustande? Oh, ja! Das Öffnen des Fensters'. Oder gar: ‚Schauen wir einmal, was bringen meine Bewegungen zustande? Das Öffnen des Fensters'. Vergleiche, um dies zu begreifen, wenn es nicht schon deutlich ist, diesen Fall mit dem folgenden: Ich öffne das Fenster, und dadurch wird ein Lichtfleck auf die Wand geworfen. Jemand, der nicht mich, wohl aber die Wand sehen kann, fragt: ‚Was tust Du da, daß das Licht auf die Wand fällt?' und ich sage: ‚Oh, das geschieht durch das Öffnen des Fensters' oder ‚Das ist immer so, wenn man dieses Fenster mittags öffnet und die Sonne scheint'.

§ 29 Die Schwierigkeit ist jedoch die folgende: Was kann das Öffnen des Fensters anderes sein, als die-und-die Bewegungen mit dem-und-dem Ergebnis machen? Und was kann *Wissen*, daß man das Fenster öffnet, dann anderes sein, als zu wissen, daß dies stattfindet? Und wenn es hier zwei *Arten* des Wissens gibt, von denen ich die eine als Wissen der eigenen absichtlichen Handlung und die andere als Wissen durch Beobachtung dessen, was stattfindet, bezeichne, muß es dann nicht zwei *Gegenstände* des Wissens geben? Wie kann man von zweierlei Wissen *genau* desselben Gegenstandes sprechen? Es ist nicht so, daß es zwei Beschreibungen desselben Gegenstandes gibt, die man beide kennt, so wie wenn man weiß, daß etwas rot und daß es farbig ist; nein, hier ist die Beschreibung, das Fenster öffnen, dieselbe, ob man sie nun durch Beobachtung weiß oder weil es die eigene absichtliche Handlung ist.

Ich denke, daß es die Schwierigkeit dieser Frage ist, die einige Leute zu der Behauptung geführt hat, was man als absichtliche Handlung wisse, sei nur die Absicht oder vielleicht auch die Körperbewegung; und daß das übrige durch Beobachtung als das *Ergebnis* gewußt werde, das / in der Absicht auch gewollt war. Doch das ist eine verrückte Darstellung; denn der einzige Sinn, den ich ‚Wollen‘ geben kann, ist der, in dem ich etwas anstarre und will, daß es sich bewegt. Es wird manchmal gesagt, man könne wohl den eigenen Arm durch einen Willensakt dazu bringen, daß er sich bewegt, nicht aber eine Streichholzschachtel; doch wenn hier ‚Wollen, daß sich eine Streichholzschachtel bewegt, und es wird nicht geschehen‘ gemeint ist, dann lautet die Antwort ‚Wenn ich in dieser Weise will, daß sich mein Arm bewegt, wird es nicht geschehen‘, und wenn ‚Ich kann meinen Arm, nicht aber die Streichholzschachtel bewegen‘ gemeint ist, dann lautet die Antwort, daß ich die Streichholzschachtel bewegen kann – nichts leichter als das.

Ein weiterer trügischer Fluchtweg ist die Behauptung, daß ich im absichtlichen Sinne wirklich ‚tue‘, was auch immer ich zu tun glaube. Denke ich z. B., daß ich meinen Zeh bewege, während dieser sich nicht bewegt, dann ‚bewege ich meinen Zeh‘ in einem bestimmten Sinne, und was dasjenige angeht, was *geschieht*, so habe ich natürlich darüber keinerlei Kontrolle, es sei denn in einem zufälligen Sinne. Das Wesentliche ist allein das, was in mir vor sich gegangen ist, und wenn das, was geschieht, mit dem, was ich in der Sphäre der Absichten ‚tue', übereinstimmt, so ist dies nur eine Gnade des Schicksals. Ich denke, dies war Wittgensteins Gedanke im „Tractatus", als er schrieb: ‚Die Welt ist unabhängig von meinem Willen' und

> „Auch wenn alles, was wir wünschen, geschähe, so wäre dies doch nur, sozusagen, eine Gnade des Schicksals, denn es ist kein logischer Zusammenhang zwischen Willen und Welt, der dies verbürgte, und den angenommenen physikalischen Zusammenhang könnten wir doch nicht *selbst* wieder wollen." (6.373, 6.374)

Mit anderen Worten: Nehmen wir an, es existiere nicht, dann ist es zu wollen unwirksam. Und ich denke, daß dieses Argument für die Wirksamkeit eines *jeden* Willensaktes gilt. Daher schrieb Wittgenstein zur selben Zeit in seinen Tagebüchern: ‚Ich bin vollkommen machtlos'. Aber auch dies ist Unsinn. Denn wenn nichts verbürgt, daß das Fenster aufgeht, wenn ich ‚das Fenster geöffnet habe', so verbürgt ebenso nichts, daß meine Zehe sich bewegt, wenn ich ‚meine Zehe bewege'; so ist das einzige, was geschieht, meine Absicht; aber wo kann diese gefunden werden? Ich meine: Was ist ihr Träger? Ist sie in Worten formuliert? Und wenn ja, was verbürgt, daß ich Worte bilde, die ich zu bilden beabsichtige? Denn das Formulieren der Worte ist selbst wieder ein absichtlicher Akt. Und wenn die Absicht keinen Träger hat, der verbürgt ist, was bleibt dann von ihr übrig, so daß sie mehr sein könnte als ein Summen in einem Vakuum? Ich selbst habe früher bei der Betrachtung dieser Probleme zu der Formel gegriffen: Ich *tue*, was *geschieht*. Das heißt, wenn die / Beschreibung dessen, was geschieht, gerade das ist, wovon ich sagen würde, ich sei dabei, es zu tun, dann gibt es keinen Unterschied zwischen dem, was ich tue, und dem Geschehen. Doch jeder, der diese Formel hörte, empfand sie als außerordentlich paradox und dunkel. Und ich glaube, der Grund hierfür lautet: Was geschieht, muß durch Beobachtung gegeben sein; ich habe aber argumentiert, daß mein Wissen um das, was ich tue, nicht durch Beobachtung gegeben ist. Ein sehr deutliches und interessantes Beispiel hierfür ist der Fall, in dem ich meine Augen schließe und etwas schreibe. Ich kann angeben, was ich schreibe. Und das, wovon ich sage, daß ich es schreibe, wird fast immer tatsächlich auf dem Papier erscheinen. Hier ist nun klar, daß mein Vermögen anzugeben, was da steht, nicht aus irgendeiner Beobachtung abgeleitet ist. Natürlich wird in der Praxis das, was ich schreibe, nicht sehr lange lesbar ausfallen, wenn ich meine Augen nicht benutze; aber ist nicht die Rolle unseres gesamten Beobachtungswissens hinsichtlich des Wissens darum, was wir tun, gleich der Rolle der Augen, wenn wir erfolgreich Geschriebenes hervorbringen? Mit anderen Worten: Unsere Beobachtung ist nur eine Hilfe, so wie die Augen eine Hilfe beim Schreiben sind – einmal vorausgesetzt, daß wir darüber, was wir absichtlich ausführen, etwas wissen oder glauben. Jemand ohne Augen fährt vielleicht fort zu schreiben, wenn in der Feder keine Tinte mehr ist; oder er merkt nicht, daß er über das Blattende hinaus auf den Tisch gerät, oder er überschreibt bereits geschriebene Zeilen; hier sind Augen nützlich; aber das Wesentliche, was er tut, nämlich das-und-das zu schreiben, wird ohne die Augen getan. So weiß er ohne Augen, was er schreibt; aber die Augen helfen ihm, sich zu vergewissern, daß das, was er schreibt, auch tatsächlich lesbar geschrieben gerät. Wie kann ich angesichts dieser Tatsachen sagen: ich *tue*, was *geschieht*? Wenn es zwei Arten des Wissens gibt, dann muß es zwei verschiedene Gegenstände geben, die man weiß.

§ 30 Bevor ich aufhöre, Schwierigkeiten aufzutürmen, werde ich ein Beispiel dafür anführen, daß es falsch ist zu versuchen, das als Inhalt der Absicht Gewußte immer weiter zurückzuschieben; zuerst auf die Körperbewegungen, dann vielleicht auf die Muskelkontraktionen, dann auf den Versuch, das Betreffende zu tun, der ganz am Anfang steht. Die einzige Beschreibung dessen, was ich tue, die ich eindeutig weiß, kann einer Sache gelten, die sich in einem gewissen Abstand von mir befindet. Es ist nicht der Fall, daß ich die Bewegungen, die ich vollziehe, klar weiß, und daß die Absicht nur ein Ergebnis ist, das ich berechne und auf das ich als Folge dieser Bewegungen hoffe.

Jemand könnte die von mir zurückgewiesene Sichtweise folgendermaßen zum Ausdruck bringen: Betrachte / den p. 54 Satz ‚Ich stoße das Boot ab‘. Der einzige Satzteil, der wirklich die gewußte Handlung *in* dieser absichtlichen Handlung zum Ausdruck bringt, ist hier ‚Ich stoße‘. Die Worte ‚das Boot‘ drücken eine Meinung über einen Gegenstand aus, der meiner Auffassung nach gerade vor mir liegt; und diese wird durch die Sinne verifiziert, d. h. dies ist eine Frage der Beobachtung. Das Wort ‚ab‘ bringt die Absicht zum Ausdruck, mit welcher ich stoße, denn es drückt eine Meinung über die Wirkung des Stoßens unter den gegebenen Umständen aus, eine Meinung, die von einem Wunsch meinerseits begleitet ist. Und dies muß das Analysemodell jeder Beschreibung einer absichtlichen Handlung sein.

Mein Beispiel, um eine solche Sichtweise zurückzuweisen, ist dieses: Denk Dir, man stellt folgende, eher seltsame Frage: Besteht irgendein Unterschied zwischen dem Fallenlassen und dem Senken des eigenen Arms mit der Geschwindigkeit, in der er fallen würde? Kann ich meinen Arm mit Bedacht in der Geschwindigkeit senken, in der er fallen würde? Ich fände es schwierig, dies zu meiner Handlungsvorschrift zu machen. Aber nimm an, jemand wollte einfach die Wirkung hervorbringen, daß ich tatsächlich meinen Arm in der Gechwindigkeit senke, in der er fallen würde – er ist Physiologe und möchte feststellen, ob ich, wenn ich dies tue, irgend etwas anderes in den Nervenfasern erzeuge. Er konstruiert also einen Mechanismus, in dem ein bewegliches Teil waagrecht gehalten werden kann, wenn ich einen Griff halte und mit meinem Arm eine Pumpbewegung ausführe und ihn bei dem Abwärtsstoß mit derselben Geschwindigkeit senke, in der er fallen würde. Nun lautet meine Anweisung: Halte es waagerecht, und mit ein bißchen Übung kann ich das erlernen. Meine Darstellung dessen, was ich tue, ist, daß ich das Teil waagrecht halte; ich achte überhaupt nicht auf die Bewegung meines Arms. Ich bin imstande, eine sehr viel exaktere Darstellung von dem, was ich in einigem Abstand tue, zu geben, als von dem, was mein Arm tut. Daß ich das Teil waagrecht halte, ist daher keineswegs etwas, das ich als Wirkung von dem, was ich wirklich und unmittelbar tue, berechne, und insofern direkt als mein ,Wissen meiner eigenen Handlung' weiß. Im allgemeinen, wie Aristoteles sagt, denkt man über eine erworbene Fertigkeit nicht nach; die Beschreibung dessen, was man tut, die man vollkommen versteht, steht in einer gewissen Ferne zu den Einzelheiten der eigenen Bewegungen, welche man überhaupt nicht beachtet.

§ 31 Nachdem wir nun genug Schwierigkeiten aufgetürmt haben, wollen wir versuchen, eine Lösung zu umreißen, und zunächst fragen: Welches ist die Kontradiktion einer / Beschreibung der eigenen absichtlichen Handlung? Lautet sie: ‚In Wirklichkeit tust Du das nicht'? – z. B.: ‚Du füllst den Wasservorrat des Hauses nicht auf, denn das Wasser läuft durch ein Loch in der Leitung aus'? Ich möchte die Auffassung nahelegen, daß sie so nicht lautet. Betrachte, um dies zu verstehen, die folgende Geschichte, die zum Vergnügen der Leser in der ‚This England' – Kolumne des *New Statesman* erschien. Irgendein Soldat wurde wegen Insubordination vor ein Kriegsgericht (oder etwas Ähnliches) gestellt. Er hatte sich, wie es scheint, bei seiner ärztlichen Untersuchung ‚beleidigend' verhalten. Der untersuchende Arzt hatte ihn aufgefordert, er solle die Zähne zusammenbeißen; worauf er sie herausnahm und dem Arzt mit den Worten überreichte: ‚Beiß Du sie zusammen'.

p. 55

Nun steht die Aussage: ‚Das Wasser fließt hinter der Ecke aus einer Leitung' zu der Aussage ‚Ich fülle den Wasservorrat des Hauses auf' in derselben Beziehung wie ‚Meine Zähne sind falsch' zu dem Befehl ‚Beiß Deine Zähne zusammen'; und daher steht (aufgrund von Beobachtung) die Aussage ‚Du füllst den Wasservorrat des Hauses nicht auf' in derselben Beziehung zu der Beschreibung der absichtlichen Handlung ‚Ich fülle den Wasservorrat des Hauses auf', wie die wohlbegründete Vorhersage ‚Dieser Mann wird seine Zähne nicht zusammenbeißen, da sie falsch sind' zu dem Befehl ‚Beiß Deine Zähne zusammen'. Und ebenso wie die Kontradiktion des Befehls ‚Beiß Deine Zähne zusammen' *nicht* lautet ‚Der Mann wird, wie aus folgendem Beweisgrund hervorgeht, keineswegs seine Zähne zusammenbeißen, zumindest nicht so, wie Du denkst', sondern ‚Beiß Deine Zähne nicht zusammen', so ist die Kontradiktion von ‚Ich fülle den Wasservorrat des Hauses auf' nicht ‚Das tust Du nicht, denn in der Leitung ist ein Loch', sondern ‚Oh, nein, das tust Du nicht', von jemandem geäußert, der sich dann anschickt, z. B. mit einer Spitzaxt ein Loch in die Leitung zu schlagen. Und ähnlich ist die Kontradiktion der Aussage von jemand ‚Ich gehe zu Mitternacht schlafen' nicht: ‚Das wirst Du nicht, denn du hältst Dich nie an solche Entschlüsse', sondern: ‚Das wirst Du nicht, denn ich werde Dich daran hindern'. Doch gibt es nicht einen Punkt, an dem die Analogie endet, wenn wir zum Befehl und zur Beschreibung der gegenwärtigen absichtlichen Handlung durch den Handelnden selbst zurückkehren: Nämlich genau dort, wo wir beginnen, von Wissen zu sprechen? Denn wir sagen, daß die Beschreibung des Handelnden ein Wissen ist, ein Befehl ist hingegen kein Wissen. Obwohl also die Analogie interessant ist und ein Licht auf die Umgebung des Problems wirft, trifft sie doch nicht das Zentrum und beläßt dieses in jenem Dunkel, in dem wir selbst uns befanden./

p. 56 § 32 Betrachten wir einen Mann, der mit einer Einkaufsliste in der Hand durch eine Stadt zieht. Es ist nun klar, daß die Beziehung dieser Liste zu den Dingen, die er tatsächlich einkauft, dieselbe ist, ob ihm nun seine Frau die Liste gab oder es sich um seine eigene handelt; und daß eine andere Beziehung besteht, wenn ein Detektiv, der ihm folgt, eine Liste aufstellt. Hat er die Liste selbst aufgestellt, dann war sie ein Ausdruck der Absicht; gab seine Frau sie ihm, dann kommt ihr die Rolle eines Befehls zu. Worin besteht nun die identische Beziehung von Befehl und Absicht zu dem, was geschieht, an der die Aufzeichnung des Detektivs nicht teil hat? Sie besteht genau in folgendem: Stimmen die Liste und die Dinge, die der Mann tatsächlich einkauft, nicht überein, und stellt genau dies einen *Fehler* dar, dann liegt dieser Fehler nicht in der Liste, sondern in der Ausführung des Mannes (würde seine Frau zu ihm sagen: ‚Schau, hier steht Butter, und Du hast Margarine gekauft‘, dann würde er kaum antworten: ‚Was für ein Fehler! Das müssen wir richtigstellen‘ und das Wort auf der Liste in ‚Margarine‘ abändern); stimmen hingegen die Aufzeichnungen des Detektivs und das, was der Mann kauft, nicht überein, dann ist dies ein Fehler in der Aufzeichnung.

Im Falle einer Diskrepanz zwischen Einkaufsliste und dem, was der Mann einkauft, muß ich die Einschränkung einführen: Wenn genau dies einen Fehler konstituiert. Denn eine Diskrepanz könnte auftreten, weil einige Dinge nicht zu haben waren, und wenn man davon, daß sie nicht zu haben waren, hätte wissen können, dann könnten wir von einem Fehler (oder Irrtum im Urteil) beim Aufstellen der Liste sprechen. Wenn ich in Oxford mit einer Einkaufsliste ausgehe, die ‚Ausrüstung für Haifischjagd‘ mit umfaßt, dann wird niemand es für einen Fehler der Ausführung betrachten, wenn es mir nicht gelingt, damit heimzukehren. Und weiter kann es eine Diskrepanz zwischen der Liste und dem geben, was der Mann eingekauft hat, weil er seine Absicht geändert und sich entschlossen hat, statt dessen etwas anderes zu kaufen.

Diese letzte Diskrepanz tritt natürlich nur dann auf, wenn es um die Beschreibung einer zukünftigen Handlung geht. Der Fall, den wir jetzt betrachten wollen, ist derjenige, in dem ein Handelnder sagt, was er gegenwärtig tut. Nimm an, das, was er sagt, sei nicht wahr. Es könnte unwahr sein, weil, ohne daß der Handelnde darum weiß, etwas nicht der Fall ist, was der Fall sein müßte, damit seine Aussage wahr wäre; so wie wenn, ohne daß der pumpende Mann davon weiß, hinter der Ecke ein Loch in der Leitung ist. Doch, wie bereits bemerkt, bezieht sich dies in der Weise auf seine Aussage, er fülle den Wasservorrat auf, wie die Tatsache, daß jener Mann keine eigenen Zähne hat, auf den Befehl ‚Beiß Deine Zähne zusammen‘; / mit anderen Worten: Wir können sagen, daß angesichts dieses Umstandes seine Behauptung hinfällig wird, so, wie im anderen Falle der Befehl hinfällig wird, aber keine direkte Kontradiktion darstellt. Aber ist nicht auch ein anderer Fall möglich, in dem der Mann *schlichtweg* nicht tut, was er sagt? So wie wenn ich zu mir sage ‚Jetzt drücke ich auf Knopf B‘ – während ich auf Knopf A drücke – was sicherlich geschehen kann. Ich werde dies als *direkte* Falsifikation dessen, was ich sage, bezeichnen. Und hier, um den Ausdruck des Theophrast nochmals zu gebrauchen, ist der Fehler nicht einer des Urteils, sondern der Ausführung. Mit anderen Worten, wir sagen *nicht:* was Du *gesagt* hast, war fehlerhaft, weil es beschreiben sollte, was Du tatest, es aber nicht beschrieb, sondern: Was Du *getan* hast, war fehlerhaft, denn es stimmte mit dem, was Du sagtest, nicht überein.

Dies ist dem falschen Befolgen eines Befehles genau analog – und wir sollten von der Tatsache beeindruckt sein, daß es so etwas gibt und daß es nicht dasselbe ist, wie einen Befehl zu ignorieren, zu mißachten oder ihn nicht zu befolgen. Wird der Befehl ‚Linksherum!‘ erteilt, und der Mann wendet sich nach rechts, dann kann es klare Zeichen dafür geben, daß dies kein Akt des Ungehorsams war. Es gibt jedoch eine Diskrepanz zwischen der Sprache und dem, wovon die Sprache eine Beschreibung ist. Doch die Diskrepanz lastet nicht der Sprache einen Fehler an – sondern dem Ereignis.

Ist es möglich, daß die moderne Philosophie eines völlig mißverstanden hat: Nämlich dasjenige, was antike und mittelalterliche Philosophen mit *praktischer Erkenntnis* gemeint haben? Gewiß haben wir in der modernen Philosophie eine unverbesserlich kontemplative Auffassung von Erkenntnis. Erkenntnis muß etwas sein, das als solche betrachtet wird, weil es mit den Tatsachen übereinstimmt. Die Tatsachen, Realität, sind vorgängig und diktieren, was zu sagen ist, soll es sich um Erkenntnis handeln. Und dies ist die Erklärung jenes tiefen Dunkels, in dem wir uns befanden. Denn wenn es zwei Arten der Erkenntnis gibt – eine durch Beobachtung, die andere in der Absicht – dann sieht es so aus, als ob es zwei Gegenstände der Erkenntnis geben müsse; sagt man aber, die Gegenstände seien dieselben, dann sucht man hoffnungslos nach dem anderen *Modus kontemplativer Erkenntnis* im Handeln, so als ob im Zentrum des Handelns eine ganz seltsame und besondere Art Auge Ausschau hielte.

§ 33 Der Begriff der ‚praktischen Erkenntnis‘ kann nur dann verstanden werden, wenn wir zunächst den des ‚praktischen Schließens‘ verstehen. ‚Praktisches Schließen‘ oder der ‚praktische Syllogismus‘ – beides bezeichnet dasselbe / – war eine der besten Entdeckungen des Aristoteles. Doch ihr wahrer Charakter wurde verdunkelt. Üblicherweise wird angenommen, es sei gewöhnliches Schließen, das zu solch einer Konklusion führt wie: ‚Ich sollte das-und-das tun‘. Mit ‚gewöhnliches Schließen‘ meine ich das einzige Schließen, das gewöhnlich in der Philosophie erörtert wird: Ein Schluß, der auf die Wahrheit eines Satzes abzielt, welche, so die Annahme, durch die Wahrheit der Prämissen erwiesen wird. Also: ‚Jedermann, der Geld besitzt, sollte einem Bettler, der ihn darum bittet, etwas geben; dieser Mensch, der mich um Geld bittet, ist ein Bettler; ich habe Geld; deshalb sollte ich diesem Menschen etwas geben‘. Hier folgt die Konklusion aus den Prämissen. Sie wird daher durch diese

p. 58

bewiesen, wenn sie nicht zweifelhaft sind. Vielleicht können solche Prämissen nie gewiß sein.

Denkt man über die Darstellungen moderner Kommentatoren nach, dann kann man leicht darüber in Verwunderung geraten, warum nie jemand auf den Pasteten-Syllogismus hingewiesen hat; dessen Eigenart würde darin bestehen, daß er von Pasteten handelt, und ein Beispiel wäre ,Alle Pasteten enthalten Talg – dies ist eine Pastete – daher... usw.'. Sicher ist Ethik für menschliche Wesen in einer bestimmten Weise wichtig, in der dies von Pasteten nicht gilt; aber diese Relevanz kann uns nicht darin rechtfertigen, von einer besonderen Art des Schließens zu sprechen. Jedermann betrachtet den praktischen Syllogismus als den Beweis einer Konklusion – die Prämissen vorausgesetzt und abgesehen von deren unausweichlicher Ungewißheit und Zweifelhaftigkeit in der Anwendung. Dies gilt, ob nun das Beispiel des Aristoteles selbst herangezogen wurde:

> Trockene Nahrung ist für jeden Menschen angemessen,
> Die-und-die Nahrung ist trocken,
> Ich bin ein Mensch,
> Dies ist etwas von der-und-der Nahrung,

das zu der Konklusion führt

> Diese Nahrung ist für mich angemessen

oder ob nun, dem Vorschlag einiger moderner Autoren folgend, die erste Prämisse in imperativischer Form angeführt wird. Wir können feststellen, daß Autoren für die Prämissen des praktischen Syllogismus stets die Begriffe ,major' oder ,minor' verwenden: Berücksichtigen wir die Definition dieser Begriffe, dann können wir sehen, daß sie auf den praktischen Syllogismus des Aristoteles keine

Anwendung finden, obwohl sie an die imperativische Form angepaßt werden könnten, wenn wir ‚Tu!' dem Prädikat einer Proposition angleichen. Betrachte das folgende Schema:

> Tu alles, was dazu beiträgt, daß Dir kein Autounfall zustößt,
> Das-und-das wird dazu beitragen, daß einem kein Autounfall zustößt,
> Ergo: Tu das-und-das./

Sowohl dieses als auch das vorher angeführte aristotelische p. 59 Beispiel würde die Konklusion mit Notwendigkeit herbeiführen. Jemand, der erklärt, den einleitenden Befehl und die faktische Prämisse im imperativischen Beispiel zu akzeptieren, muß dessen Konklusion ebenso akzeptieren, wie jemand, der an die Prämissen im kategorischen Beispiel glaubt, dessen Konklusion akzeptieren muß. Das erste Beispiel genießt den Vorzug, abgesehen von der Konklusion tatsächlich von Aristoteles zu stammen, hat aber den Nachteil, daß aus ihm als einem Schluß, insofern er praktisch ist, nichts bezüglich irgendeines Tuns zu folgen scheint, obwohl die Konklusion mit Notwendigkeit hervorgebracht wid. Viele Autoren haben hierauf hingewiesen, aber gewöhnlich in eher vager Form, indem sie etwa bemerkten, der Schluß zwinge nicht zu irgendeiner Handlung; Aristoteles ziele aber offenbar darauf ab, daß eine Handlung folge. Man kann den vagen Darstellungen, die ich erwähnt habe, einen recht scharfen Sinn verleihen. Offensichtlich kann ich aufgrund allgemeiner Gründe, die sich auf Farbe und ähnliches beziehen, entscheiden, daß ein bestimmtes Kleid in einem Schaufenster mir sehr gut stehen würde, ohne daß folgt, daß ich einer Art Inkonsistenz mit dem, was ich entschieden habe, bezichtigt werden könnte, wenn ich daraufhin nicht ein-

93

trete und es kaufe; selbst dann nicht, wenn es überhaupt keine Hindernisse gibt, etwa, daß ich gerade kein Bargeld habe. Der Syllogismus in der imperativischen Form vermeidet diesen Nachteil; jemand, der erklärt, er akzeptiere die Prämissen, verhält sich inkonsistent, wenn er, vorausgesetzt nichts tritt hinzu, um ihn daran zu hindern, nicht dem besonderen Befehl zufolge handelt, mit dem das Argument schließt. Dieser Syllogismus leidet jedoch an dem Nachteil, daß die erste, universelle Prämisse verrückt ist,[6] und niemand sie auch nur für einen Augenblick akzeptieren könnte, wenn er gründlich durchdenken würde, was sie bedeutet. Denn es gibt für gewöhnlich hunderterlei verschiedene und miteinander unvereinbare Dinge, die dazu beitragen, daß einem kein Autounfall zustößt; wie etwa in die private Einfahrt unmittelbar zu Deiner Linken einzubiegen und den Wagen da zu verlassen, oder in die private Einfahrt unmittelbar zu Deiner Rechten einzubiegen und den Wagen dort zu verlassen.

Die Ursache dieses Unheils, das freilich nicht er allein verschuldet hat, ist Aristoteles selbst. Denn er selbst unterschied dem Gegenstand nach zwischen wissenschaftlichem und praktischem Schließen. ‚Beweisendes‘ Schließen war wissenschaftlich und betraf das, was unveränderlich ist. Als ob man auf eine besondere, nicht-notwendige Sache, die stattfinden würde, nicht schließen könnte, es sei denn im Hinblick auf Handeln! ‚John wird / mit einer Durchschnittsgeschwindigkeit von 90 km/h von Chartres nach Paris fahren, er fährt gegen fünf Uhr los, Paris ist 90 km von Chartres entfernt, daher wird er gegen sechs Uhr ankommen‘ – dies ist nicht dasjenige, was Aristoteles

p. 60

---

[6] Natürlich hat kein Autor diesen Syllogismus vorgeschlagen. Ich verdanke jedoch den Einfall einer Passage in R. M. Hares Buch, Die Sprache der Moral, Frankfurt a. M. 1983, S. 57.

einen ‚Beweis' nennt, denn wenn wir die Frage danach stellen, was John tun wird, dann könnte sich dies gewiß als so oder anders herausstellen. Trotz alledem ist dieser Schluß ein Argument dafür, daß etwas wahr ist. Es handelt sich hier nicht um einen praktischen Schluß: Er hat nicht die Form einer Kalkulation, was zu tun ist, obwohl er, wie jedes andere ‚theoretische Argument', eine Rolle in einer solchen Kalkulation spielen könnte. Daher können wir von Aristoteles übernehmen, daß praktisches Schließen im wesentlichen mit dem zu tun hat, ‚was sich als unterschiedlich herausstellen kann', ohne zu denken, daß diese Gegenstandsbestimmung ausreicht, um die Betrachtung zu einer praktischen zu machen. Es besteht ein Unterschied der Form zwischen dem Schluß, der zum Handeln führt, und dem Schluß auf die Wahrheit einer Konklusion. Aristoteles zog es jedoch vor, die Ähnlichkeit zwischen den Arten des Schließens hervorzuheben, indem er bemerkte,[7] daß in beiden das, was ‚geschieht', dasselbe ist. Tatsächlich gibt es drei Arten von Fällen. Es gibt den theoretischen Syllogismus und auch den müßigen praktischen Syllogismus,[8] der nur ein Lehrbuchbeispiel ist. Bei beiden wird die Konklusion durch den Geist, der sie ableitet, ‚ausgesprochen'. Und es gibt den eigentlichen praktischen Syllogismus. Hier ist die Konklusion eine Handlung, deren Pointe sich in den Prämissen zeigt, die jetzt, sozusagen, aktiv im Dienst stehen. Wenn Aristoteles bemerkt, daß das, was geschieht, dasselbe sei, dann meint er damit anscheinend, daß es immer derselbe psychische Mechanismus ist, durch den die Konklusion hervorgebracht wird. Auch gibt er praktische Syllogismen so

---

[7] De Motu Animalium, VII.
[8] Ethica Nicomachea, 1147 a 27–28.

wieder, daß sie beweisenden Syllogismen so analog wie möglich erscheinen.

Wir wollen eines dieser Lehrbuchbeispiele nachvollziehen, indem wir ihm einen plausiblen modernen Inhalt geben:

> Vitamin X ist gut für alle Menschen über 60,
> Schweinskaldaunen sind reich an Vitamin X,
> Ich bin ein Mensch über 60,
> Hier ist eine Portion Schweinskaldaunen.

Aristoteles formuliert die Konklusion eines praktischen Syllogismus nur selten, und zuweilen spricht er von ihr als von einer Handlung; daher dürfen wir vermuten, daß der Mensch, der diesen Gedankengang vollzogen hat, etwas von dem Gericht nimmt, das er sieht. Aber natürlich gibt p. 61 es keinen Einwand dagegen, eine / Wortverbindung zu erfinden, mit der er diese Handlung *begleitet*, die wir die Konklusion in einer verbalisierten Form nennen können. Diese können wir wiedergeben als:

> a) Also nehme ich davon,
> oder b) Also sollte ich davon nehmen,
> oder c) Also wäre es gut für mich, davon zu nehmen.

Nun könnte sicherlich niemand versucht sein, a) als eine aus den Prämissen folgende Proposition zu betrachten. Ebensowenig gilt dies jedoch für b) und c), obwohl diese zunächst in etwa jener Konklusion ähneln, die Kommentatoren gewöhnlich angeben:

> Dies hier ist gut für mich.

Aber in dem Sinne, in dem diese Konklusion der Absicht der Kommentatoren nach aus den Prämissen folgt, lautet sie nur: ‚Dies hier ist eine Art von Nahrung, die gut für mich ist‘, was etwas ganz anderes bedeutet, als daß ich davon nehmen sollte. Der Grund dafür, daß wir ‚Ich sollte davon nehmen' nicht aus den Prämissen herausziehen können, ist nun keineswegs der, daß wir nicht in jedem Fall Prämissen konstruieren *könnten*, die, wenn ihnen zugestimmt wird, diese Konklusion ergeben. Denn das könnten wir, und zwar problemlos. Wir müssen nur die universelle Prämisse leicht abändern, in:

> Es ist notwendig, daß alle Menschen über 60 jede vitamin-X-haltige Nahrung zu sich nehmen, die jemals in ihre Reichweite gerät,

aus der, zusammen mit den anderen Prämissen, die Konklusion von der Form ‚Ich sollte davon nehmen' in durchaus zufriedenstellender Weise folgen würde. Der einzige Einwand lautet, daß diese Prämisse verrückt ist, so wie dies auch die entsprechende Variante der aristotelischen universellen Prämisse gewesen wäre:

> Jedes menschliche Wesen muß alle trockene Nahrung zu sich nehmen, der es jemals begegnet.

Kurzum: Die ‚Universalität' der universellen Prämisse des Aristoteles steht am falschen Platz, um die Konklusion auf dem Wege der Folgerung überhaupt hervorzubringen. Man kann nur auf negative allgemeine Prämissen hoffen, will man Verrücktheit von dieser Art vermeiden. Diese führen jedoch, selbst wenn sie als praktische Prämissen akzeptiert werden, nicht zu irgendwelchen besonderen Handlungen (zumindest nicht aus sich selbst heraus oder durch irgendeinen formalen Prozeß), sondern nur dazu, bestimmte Dinge nicht zu tun. Das, was Aristoteles unter praktischem Schließen verstand, schloß / aber gewiß p. 62 Schlüsse mit ein, die zum Handeln führten, nicht zu Unterlassungen. Nun kann von einem Menschen, der solche Überlegungen anstellt wie diejenigen über das

Vitamin X und schließlich etwas von dem Gericht zu sich nimmt, das er sieht, indem er z. B. sagt: ‚Also denke ich, daß ich davon nehmen sollte' sicherlich gesagt werden, er *schließe*; andererseits ist klar, daß dies eine andere Art des Schließens als der Schluß von den Prämissen auf eine Konklusion ist, die durch sie bewiesen wird. Und ich glaube, man kann sogar sagen (es sei denn, man betreibt etwa Arithmetik oder tanzt, d. h. mit Ausnahme von Fertigkeiten oder Künsten – was Aristoteles τέχναι nennen würde), daß es keine allgemeine positive Regel von der Form gibt: ‚Tue immer X' oder ‚X zu tun ist immer gut – erforderlich – zukömmlich –, etwas Nützliches – Angemessenes usw.' (wo ‚X' eine besondere Handlung beschreibt), die ein normaler Mensch als Ausgangspunkt seiner Überlegungen, was in einem besonderen Falle zu tun sei, akzeptieren wird. (Es sei denn freilich, daß diese durch Schutzklauseln wie ‚Wenn die Umstände nicht etwas einschließen, das es verrückt machen würde' umgeben ist.) Obwohl also jemandem, der darüber nachdenkt, was er essen wird, unschwer solche allgemeinen Erwägungen wie ‚Vitamin C tut Menschen gut' (was natürlich eine medizinische Tatsache ist) in den Sinn kommen mögen, sind Erwägungen von der Form ‚Spezifisch das-und-das unter so-und-so beschaffenen Umständen zu tun, ist immer angemessen' einem normalen Menschen, streng genommen, außerhalb des Bereichs besonderer Künste überhaupt nie möglich.

§ 34 Doch müssen wir, so können wir fragen, selbst wenn wir Aristoteles folgen wollen, den Begriff ‚praktisches Schließen' auf Teile des praktischen Schließens einschränken, die der beweisenden Schlußfolgerung sehr analog erscheinen? Denn ‚Ich will eine Jersey-Kuh; auf dem Markt von Hereford gibt es gute, also fahre ich dorthin' scheint doch auch ein praktischer Schluß zu sein. Oder: ,Wenn ich sowohl X als auch Y einlade, dann wird die Atmosphäre wegen der Bemerkung, die X neulich über Y gemacht hat, und weil Y das in der-und-der Weise aufgenommen hat, angespannt sein – also werde ich nur X einladen‘. Oder auch: ,So-und-so war sehr angenehm, als wir uns das letzte Mal trafen, also werde ich ihn besuchen gehen‘. Nun würde Aristoteles angemerkt haben, daß es bloß ,Begierde‘ in einem besonderen Sinne ist (ἐπιθυμία), die im letzten Fall zur Handlung veranlaßt; kennzeichnend hierfür ist, daß die Prämisse auf etwas als bloß Angenehmes verweist. Dieser sein Hinweis ist für uns jedoch eher befremdlich, da wir nicht groß zwischen einer und einer anderen Art von Begierde unterscheiden – und wir würden sagen: ist es nicht Begierde in einem gewissen Sinne – d. h. Wollen –, die in allen Fällen zur Handlung veranlaßt? / Und ,alle Fälle‘ schließt natürlich solche mit p. 63 ein, die einen beliebig umfassenden Apparat an Verallgemeinerungen über Moral oder Medizin oder Kochen oder Forschungsmethoden oder Methoden des Gewinns von Wählerstimmen oder der Sicherung von Recht und Ordnung aufweisen, zusammen mit der Identifizierung der Fälle.

Natürlich ist das der Fall, und Aristoteles selbst unterstreicht es: Die ἀρχή (der Ausgangspunkt) ist τὸ ὀρεκτόν (das Gewollte). Die Tatsache z. B., daß alle gängigen Geometrie-Schulbücher einen falschen Beweis des Theorems der Grundlinienwinkel des gleichschenkligen Dreiecks angeben, wird keinen Lehrer dazu bewegen, diese wegzuwerfen oder sich anzuschicken, seine Schulklasse darüber aufzuklären, es sei denn, er wollte *nur* korrekte geometrische Beweise vorführen. Er wird sagen, es komme nicht darauf an; der euklidische Beweis, *pons asinorum*, ist zu schwierig; jedenfalls setze auch Euklid (so kann

99

er sagen) mit der nicht gerechtfertigten Annahme an, daß ein bestimmtes Paar von Kreisen sich schneide; und soll man denn Schüler mit Bedenken hinsichtlich des Parallelenaxioms belasten und versuchen, ihnen nicht-euklidische Geometrie beizubringen? und vieles mehr von der Art. All dies überdeckt das Wesentliche, und dies besteht darin, daß er, ob richtig oder falsch, nicht *nur* korrektes geometrisches Schließen vorführen will. Und dann wird die Frage wichtig, was er tun will. Nehmen wir an, er sei einigermaßen ehrlich und sage, er wolle seine Anstellung behalten, seine Zeit aufs ‚Unterrichten‘ verwenden, und sein Gehalt verdienen.

Diese Frage ‚Was willst Du?‘ war keine aus blauem Himmel aufgeworfene Frage, wie, ganz allgemein am Kamin gestellt, ‚Was willst Du im Leben?‘ Im Zusammenhang ist es die Frage ‚Im Hinblick worauf tust Du X, Y und Z?‘, die das sind, was er tut. Mit anderen Worten: Dies ist eine Form unserer ‚Warum?‘-Frage, aber in etwas gewandeltem Erscheinungsbild. Wird einem Menschen *diese* Frage nach dem, was er tut, gestellt, dann ist das, ‚im Hinblick worauf‘ er es tut, immer jenseits jenes Bruchs, mit dem wir im § 23 abgeschlossen haben. Denn auch dann, wenn ein Mensch das ‚tut, was er will‘, wie der Lehrer, den wir uns vorgestellt haben, dann hat er es doch nie vollständig erreicht, es sei denn insofern, als die Zeit abgelaufen ist, in der er es gewollt hat (und dies könnte seine Lebensspanne sein).

§ 35 In vier praktischen Syllogismen, die Aristoteles uns angibt, erscheinen die Ausdrücke ‚es ist angemessen‘, ‚sollte‘, und ‚angenehm‘. Die vier fraglichen universellen Prämissen lauten: /

a) Trockenes Essen ist für jeden Menschen angemessen, p. 64
b) (Ich) sollte von allem Süßen kosten,
c) Alles Süße ist angenehm,
d) So jemand sollte so etwas tun.

Die ersten drei stammen aus der „Nikomachischen Ethik", der vierte aus „De Anima"; in „De Anima" erörtert Aristoteles, was ein menschliches Wesen in physische Bewegung versetzt, und diese universelle Aussage d) ist nur das Schema einer universellen Prämisse. Daß in ihr ‚sollte' auftritt, hat ohne Zweifel zu der Auffassung beigetragen, der praktische Syllogismus sei wesentlich ethisch, aber dieser Auffassung kommt keine Plausibilität zu; es handelt sich hier nicht um eine ethische Passage, und Aristoteles legt nirgendwo nahe, der Ausgangspunkt sei irgendetwas anderes als etwas *Gewolltes*. Denken wir an das Wort für ‚sollte', ‚müßte' usw. (δεῖ), so wie es sich bei Aristoteles findet, dann sollten wir es so verstehen, wie es in der Alltagssprache vorkommt (so, wie es z. B. eben in diesem Satz vorgekommen ist), und nicht nur so, wie es in Beispielen für ‚moralischen Diskurs' von Moralphilosophen angegeben wird. Sportler sollten fit bleiben, Schwangere auf ihr Gewicht achten, Filmstars auf ihre Publicity, man sollte seine Zähne putzen, man sollte in seinen Vernügungen (nicht) wählerisch sein, man sollte (keine) ‚notwendige(n)' Lügen erzählen, Diskussionsleiter sollten Irrelevantes taktvoll unterbinden, wer Rechnen lernt, sollte sich einer gewissen Sorgfalt befleißigen, Maschinen müssen geölt, Mahlzeiten sollten pünktlich serviert werden, wir sollten in der Philosophie des Aristoteles (nicht) die Methoden der ‚Sprachanalyse' sehen; jede angemessene Auswahl an Beispielen, machen wir uns die Mühe, sie zusammenzustellen, sollte uns davon überzeugen, daß ‚sollte' ein eher unbefrachtetes Wort mit unbeschränkten Anwendungszusammenhängen ist, und es darf vermutet werden, daß Aristoteles aufgrund eben dieser Eigenart ein in etwa entsprechendes griechisches Wort auswählte, um es in die universelle Prämisse seines schematischen praktischen Syllogismus einzufügen. Der Fall b) scheint eine Situation vorauszusetzen, in der diese Prämisse einem vorgegeben ist – sie dient etwa als Anweisung an einen Unterkoch in einer Küche bei einer besonderen Gelegenheit. Aristoteles gibt uns hier [9] eine nichtige, mechanistische Theorie dafür, wie Prämissen das Zustandekommen einer Konklusion bewerkstelligen: Ist z. B. diese seltsame Prämisse zusammen mit der Information ‚Dies ist süß‘ gegeben, dann wird die Handlung des Kostens automatisch bewerkstelligt, wenn es nichts gibt, was sie verhindert. Wir stellen fest, daß diese / Prämisse die erforderliche Universalität besitzt, um die Konklusion für denjenigen notwendig zu machen, der sie akzeptiert; aus genau diesem Grunde ist sie absurd, es sei denn in der Einschränkung auf eine besondere Situation – wenn wir uns nicht ein an Zwanghaftigkeit grenzendes Zuckermaul vorstellen sollen.

p. 65

Es gibt also nichts notwendig Ethisches am Wort ‚sollte‘, so wie es in der universellen Prämisse eines praktischen Syllogismus auftritt – zumindest den Bemerkungen des Aristoteles zufolge, der diesen Begriff erfand . Wir finden jedoch ‚sollte‘, ‚es ist angemessen‘ oder ‚angenehm‘ (oder einen anderen bewertenden Terminus) in allen Beispielen, die er aufführt, und ist es vernünftig zu fragen, warum dies so ist. Ist der Ausgangspunkt eines praktischen Syllogismus etwas Gewolltes, warum sollte die erste Prämisse dann nicht ‚Ich will…‘ lauten, so wie im Beispiel ‚Ich will

---

[9] Ethica Nicomachea, 1147a 28.

eine Jersey-Kuh'? So wie ich diesen Fall entworfen habe, ist er sicherlich einer des praktischen Schließens.

Doch in einer formalen Darstellung des praktischen Schließens ist es irreführend, ‚Ich will' in eine Prämisse aufzunehmen. Um dies zu verstehen, müssen wir uns klarmachen, daß nicht alles, was ich als in den Bereich von ‚Handlungsgründen' fallend beschrieben habe, als Prämisse in einen praktischen Syllogismus eingehen kann. Zum Beispiel ist ‚Er hat meinen Vater umgebracht, also werde ich ihn umbringen' überhaupt keine Form des Schließens; ebensowenig auch ‚Ich bewundere ihn so sehr, daß ich die Petition, die er unterstützt, unterschreiben werde'. Der Unterschied besteht darin, daß es in diesen beiden Fällen keine Kalkulation gibt. Die Konjunktion ‚also' ist nicht notwendig das Kennzeichen einer Kalkulation.

Jemand könnte sagen: ‚Wenn ›Er war sehr angenehm … also werde ich ihn besuchen‹ als Schluß bezeichnet werden kann, warum dann nicht auch ›Ich bewundere … also werde ich unterschreiben‹?'. Die Antwort lautet, daß auch ersteres nicht einen Schluß oder eine Kalkulation darstellt, wenn dadurch nahegelegt werden soll, daß ich z. B. seine Freundlichkeit erwidere, diesen Grund für den Akt der Höflichkeit habe, einen Besuch abzustatten; soll aber nahegelegt werden: ‚Also wird es wahrscheinlich angenehm sein, ihn wiederzusehen, also werde ich ihn besuchen', dann handelt es sich um einen Schluß; und natürlich wird nur unter diesem Aspekt behauptet, daß ‚Begierde' im eingeschränkten Sinne (ἐπιθυμία) die Handlung veranlasse. Und ähnlich: ‚Ich bewundere … und der beste Weg, dies zum Ausdruck zu bringen, ist meine Unterschrift, also werde ich … unterschreiben' ist ein Fall von Kalkulieren, und lautet der Gedankengang so, dann können wir wiederum von praktischem Schließen sprechen.

Natürlich kann ‚Er war angenehm… Wie kann ich das erwidern? … Ich werde ihn besuchen' vorkommen und so dieser Fall die Form einer Kalkulation annehmen. Hier wird eine Erwiderung, *in dieser Beschreibung*, zum /

p. 66 Gegenstand des Wunsches; aber was ist die Bedeutung von ‚eine Erwiderung'? Die primitive, spontane Form steht hinter der Bildung des Begriffs der ‚Erwiderung', die, *einmal gebildet*, zum Gegenstand des Wunsches gemacht werden kann; aber im primitiven, spontanen Fall ist es die Form: ‚Er war nett zu mir – ich werde ihn besuchen'; und ähnlich im Falle der Rache, obwohl, existiert der Begriff der ‚Rache' einmal, diese zum Gegenstand gemacht werden kann, wie bei Hamlet. Wir müssen stets im Sinn behalten, daß es nicht der Gegenstand an sich ist, der das *ist*, wonach wir streben; die Beschreibung, *in der* wir nach ihm streben, ist diejenige, in der er als der Gegenstand *bezeichnet* wird.

Dann ist auch ‚Ich will das, also tue ich es' keine Form des praktischen Schließens. Die Rolle von ‚Wollen' im praktischen Syllogismus ist von der einer Prämisse durchaus verschieden. Sie besteht darin, daß, was auch immer in der Proposition beschrieben wird, die den Ausgangspunkt des Arguments bildet, gewollt werden muß, damit der Schluß zu irgendeiner Handlung führen kann. Dann war die Form ‚Ich will eine Jersey-Kuh, es gibt gute auf dem Markt von Hereford, also fahre ich dorthin' formal falsch angelegt: Der praktische Schluß sollte nur in der Form ‚Auf dem Markt von Hereford gibt es Jersey-Kühe, also fahre ich dorthin' angegeben werden. Ähnlich stellt ‚Trockene Nahrung' (was auch immer Aristoteles hiermit gemeint hat; es klingt nach einer seltsamen diätetischen Theorie) ‚ist für jeden angemessen usw., also werde ich hiervon etwas nehmen' einen Schluß dar, der nur in jemandem vorgeht, der angemessene Nahrung essen will.

Das heißt, sie wird jedenfalls nur für den in der Konklusion enden, der angemessene Nahrung essen will. Jemand, der von jedem solchen Wunsch frei wäre, könnte durchaus bis hin zur Konklusion kalkulieren oder schließen, diese aber weglassen oder abändern in – ‚Also wäre es eine gute Idee, dies zu essen (wenn ich angemessene Nahrung essen wollte)‘. Grob gesprochen können wir sagen, daß der Schluß, welcher zu einer Handlung führt, uns instand setzen würde, abzuleiten, was der Mensch, der so schließt, wollte – z. B. daß er wahrscheinlich eine Jersey-Kuh besichtigen, kaufen oder stehlen wollte.

Es besteht ein Gegensatz zwischen den beiden Propositionen ‚Auf dem Markt von Hereford gibt es einige gute Jerseys‘ und ‚Trockene Nahrung ist für jeden Menschen angemessen‘, wenn man von der Annahme ausgeht, daß beide als praktische Prämissen auftreten, d. h. daß der Mann, der die eine verwendet, sich nach Hereford aufmacht, und daß der Mann, der die andere verwendet, etwas von dem Gericht nimmt, das er vor sich sieht, im Glauben, es handele sich um eine Portion von irgendeiner Art trockener Nahrung. Im ersten Fall kann die Frage auftauchen ‚Wozu brauchst Du eine Jersey-Kuh?‘; hingegen bedeutet die Frage ‚Wozu brauchst Du angemessene Nahrung?‘, wenn überhaupt etwas, dann ‚Hör auf, an Nahrung nur als angemessen / oder unangemessen zu p. 67 denken‘ – wie dies z. B. jemand sagen könnte, der die Auffassung bevorzugt, daß Menschen ihr Essen nur genießen sollten, oder der den Mann als Hypochonder betrachtet.

§ 36 Es ist eine vertraute Doktrin, daß Menschen alles wollen können; d. h., daß in ‚A will X‘ ‚X‘ über alle beschreibbaren Objekte oder Sachverhalte variiert. Diese Doktrin ist unhaltbar; z. B. ist der Bereich auf gegenwärtige oder zukünftige Objekte und auf zukünftige Sachverhalte eingeschränkt, denn wir betrachten hier nicht bloßes Wünschen. Es ist ein hauptsächliches Kennzeichen bloßen Wünschens, daß ein Mensch – ob er nun dazu in der Lage wäre oder nicht – nichts in Richtung auf die Erfüllung des Wunsches tut. Vielleicht kann die vertraute Doktrin, die ich erwähnt habe, berichtigt werden, indem sie auf Wünschen eingeschränkt wird. Der primitivste Ausdruck des Wünschens ist z. B. ‚Oh, wenn doch nur…!‘ – wenn doch nur $\sqrt{2}$ kommensurabel wäre, oder wenn doch Helena noch am Leben wäre, oder die Sonne explodieren würde, oder ich den Mond auf meiner Handfläche halten könnte, oder Troja nicht gefallen wäre, oder wenn ich doch Millionär wäre. Es ist eine besondere Ausdrucksform, zu der ein charakteristischer Tonfall gehört; und es könnte lehrreich sein zu fragen, wie eine solche Form identifiziert wird (z. B. in einer Sprache, die durch den Gebrauch erlernt wurde); aber dies betrifft uns hier nicht. ‚Wollen‘ kann natürlich auf das Brennen der Begierde beim Gedanken an einen Gegenstand oder bei dessen Anblick angewandt werden, obwohl ein Mensch dann nichts dazu tut, um den Gegenstand zu erlangen. Wo nun ein Gegenstand, der ein Gefühl des Verlangens erweckt, ein zukünftiger Sachverhalt ist, auf den zumindest eine gewisse Aussicht besteht, dort muß Wollen, wie dies Verlangen genannt werden kann, wenn es aufrechterhalten wird, kaum von bloßem Wünschen unterschieden werden; je mehr die Sache als wahrscheinlich ins Auge gefaßt wird, um so mehr verwandelt sich Wünschen in Wollen – sofern es sich nicht angesichts der Möglichkeit in Luft auflöst. Solches Wollen ist Hoffnung. Hingegen ist Wollen im Sinne der brennenden Begierde damit vereinbar, daß man überhaupt nichts tut, um das Gewollte zu bekommen, obwohl man etwas tun könnte; darauf zu hoffen, daß etwas geschieht, das man aus eigener Kraft versuchen könnte zuwege zu bringen, und doch nichts tun, um es zustande zu bringen, ist hingegen Hoffnung von eher degenerierter Art; oder ‚*Hoffnung*, daß es geschehen werde‘, obwohl ich nichts von all dem tue, wovon ich weiß, daß ich es daraufhin tun könnte, ist eher ‚Hoffnung, daß es *ohne* irgendein Zutun meinerseits geschehen werde‘: ein anderer Gegenstand als der der ersten Hoffnung.

Das Wollen, das uns interessiert, ist jedoch weder Wünschen noch Hoffen, noch das Gefühl der Begierde, und von ihm kann nicht gesagt werden, es / bestehe in einem Menschen, der nichts unternimmt, um das zu bekommen, was er will.

Das primitive Zeichen des Wollens ist *Trachten nach*; das natürlich nur solchen Geschöpfen zugeschrieben werden kann, die mit Sinnesempfindung ausgestattet sind. Daher handelt es sich nicht nur um bloße Bewegung oder um das sich nach einer Sache Strecken, sondern um diese bei einem Geschöpf, von dem gesagt werden kann, es wisse von der Sache. Andererseits kann Wissen selbst nicht unabhängig vom Willen beschrieben werden; die Zuschreibung von sinnlichem Wissen und von Willen gehen Hand in Hand miteinander. Es war schon immer eine implizite Vorstellung des Phänomenalismus, daß z. B. die Kenntnis der Bedeutung von Farbwörtern nur eine Frage des Aufgreifens und Benennens bestimmter wahrgenommener Unterschiede und Ähnlichkeiten zwischen Gegenständen sei. Und diese Art der Vorstellung ist nicht tot, obwohl Phänomenalismus nicht in Mode ist. Ein moderner Psammetichus, beeinflußt von Erkenntnistheoretikern, könnte ein Kind von Menschen versorgen lassen, deren Anweisungen lauteten, dem Kind im *Umgang* mit ihm kein Zeichen zu geben, aber öfter die Namen der

Gegenstände und Eigenschaften auszusprechen, die sich ihrer Auffassung nach in seinem Wahrnehmungsfeld befinden, um herauszufinden, welche Dinge oder Eigenschaften Menschen zu allererst zu benennen lernen. Doch ist z. B. die Identifizierung, die durch die Namen von Farben geleistet wird, primär tatsächlich nicht die von Farben, sondern von Gegenständen nach ihren Farben; und daher besteht auch das erste Kennzeichen der Farbunterscheidung darin, etwas mit Gegenständen zu tun – sie zu holen, zu tragen, sie niederzulegen – ihrer Farbe entsprechend. Also sind das sinnliche Unterscheidungsvermögen und das des Willens untrennbar; man kann ein Geschöpf nicht als eines beschreiben, dem das sinnliche Vermögen zukommt, ohne es zugleich als eines zu beschreiben, das Dinge in Übereinstimmung mit wahrgenommenen sinnlichen Unterschieden tut. (Dies heißt natürlich nicht, daß jede Wahrnehmung von einer Handlung begleitet sein muß; weil dies nicht so ist, kann eine Erkenntnistheorie entworfen werden, derzufolge die Namen der Wahrnehmungsgegenstände durch eine Art hinweisender Definition angegeben werden.)

Das primitive Zeichen des Wollens ist *Trachten nach*: wenn wir dies sagen, dann beschreiben wir die Bewegung eines Tieres in Termen, die über das, was das Tier jetzt tut, hinausgehen. Wenn ein Hund ein Stück Fleisch riecht, das auf der anderen Seite der Tür liegt, dann besteht sein Trachten danach darin, heftig an den Türkanten zu kratzen und am Türsockel zu schnüffeln und so weiter. Dem Wollen haften also zwei Merkmale an; die Bewegung auf ein Ding zu und das Wissen (oder zumindest die Meinung), daß das Ding da sei. / Betrachten wir menschliches Handeln, obwohl dies viel verwickelter ist, dann bestehen hier dieselben Merkmale unter der Voraussetzung, daß das, was gewollt wird, schon existiert: Wie etwa eine

p. 69

108

bestimmte Jersey-Kuh, von der man vermutet, daß sie auf dem Markt von Hereford feilgeboten wird, oder eine bestimmte Frau, die zur Heirat begehrt wird.

Aber ein Mann kann *eine* Kuh wollen, nicht eine bestimmte Kuh, oder *eine* Ehefrau. Hieraus entsteht eine Schwierigkeit, die am besten vom Standpunkt der Theorie der Beschreibungen her zum Ausdruck gebracht wird. Denn wir können ‚A will eine Kuh‘ nicht als ‚Es ist nicht immer von x falsch, daß x eine Kuh ist und A will x‘ wiedergeben. Und wir können dieser Schwierigkeit auch nicht entgehen, indem wir Glauben in unsere Analyse einführen und dann von Russells Feststellung über Glauben Gebrauch machen: Daß nämlich ‚A glaubt, daß im Garten eine Kuh ist‘ nicht ‚Es ist nicht immer falsch von x, daß x eine Kuh ist und A glaubt, daß x im Garten ist‘ heißen kann, sondern ‚A glaubt, daß es nicht immer falsch von x ist, …‘. Denn offensichtlich schließt, eine Kuh zu wollen, nicht notwendig einen Glauben ‚Eine Kuh ist –‘ mit ein; und noch weniger schließt, eine Ehefrau zu wollen, einen Glauben ‚Eine Ehefrau von mir ist –‘ mit ein. Eine ähnliche Schwierigkeit kann durchaus auch im Hinblick auf Tiere entstehen: Wir sagen, die Katze wartet am Mauseloch auf *eine* Maus, aber angenommen, es gibt *keine* Maus? Hier *ist* es jedoch vernünftig genug, Glauben einzuführen und zu sagen, die Katze *glaube*, da sei eine Maus: Ich meine einen solchen Ausdruck geradeso, wie er ganz natürlich geäußert werden würde. Und obwohl es ziemlich komisch erscheint, Russells Analyse auf die ‚Gedanken‘ einer Katze anzuwenden, gibt es hier keinen wirklichen Einwand; denn unsere Schwierigkeit war logischer Natur und betraf den Status des denotativen Ausdrucks ‚eine Maus‘ in ‚Die Katze wartet auf eine Maus‘, und nicht eine, die das betraf, was in Katzenseelen vorgehen könnte; Russells Analyse kann also dafür verwandt werden, diese Schwierigkeit aufzulösen. Und auch wenn wir sagen ‚Der Hund will einen Knochen', gibt es keine großen Schwierigkeiten; denn wir können sagen, daß der Hund weiß, daß in der Einkaufstasche Knochen sind, daß er aufgeregt ist und so weiter oder daß er um diese Zeit immer einen Knochen bekommt und daher so lange in einem Zustand der Aufregung und Unbefriedigtheit ist, bis er einen bekommt. Will aber ein Mann eine Ehefrau, dann scheinen größere Schwierigkeiten zu bestehen. Wir müssen sagen: Er will, daß ‚Es ist nicht immer falsch von x …' wahr *wird*. (Hier weiche ich insofern von der Auffassung Russells ab, als ich behauptete, daß Propositionen variabel in ihrem Wahrheitswert sein können; ich würde dies – aus anderen Gründen – in jedem Fall tun. Aber als Folge wird das Wort ‚immer' leicht irreführend, und so würde ich es durch die gebräuchlichere Form ersetzen: Es ist nicht für alle x nicht der Fall, daß …) /

p. 70   Es zeigt sich also, daß die besonderen Probleme, die mit indefiniten Beschreibungen verbunden sind, für eine Darstellung des Wollens keine eigenen Schwierigkeiten schaffen; die Schwierigkeit ist hier diejenige, die allgemein entsteht, wenn der Gegenstand des Wollens nicht etwas ist, das existiert oder wovon der Handelnde annimmt, daß es existiert. Denn wir sprachen davon, daß dem ‚Wollen' zwei Merkmale anhaften: Bewegung auf eine Sache zu und Wissen oder zumindest Meinung, daß die Sache da ist. Wo aber von dem Gewollten nicht einmal angenommen wird, es existiere, wenn es etwa in einem zukünftigen Sachverhalt besteht, dort müssen wir eher von einer Vorstellung als von Wissen oder Meinung sprechen. Und aus unseren beiden Merkmalen wird: eine Art der Handlung oder Bewegung, die (so nimmt der Handelnde zumindest an) der Hinführung auf etwas dient, und die Vorstellung von diesem Etwas.

110

Jene anderen Bedeutungen von ‚Wollen', die wir angemerkt haben, sind in einer Untersuchung von Handlung
und Absicht von keinerlei Interesse.

§ 37 Gibt es hinsichtlich möglicher Gegenstände des
Wollens noch irgendwelche weiteren Einschränkungen
über diejenigen hinaus, die wir erwähnt haben, wenn die
Vorstellung davon, was (tatsächlich) gewollt wird, in der
ersten Prämisse eines praktischen Syllogismus zum Ausdruck gebracht wird? Es gibt, so können wir sagen, keine
weiteren absoluten Einschränkungen, aber es gibt einige
relative. Denn wenn, wie ich bemerkt habe, ‚Es gibt gute
Jerseys auf dem Markt von Hereford' als Prämisse verwendet wird, dann kann gefragt werden: ‚Wozu willst Du
eine Jersey?'. Nimm an, die Antwort lautet: ‚Eine Jersey
würde meinen Bedürfnissen besonders entsprechen'. –
Und tatsächlich wäre dies oder etwas in dieser Form
dasjenige, was Aristoteles als erste Prämisse akzeptieren
würde: In der von ihm gewählten Form würde der Schluß
so verlaufen: ‚1) Jeder Bauer mit einem Hof wie dem
meinen könnte eine Kuh mit den-und-den Eigenschaften
brauchen, 2) z. B. eine Jersey'. Jetzt gibt es für eine
weitere Frage „Wozu willst Du ‚das, was Du brauchen
könntest'?" keinen Raum mehr. Mit anderen Worten: Die
nun angegebene Prämisse hat das Gewollte als begehrenswert charakterisiert.
Aber kann man nicht jedes Ding wollen, oder zumindest
jedes vielleicht erreichbare? Für jeden, der so denkt, wird
es lehrreich sein, an jemanden heranzutreten und zu
sagen: ‚Ich will eine Schüssel voll Schlamm' oder ‚Ich will
einen Bergeschenzweig'. Wahrscheinlich wird er danach
gefragt werden, wozu; nimm an, er antwortet hierauf, er
wolle das nicht *zu* irgend etwas, er wolle es einfach so. Es
ist wahrscheinlich, daß der andere dann versteht, daß es

hier nur um ein philosophisches Beispiel geht, und die Sache nicht weiter verfolgt; doch angenommen, daß ihm dies nicht klar wird, und er unseren Mann dennoch nicht als schwachköpfig schwätzenden Tölpel abtut, würde / er dann nicht herauszufinden versuchen, unter welchem Aspekt der begehrte Gegenstand begehrenswert ist? Dient er als Symbol? Ist er irgendwie reizvoll? Will der Mann etwas besitzen, und weiter nichts? Lautet nun die Antwort: ‚Philosophen haben gelehrt, daß alles der Gegenstand einer Begierde sein kann; so kann für mich also keine Notwendigkeit bestehen, diese Gegenstände als irgendwie begehrenswert zu charakterisieren; es ist einfach so, daß ich sie will', dann ist dies schierer Unsinn.

Aber kann nicht ein Mensch nach allem *trachten*, was erreichbar ist? Er kann sich sicherlich Gegenständen annähern, die er sieht, sie holen und bei sich behalten; vielleicht schützt er sie dann nachdrücklich vor erneuter Entfernung. Aber hier zeigt sich bereits ein Sinn: Dies ist sein Eigentum, er wollte es besitzen; vielleicht ist er ein Idiot, aber sein ‚Wollen' ist als solches erkennbar. Daher kann *er* vielleicht sagen ‚Ich will eine Schüssel voll Schlamm'. Nun ist, ‚Ich will' zu sagen, oft ein Mittel, etwas zu bekommen; nehmen wir also an, jemand sagt aus blauem Himmel ‚Ich will eine Nadel' und leugnet, daß er sie *für* etwas will, wir geben sie ihm und sehen zu, was er damit tut. Sagen wir, daß er sie nimmt, lächelt und sagt: ‚Danke sehr. Meinem Wollen ist Genüge getan' – doch was tut er mit der Nadel? Legt er sie nieder und vergißt sie, in welchem Sinne war es dann wahr zu sagen, er habe eine Nadel gewollt? Er hat diese Worte mit der Wirkung gebraucht, daß ihm eine Nadel gegeben wurde; aber welchen Grund haben wir zu sagen, er habe eine Nadel gewollt, anstatt: Er habe sehen wollen, ob wir uns die Mühe machen würden, ihm eine zu geben?

112

Es geht nicht einfach darum, was beim Wollen gebräuchlich ist und was nicht. Es ist überhaupt nicht klar, was es
hieß zu sagen: dieser Mann wollte einfach eine Nadel.
Natürlich, wenn er nun hierauf immer, oder zumindest
für eine gewisse Zeit, sorgsam darauf achtet, die Nadel in
seiner Hand zu tragen, dann können wir vielleicht sagen:
Es scheint, daß er wirklich diese Nadel wollte. Dann kann
die Antwort auf ‚Wozu brauchst Du sie?‘ vielleicht lauten
‚Um sie mit mir herumzutragen‘, so wie ein Mensch einen
Stock wollen kann. Aber erneut gibt es hier eine weitere
Charakterisierung: ‚Ohne sie fühle ich mich nicht wohl; es
ist angenehm, eine zu haben‘ und so weiter. Ohne irgendeine Charakterisierung zu sagen ‚Ich will das *bloß*‘ heißt,
das Wort seines Sinnes zu entkleiden; besteht er darauf,
das Ding zu ‚haben‘, dann wollen wir wissen, worauf
‚Haben‘ hinausläuft.

Dann stellen die Termini des Aristoteles: ‚Sollte‘, ‚ist
angemessen‘, ‚angenehm‘ Charakterisierungen dessen
dar, worauf sie als etwas Begehrenswertes Anwendung
finden. Solch eine Charakterisierung hat die Konsequenz,
daß keine weiteren ‚Wozu?‘-Fragen, bezogen auf das so in
einer Prämisse auftretende Charakteristikum, / irgendeine p. 72
Antwort erfordern. Wir haben gesehen, daß zumindest
manchmal eine Beschreibung eines gewollten Gegenstandes einer solchen Frage unterworfen ist, d. h.: eine solche
Frage nach der Beschreibung erfordert eine Antwort. Aus
eben diesem Grunde zeigen die Formen des praktischen
Syllogismus des Aristoteles solche ersten Prämissen.

Aristoteles führt uns einen weiteren praktischen Syllogismus vor, wenn er bemerkt, ‚ein Mensch könnte wissen,
daß leichtes Fleisch gut verdaulich und gesund ist, aber
nicht wissen, welches Fleisch leicht ist‘.[10] Hier könnte es

---

[10] Ethica Nicomachea, 1141 b 18.

scheinen, als ob die Beschreibung ‚gut verdaulich und gesund' keine reine Charakterisierung-als-begeherenswert sei. Da aber gesund soviel wie gut für die Gesundheit heißt, und Gesundheit kraft Definition der *gute* Allgemeinzustand des physischen Organismus ist, ist die Charakterisierung als gültige erste Prämisse adäquat und muß nicht etwa durch ‚Gesundheit ist ein menschliches Gut' (eine Tautologie) ergänzt werden.

§ 38 Wir wollen nun den konkreten Fall betrachten, in dem eine Charakterisierung-als-begehrenswert eine letzte Antwort auf die Reihe der ‚Wozu?'-Fragen gibt, die sich in bezug auf eine Handlung stellen. Im gegenwärtigen Zustand der Philosophie scheint es notwendig zu sein, ein Beispiel zu wählen, das nicht dadurch verschleiert ist, daß seitens des Verfassers oder des Lesers moralische Billigung ins Spiel gebracht wird; denn eine solche Billigung ist für die logischen Merkmale des praktischen Schließens tatsächlich irrelevant; wird sie aber wachgerufen, dann kann es so erscheinen, als ob sie eine bedeutsame Rolle spiele. Die Nazis, die so gut wie allgemein verabscheut werden, können uns hier offenbar mit angemessenem Material versehen. Wir wollen uns einige Nazis vorstellen, die ihres Todes gewiß in einer Falle gefangen sind. In der Nähe haben sie ein Lager voll jüdischer Kinder. Einer von ihnen wählt eine Stellung aus und beginnt, einen Mörser aufzubauen. Warum diese Stellung? – Jede Stellung mit denund-den Charakteristika – und diese hat sie – ist brauchbar. Warum den Mörser aufbauen? – Das ist das beste Mittel, um die jüdischen Kinder umzubringen. Warum die jüdischen Kinder umbringen? Es ziemt sich für einen Nazi, muß er sterben, seine letzte Stunde damit zu verbringen, Juden zu vernichten. (Ich bin ein Nazi, dies ist meine letzte Stunde, hier sind einige Juden.) Jetzt sind wir bei einer Charakterisierung-als-begehrenswert angekommen, die den ‚Wozu?'-Fragen ein Ende setzt.

Aristoteles scheint die Auffassung vertreten zu haben, die Gründe jeder von einem rational Handelnden vollzogenen Handlung könnten als Prämissen dargetan werden, die eine Charakterisierung-als-begehrenswert enthält; und wie wir / gesehen haben, gibt es für diese Sichtweise p. 73 überall dort einen vernünftigen Grund, wo es eine Kalkulation von Mitteln zu einem Zweck gibt, oder von Vorgehensweisen, das zu tun, was man tun will. Natürlich ist auch ‚Vergnügen' eine Charakterisierung-als-begehrenswert, oder ‚angenehm': ‚So-und-so eine Art von Ding ist angenehm' ist eine der möglichen ersten Prämissen. Aber kann nicht *alles* angenehm sein? Es scheint doch alles nur davon abzuhängen, wie der Handelnde es empfindet! Doch *kann* wirklich alles angenehm sein? Stell Dir vor, Du sagst ‚Ich will eine Nadel', und, gefragt warum, sagst Du ‚Zum Vergnügen'; oder ‚Weil es angenehm ist'. Dann würde nach einer Darstellung gefragt werden, aus der zumindest entfernt hervorgehen würde, daß es hier etwas Angenehmes gab. Hobbes[11] glaubte, obwohl vielleicht zu Unrecht, daß es nicht so etwas wie Lust an bloßer Grausamkeit geben könne, einfach am Leiden eines anderen; aber er befand sich nicht *so* sehr im Unrecht, wie wir geneigt sind anzunehmen. Er ging in der Annahme fehl, Grausamkeit müsse einen Zweck haben: wohl aber muß sie eine Pointe haben. Um diese Lust zu veranschaulichen, zitieren Menschen Begrifflichkeiten wie die der Macht, oder vielleicht des Abrechnens mit der Welt, oder vielleicht der sexuellen Erregung. Niemand müßte die Lüste des Essens und Trinkens mit solchen Erklärungen umgeben.

---

[11] Leviathan, Teil 1, Kap. VI.

Die Erläuterungen des Aristoteles zur Handlung eines rational Handelnden decken den Fall ‚Ich habe es eben getan, aus keinem besonderen Grunde' nicht ab. Aber dort, wo diese Antwort ehrlich ist, gibt es keine Kalkulation und daher keine mittleren Prämissen (wie ‚Jede Stellung mit den-und-den Charakteristika ist geeignet, um meinen Mörser aufzustellen' und ‚Dies ist das beste Mittel, um die Kinder umzubringen'), denen man mit der ‚Wozu?'-Frage weiter zu Leibe rücken könnte. Wir können also feststellen, wie wir es getan haben, daß diese Art der Handlung ‚aus keinem besonderen Grunde' existiert, und daß es hier natürlich keine Charakterisierung-als-begehrenswert gibt, ohne daß dies jedoch zeigen würde, daß die Forderung nach einer Charakterisierung-als-be-gehrenswert überall dort falsch wäre, wo es überhaupt einen Vorsatz gibt.

Mit ‚Es ziemt sich für einen Nazi, wenn er sterben muß, seine letzte Stunde mit der Vernichtung von Juden zu verbringen' haben wir daher einen Abschluß der Untersuchung jener besonderen Anordnung von Gründen erreicht, der Aristoteles den Namen ‚praktisch' gab. Oder anders: Wir haben den ersten Ausgangspunkt erreicht und können nicht weiter blicken. (Die Frage ‚Warum ein Nazi sein?' ist keine Fortsetzung *dieser* Reihe; sie zielt auf eine der besonderen Prämissen.) Jede Prämisse, die in einem vorliegenden ‚praktischen Schluß' wirklich als erste Prämisse funktioniert, enthält die Beschreibung von etwas

p. 74 Gewolltem; bei den dazwischenliegenden Prämissen / tritt hingegen die Frage ‚Wozu willst Du das?' auf – bis wir zuletzt bei der Charakterisierung-als-begehrenswert ankommen, für die sich die Frage ‚Wozu willst Du das?' nicht stellt, oder bei der sie, wird sie gestellt, nicht dieselbe Pointe hat, wie wir im Beispiel von der ‚angemessenen Nahrung' beobachtet haben.

116

Damit will ich keinesfalls die Vermutung nahelegen, es gebe nicht so etwas wie einen Einwand oder ein Argument gegen die erste Prämisse, oder dagegen, sie zur ersten Prämisse zu machen. Ich denke auch nicht an ihre moralische Ablehnung; ich ziehe es vor, dies außer Betracht zu lassen. Es gibt jedoch andere Arten, an ihr Anstoß zu nehmen oder sie abzulehnen. Die erste besteht darin, die Prämisse für falsch zu halten; so wie ein Diätetiker die Ansichten des Aristoteles über trockene Nahrung für falsch halten könnte. Es ziemt sich freilich für einen Nazi, Juden zu vernichten, so könnte der Kritiker einwenden, es gibt jedoch ein Nazisterbesakrament, und dies ist es, was sich für einen Nazi angesichts des Todes wirklich ziemt, wenn er die Zeit dafür hat. Oder der Kritiker könnte leugnen, daß es sich überhaupt für einen Nazi als solchen ziemt, Juden zu vernichten. Diese beiden Einsprüche wären jedoch inkorrekt, so daß wir sofort zu anderen Formen des Einwands übergehen können. Alle diese gestehen die Wahrheit der Proposition zu, und alle außer einer richten sich gegen die Begierde nach dem, was in ihr erwähnt wird, und zwar danach, das zu tun, was sich für einen Nazi in der Todesstunde geziemt. Diejenige, die sich nicht dagegen richtet, lautet: ‚Ja, das ziemt sich für einen Nazi, aber das gilt auch für das-und-das: Warum nicht statt dessen etwas tun, was unter *diese* Beschreibung fällt, nämlich...'. Eine andere besagt: ‚Sicher, aber in diesem Moment verliere ich alles Interesse daran, das zu tun, was sich für einen Nazi ziemt'. Und eine weitere lautet: ‚Obwohl sich dies für einen Nazi ziemt, muß er es doch eigentlich nicht tun. Nazismus ist nicht so unmenschlich; er verlangt einem Menschen nicht immer ab, bis zum äußersten zu gehen: Nein, es ist durchaus damit vereinbar, ein guter Nazi zu sein, sich sanften und zärtlichen Gedanken an Zuhause, an die Familie, an die Freunde hinzugeben, unsere Lieder zu singen und auf das Wohl derer, die wir lieben zu trinken'. Folgt er irgendeiner dieser Überlegungen, dann versagt der besondere praktische Syllogismus unseres ursprünglich betrachteten Nazi, obwohl nicht deshalb, weil die Prämisse irgendwie falsch wäre, nicht einmal nach seiner eigenen Auffassung, und auch nicht aufgrund irgendeines Fehlers in seiner praktischen Kalkulation.

§ 39 Ein (formales) ethisches Argument gegen den Nazi könnte vielleicht den Begriff davon, ,was ein *Mensch* tun sollte'[12], der / ursprünglichen Prämisse des Nazi entgegensetzen; es könnte ein Standpunkt vertreten werden, von dem aus betrachtet beiläufig folgen würde, daß es sich für einen Menschen nicht ziemt, ein Nazi zu sein, da ein Mensch nicht das tun sollte, was sich für einen Nazi ziemt. Es ist natürlich eine rein akademische Angelegenheit, sich dies vorzustellen; wäre der Vertreter des moralischen Einwands geschickt, dann würde er sich einer der drei letzterwähnten Methoden bedienen, um gegen den Helden vorzugehen, von denen die erste höchstwahrscheinlich die beste wäre. Die folgende (vage) Frage wird jedoch in der einen oder anderen Form oft gestellt: Wenn letztlich für vorsätzliches Handeln Charakterisierungen-als-begehrenswert erforderlich sind, müssen dann nicht diejenigen, die sich auf menschliches Gut als solches beziehen (im Gegensatz zum Gut von Filmstars oder Ladenbesitzern),

p. 75

---

[12] Aber ist es nicht durchaus möglich zu sagen: ,In diesem Moment habe ich überhaupt kein Interesse mehr daran, das zu tun, was sich für einen Menschen ziemt'? Wenn Aristoteles dies anders gesehen hat, dann war er sicher im Unrecht. Ich habe den Verdacht, daß er annahm, ein Mensch könne dieses Interesse nicht verlieren, es sei denn unter dem Einfluß unmäßiger Leidenschaft oder durch ,Grobheit' (ἀγροικία), d. h. mangelnde Empfindsamkeit.

in irgendeiner obskuren Weise zwingend sein, sofern sie geglaubt werden? Daher *muß* jemand, der diese richtig versteht, gut sein; oder zumindest *muß* er (logisch) einen Weg im Rahmen eines bestimmten zulässigen Bereichs einschlagen, oder aber sich schämen. Eine irgendwie so geartete Vorstellung steht ebenfalls hinter der Anschauung, der praktische Syllogismus sei ethisch.

‚Böses, sei Du mein Gut‘ wird oft als in irgendeiner Weise sinnlos betrachtet. Hier beschäftigt uns nun ausschließlich die Tatsache, daß ‚Was ist daran gut?‘ nur so lange gefragt werden kann, bis eine Charakterisierung-als-begehrenswert erreicht und verständlich gemacht wurde. Lautet nun die Antwort auf diese Frage in einem bestimmten Stadium ‚Das Gute daran ist, daß es schlecht ist‘, dann muß dies nicht unverständlich sein; man kann fortfahren und sagen ‚Und was ist daran gut, daß es schlecht ist?‘, die Antwort worauf in einer Verdammung des Guten als ohnmächtig, sklavisch und ruhmlos bestehen könnte. Dann ist das Gute daran, das Böse zu meinem Gut zu machen, meine unverletzte Freiheit in der Unbeugsamkeit meines Willens. *Bonum est multiplex:* Das Gute ist vielfältig, und alles, was für unseren Begriff des ‚Wollens‘ erforderlich ist, besteht darin, daß ein Mensch dasjenige, was er will, unter dem Aspekt eines Guts sehen muß. Bevor wir eine Sammlung drei Zoll langer Knochensplitter, sollte dies das Ziel eines Menschen sein, als ein Ziel verstehen können, wollen wir zuerst dessen Lobpreis hören; es wäre gekünstelt zu sagen ‚Man kann alles wollen und *zufällig* will ich dies‘, und tatsächlich redet so kein Sammler; niemand redet so, es sei denn im Ärger und um dem lästigen Ausfragen ein Ende zu machen. Strebt aber ein Mensch nach Gesundheit und Lust, dann ist die Untersuchung ‚Was ist daran gut?‘ unverständig. Was die Gründe dagegen angeht, daß ein Mensch eins von diesen zu seiner hauptsächlichen Aufgabe macht; und ob es Rangordnungen der menschlichen Güter gibt, ob z. B. einige bedeutender als andere sind, und ob, dies vorausgesetzt, ein Mensch / die bedeutenderen den unbedeutenderen vorziehen sollte,[13] und unter welcher Strafe; diese Frage wäre der Ethik zuzurechnen, wenn es eine solche Wissenschaft gibt. Ich will hier lediglich vorbringen, daß die Tatsache, daß es *irgendeiner* Charakterisierung-als-begehrenswert bedarf, nicht im mindesten darauf hindeutet, auch nur *eine* von diesen sei mit einer Art Notwendigkeit hinsichtlich des Wollens ausgestattet. Es kann aber dennoch sein, daß der Mensch, der sagt ,Böses, sei Du mein Gut', so wie wir dies beschrieben haben, gedankliche Fehler begeht; diese Frage gehört in die Ethik.

§ 40 Die begriffliche Verbindung zwischen ,Wollen' (in dem von uns abgehobenen Sinne, denn natürlich sprechen wir nicht vom ,Ich will' eines Kindes, das nach etwas schreit) und ,gut' kann mit der begrifflichen Verbindung zwischen ,Urteil' und ,Wahrheit' verglichen werden. Wahrheit ist der Gegenstand des Urteils, und das Gute der Gegenstand des Wollens; hieraus folgt weder, daß jedes Urteil wahr, noch, daß alles Gewollte gut sein muß. Es besteht jedoch zwischen diesen beiden Begriffspaaren auch ein gewisser Gegensatz. Denn man kann Wahrheit nicht erklären, ohne Verstand, Urteil oder Propositionen als ihr Subjekt einzuführen, in deren irgendwie gearteter Beziehung zu den Dingen, die man weiß oder über die man ein Urteil fällt, Wahrheit besteht; ,Wahrheit' wird dem zugeschrieben, das in dieser Beziehung steht, nicht den Dingen. Mit ,Gut' und ,Wollen' verhält es sich

---

[13] Natürlich leugne ich mit Hume, wenn auch ohne seine Emphase zu teilen, daß diese Bevorzugung als solche in irgendeinem Sinne ,durch Vernunft gefordert' sein kann.

umgekehrt; eine Darstellung von ‚Wollen' führt, wie wir bemerkt haben, das Gute als dessen Gegenstand ein, und Gut-Sein von der einen oder anderen Art wird primär den Gegenständen, nicht dem Wollen zugeschrieben: Man will einen *guten Kessel*, hat aber eine *wahre Vorstellung* von einem Kessel (im Gegensatz dazu, einen Kessel gut zu wollen, oder die Vorstellung von einem wahren Kessel zu haben). Gut-Sein wird dem Wollen kraft des Gut-Seins (nicht der Verwirklichung) dessen, was gewollt wird, zugeschrieben; hingegen wird Wahrheit unmittelbar Urteilen zugeschrieben, und zwar kraft dessen, was wirklich der Fall *ist*. Jedoch ist der Begriff des ‚Guten', der in einer Darstellung des Wollens eingeführt werden muß, nicht der Begriff davon, was wirklich gut ist, sondern davon, was der Handelnde als gut betrachtet; was der Handelnde will, sollte von ihm als gut charakterisiert werden können, wenn wir ihn uns als nicht sprachlich unbeholfen vorstellen dürfen. Erklären wir hingegen Wahrheit als ein Prädikat von Urteilen, Propositionen oder Gedanken, dann müssen wir von einer Beziehung zu dem, was sich wirklich so verhält, sprechen und nicht bloß von dem, was dem urteilenden Geist so erscheint. Andererseits wiederum muß das Gute, / das vom Handelnden (vielleicht fälschlich) als Charakterisierung der Sache betrachtet wird, *wirklich* eine der vielen Formen des Guten sein.

p. 77

Wir sind mit den Schwierigkeiten, die eine philosophische Klärung von Urteilen, Propositionen und Wahrheit umgeben, seit langem vertraut. Aber ich glaube, daß in der modernen Philosophie nicht weiter Notiz davon genommen wurde, daß es in Verbindung mit ‚Wollen' und ‚gut' vergleichbare Probleme gibt. Dementsprechend hat es eine große Menge absurder Philosophie sowohl zu diesem Begriff wie auch zu mit ihm verwandten Themen gegeben. Die Ursache für die Blindheit gegenüber diesen Problemen scheint in der für Locke und auch für Hume charakteristischen Erkenntnistheorie zu liegen. Diesen Philosophen zufolge bestünde jede Art von Wollen in einem inneren Eindruck. Die schlimmen Auswirkungen ihrer Erkenntnistheorie zeigen sich besonders deutlich, wenn wir die höchst überraschende Tatsache betrachten, daß der Begriff der Lust allen modernen Philosophen als kaum problematisch erschien, bis Ryle ihn vor ein oder zwei Jahren wieder als Thema einführte.[14] Für die Alten scheint er ein Rätsel gewesen zu sein; angesichts seiner Schwierigkeiten vermochte Aristoteles nur noch zu stammeln, da er aus guten Gründen beides wollte, daß Lust identisch mit und zugleich verschieden von jener Tätigkeit sei, woran sie Lust ist. Es ist heutzutage gebräuchlich, den Utilitarismus zurückzuweisen, indem man ihn des ‚naturalistischen Fehlschlusses‘ bezichtigt, eine Anklage, deren Kraft ich bezweifle. Was diese Philosophie sofort als einer weiteren Betrachtung unwert erweisen sollte, ist die Tatsache, daß sie stets so verfährt, als ob ‚Lust‘ ein ziemlich unproblematischer Begriff sei. Zweifellos war diese Annahme möglich, da der Gedanke, Lust sei ein bestimmter innerer Eindruck, kritiklos von den britischen Empiristen übernommen worden war. Diesen Begriff hinzunehmen und Lust ganz im allgemeinen als Pointe dessen, was man tut, zu behandeln, zeigt jedoch ein überraschendes Maß an Oberflächlichkeit. Wir könnten hier eine Bemerkung Wittgensteins über Bedeutung adaptieren und sagen ‚Lust kann kein Eindruck sein; denn kein Eindruck könnte die Konsequenzen der Lust haben‘. Sie sagten, daß etwas, was sie sich wie ein bestimmtes Kitzeln oder Jucken dachten, offenbar die Pointe des Tuns sei, worin auch immer dieses besteht.

---

[14] Aristotelian Society, supplementary, vol. XXVIII (1954).

Ich belasse in dieser Untersuchung den Begriff ‚Lust' in seinem Dunkel; er erfordert eine ganze eigenständige Untersuchung.[15] Und man sollte mir auch keine unüberlegte / These ‚Lust ist gut' (was auch immer das heißen mag) zuschreiben. Für mein gegenwärtiges Vorhaben ist es allein erforderlich, daß ‚Es ist lustvoll' eine angemessene Antwort auf ‚Wozu ist das gut?' oder auf ‚Wozu willst Du das?' darstellt. D. h., die Kette der ‚Warum?'-Fragen kommt mit dieser Antwort zu einem Ende. Die Tatsache, daß eine Beauptung, *daß* ‚etwas lustvoll ist', angegriffen oder als erklärungsbedürftig behauptet werden kann (‚Aber worin *besteht* die Lust daran?') ist ein anderes Kapitel, und ebenso jede rechtmäßig der Ethik zugehörige Erwägung, ob sie als Antwort schicklich wäre.

p. 78

§ 41 Es wird nun deutlich sein, daß der praktische Syllogismus als solcher kein Thema der Ethik ist. Er wird für einen Ethiker vielleicht von Interesse sein, wenn er die nicht sehr überzeugende Position bezieht, ein guter Mensch sei kraft Definition gerade ein solcher, der weise nach guten Zielen strebt. Ich nenne diesen Standpunkt deshalb nicht überzeugend, weil menschliches Gut-Sein unter anderem auf Tugenden verweist. Dann denkt man nicht an die Wahl von Mitteln zu Zwecken als an das offenbar Ganze von Mut, Mäßigkeit, Ehrlichkeit und so weiter. Was also kann der praktische Syllogismus mit Ethik zu schaffen haben? Er kann nur dann in den Bereich ethischer Untersuchungen Eingang finden, wenn eine korrekte philosophische Psychologie für ein philosophisches System der Ethik erforderlich ist: Ich glaube, daß ich

---

[15] Aristoteles Verwendung eines Kunstbegriffs der ‚Wahl', dort, wo ich ‚Absicht' verwende, um ‚Handeln' zu beschreiben, ist mit der Schwierigkeit dieses Themas verknüpft.

diese Auffassung vertreten würde, sollte ich daran denken, den Versuch der Konstruktion eines solchen Systems zu unternehmen; ich glaube aber nicht, daß diese allgemein verbreitet ist. Ich behaupte nicht, daß es nicht so etwas wie moralische allgemeine Prämissen geben kann, wie ‚Menschen haben die Pflicht, ihre Angestellten rechtzeitig zu bezahlen‘, oder Huckleberry Finns Überzeugung, die er nicht zu seiner Prämisse machte: ‚Weiße Jungen sollen entlaufene Sklaven ausliefern‘; offensichtlich kann es sie geben, doch es ist klar, daß sich solche allgemeine Prämissen als Prämissen des praktischen Schließens nur bei Menschen finden werden, die ihre Pflicht tun wollen.[16] Der Gedanke ist offensichtlich, wurde aber durch die Auffassung von der ethischen Natur des praktischen Syllogismus verdeckt, der als solcher einen Beweis dessen, was man tun soll, darstelle und irgendwie natürlich im Handeln gipfele./

p. 79   Freilich ist ‚Ich sollte dies tun, also werde ich es tun‘ ebensowenig ein praktischer Schluß wie ‚Das gefällt mir, also nehme ich davon‘. Es ist das Kennzeichen des praktischen Schließens, daß die gewollte Sache sich *in einer gewissen Ferne* von der unmittelbaren Handlung befindet, und die unmittelbare Handlung ist als ein Weg kalkuliert, die gewollte Sache zu erlangen, zu tun, oder sich ihrer zu

---

[16] Es ist bemerkenswert, daß die Begriffe der ‚Pflicht‘ und ‚Verpflichtung‘, und was heute der ‚moralische‘ Sinn von ‚sollte‘ genannt wird, Residuen einer *Gesetzes*konzeption der Ethik sind. Der moderne Sinn von ‚moralisch‘ ist selbst ein später Abkömmling dieser Residuen. Keiner dieser Begriffe erscheint bei Aristoteles. Die Vorstellung, daß Handlungen, die notwendig sind, um der Gerechtigkeit und anderen Tugenden zu entsprechen, Erfordernisse des göttlichen Gesetzes sind, fand sich bei den Stoikern, und erfuhr durch das Christentum allgemeine Verbreitung, dessen ethische Begriffe der Thora entstammen.

versichern. Nun kann sie sich in unterschiedlicher Weise in einer gewissen Ferne befinden. Zum Beispiel ist ‚Sich Ausruhen' nur eine umfassendere Beschreibung dessen, was ich vielleicht tue, indem ich auf meinem Bett liege; und Handlungen, die ausgeführt werden, um Gesetze der Moral zu erfüllen, werden im allgemeinen in dieser Weise auf positive Vorschrifen bezogen sein; der anständigen Regierung zur Macht zu verhelfen, steht in zeitlichem Abstand zum Akt des Pumpens, und das Auffüllen des Wasserhausvorrats findet in einiger räumlichen Ferne zum Akt des Pumpens statt, wenn auch in nur kurzem zeitlichen Abstand.

§ 42 Wir haben bisher nur eine besondere Einheit des praktischen Schließens betrachtet, auf die der Ausdruck ‚praktischer Syllogismus' üblicherweise beschränkt wird. Aber natürlich bezeichnet ‚praktische Syllogismen' im Griechischen einfach praktische Schlüsse, und diese umfassen Schlüsse, die, von einem Ziel ausgehend, über viele Schritte bis zur Ausführung einer besonderen Handlung hier und jetzt verlaufen. So will z. B. ein aristotelischer Arzt eine Schwellung lindern; er behauptet, daß man dies tut, indem man das Blut in einen bestimmten Zustand versetzt; das kann bewerkstelligt werden, indem man eine bestimmte Art von Mittel verabreicht; die-und-die Medizin ist diese Art von Mittel; hier ist etwas von dieser Medizin – verabreiche sie.
Es zeigt sich ein absurdes Erscheinungsbild, wenn praktische Schlüsse, und besonders, wenn die besonderen Einheiten, die von modernen Kommentatoren als praktische Syllogismen bezeichnet wurden, voll entfaltet werden. Aristoteles erörtert diese verschiedentlich nur, um darauf hinzuweisen, was ein Mensch alles nicht wissen kann, wenn er falsch handelt, obwohl wohlversehen mit dem

einschlägigen allgemeinen Wissen. Es geht aus seinem Text nicht deutlich hervor, ob er dachte, eine Prämisse müsse dem Geist vorliegen (‚theoretisch betrachtet werden‘), um ‚verwendet‘ werden zu können, und es ist auch nicht weiter von Interesse sicherzustellen, ob er nun so gedacht hat, oder ob nicht. Allgemein gesprochen verfolgt eine Person nur sehr selten alle Schritte eines praktischen Schlusses, so wie dieser in Übereinstimmung mit den Modellen des Aristoteles entwickelt wurde, indem sie z. B. sagt: ‚Ich bin ein Mensch‘ und ‚Eine gute Art sich auszuruhen ist, auf einem Bett zu liegen‘. Dies kommt manchmal vor, wie im Falle seines Beispiels von der trockenen Nahrung: Man denke an eine schwangere Frau, die sich vornimmt, vitaminreiche / Nahrung zu sich zu nehmen. Wäre jedoch die Darstellung des Aristoteles als Beschreibung tatsächlich ablaufender geistiger Prozesse gemeint, dann wäre sie im allgemeinen ziemlich absurd. Das Interesse an dieser Darstellung besteht darin, daß sie eine Anordnung beschreibt, die vorhanden ist, wenn immer Handlungen mit Absichten ausgeführt werden; dieselbe Anordnung, die ich in meiner Erörterung dessen erreicht habe, was ‚die absichtliche Handlung‘ war, als der Mann Wasser pumpte. Ich erkannte diese Identität erst, als ich meine Ergebnisse erzielt hatte; denn die Ansatzpunkte meiner Untersuchung waren verschieden von denen des Aristoteles, wie es natürlich ist, wenn jemand in einem anderen Zeitalter schreibt. In gewisser Weise ist meine eigene Konstruktion ebenso gekünstelt wie die des Aristoteles; denn eine Reihe von ‚Warum?‘-Fragen, so, wie ich sie beschrieben habe, mit entsprechenden Antworten, kann nicht sehr häufig vorkommen.

§ 43 Betrachte eine Frage ‚Was tut der Ofen?‘, mit der Antwort: ‚Er brennt gut‘ und eine Frage ‚Was tut Smith?‘

mit der Antwort: ‚Er ruht sich aus‘. Wäre nicht eine *analoge* Antwort über Smith in Wahrheit ‚Er atmet ruhig‘ oder vielleicht ‚Er liegt ausgestreckt auf seinem Bett‘? Jemand, dem dies auffällt, könnte es für bemerkenswert halten, daß derselbe Ausdruck ‚Was tut −?‘ auf solch unterschiedliche Weise verstanden werden kann: Hier liegt ein Fall der ‚enorm komplizierten stillschweigenden Konventionen‘ vor, die unser Verständnis der Alltagssprache begleiten, wie Wittgenstein im „Tractatus“ gesagt hat. Und ‚Sich Ausruhen‘ kommt dem Auf-einem-Bett-Liegen ziemlich nahe; eine solche Beschreibung wie ‚Er zahlt seine Gasrechnung‘, wenn alles, was er tut, darin besteht, einem Mädchen zwei Stück Papier zu überreichen, könnte einen Untersuchenden dazu veranlassen zu sagen: ‚Die Beschreibung einer menschlichen Handlung ist etwas enorm Kompliziertes, würde man alles erwähnen, was mit dazu gehört − und doch kann ein Kind einen solchen Bericht geben!‘ Und ähnliches gilt für ‚Ein Massaker vorbereiten‘, die Beschreibung dessen, was unser Nazi tat, als er Metallobjekte herumschleppte oder Munition aus der Lade nahm. Der ‚praktische Schluß‘ des Aristoteles oder meine Anordnung der ‚Warum?‘-Fragen können als Kunstgriff betrachtet werden, der die Ordnung aufdeckt, welche sich in diesem Chaos verbirgt.

§ 44 Betrachten wir jemanden, der sagt ‚Wenn ich *dies* tue, wird dies geschehen, wenn *das*, dann jenes, also tue ich dies‘. Hier müssen drei mögliche Fälle in Betracht gezogen werden.

a) Dieser Mensch hat kein Ziel im Auge. Nehmen wir an, er vergleicht zwei verschiedene Nahrungen. Die eine ist vitaminreich, die andere proteinreich. Beide sind daher gut (d. h. gesund). Aber er hat / keine praktische Prämisse ‚Vitaminreiche und proteinreiche Nahrungsmittel sind

p. 81

127

gut für einen Menschen': er ißt einfach das, was er will, ohne über solche Sachen nachzudenken. Nun sagt jemand: ,Wenn Du etwas von dieser Speise zu Dir nimmst, wirst Du Vitamine bekommen, wenn von jener, Protein', und er sagt: ,Gut, ich werde etwas von der ersten Speise zu mir nehmen'. Wenn man ihn fragt, warum er diese gewählt hat, könnte er sagen: ,Oh, ich dachte nur, ich nehme etwas Protein zu mir'. Dies ist kein Fall von ,praktischem Schließen'. Wenn er sich mit dem Gedanken ,Wenn ich dies tue, wird dies geschehen' entschließt, es zu tun und *damit* ,dies' als das gewollte Ergebnis bestimmt, das vorher noch unbestimmt war, und wenn ,dies' nicht im Hinblick auf ein weiteres Ziel gewollt ist, dann ,schließt er überhaupt nicht im Hinblick auf ein Ziel'. Er *könnte* sich einfach nicht darum kümmern, irgendetwas zu essen, oder er könnte eine höchst unangemessene Nahrung zu sich nehmen, ohne irgendein Ziel aufzugeben. Und die Erklärung ,Oh, ich dachte eben, ich nehme etwas Vitaminreiches zu mir' oder ,Oh, ich dachte eben, ich esse etwas ganz Unangemessenes' ist nur eine ausgedehnte Form dessen, was uns schon vertraut ist: ,Ich dachte einfach, ich tue es'.

b) Ein Mensch, der ein Ziel im Auge hat, z. B. nur gesunde Nahrung zu sich zu nehmen, wird immer nur mit einer einzigen gesunden Speise konfrontiert, und, indem er diese als eine Art von gesunder Speise erkennt, nimmt er sie und keine andere.

c) Derselbe Mensch hat, wenn immer er essen will, die Wahl zwischen verschiedenen gesunden Speisen, und er wählt einige von ihnen, nimmt aber nie andere. *Welche* er nun wählt, ist durch sein Ziel nicht bestimmt; dennoch befindet er sich nicht in der Lage des erstgenannten Menschen; obwohl er nun bestimmt, was er haben will (etwa Protein oder Vitamin), was vorher nicht bestimmt

war, muß er doch zwischen ihnen wählen, oder aber sein
Ziel, nur gesunde Speisen zu sich zu nehmen, aufgeben.
Dieser triviale Fall c) ist ein Beispiel für jene Situation, der
jemand, der ein Ziel verfolgt, bei weitem am häufigsten
begegnet. Angenommen z. B. jemand baut ein Haus. Sein
Plan legt vielleicht nicht fest, ob das Haus Schiebefenster
oder Flügelfenster haben soll; aber er muß spätestens
entscheiden, was für Fenster er haben will, wenn er soweit
ist; sonst wird das Haus nicht fertiggestellt werden. Und
sein Kalkül ‚Wenn ich dies wähle, wird dies das Ergebnis
sein, wenn das, jenes; …also werde ich dies nehmen‘ ist
ein Kalkül auf ein Ziel hin – nämlich das fertiggestellte
Haus; selbst wenn beide Alternativen zu seinem Plan
gepaßt hätten. Er wählt *eine* Alternative, die paßt, obwohl
diese nicht die einzige mögliche ist. /

§ 45 Nun können wir ‚praktische Erkenntnis‘ betrach- p. 82
ten. Stellen wir uns jemanden vor, der ein Projekt leitet
wie z. B. die Errichtung eines Gebäudes, das er nicht
sehen kann und worüber er keine Berichte erhält, indem er
nur Befehle gibt. An die Stelle der normalen Wahrnehmung des Leiters eines solchen Projektes tritt seine (offensichtlich übermenschliche) Vorstellungskraft. Er ähnelt
nicht einem Menschen, der bloß spekulativ überlegt, wie
etwas gemacht werden könnte; ein solcher Mensch kann
vieles unentschieden lassen, dieser hingegen muß alles in
*irgend*einer richtigen Reihenfolge festlegen. *Seine* Erkenntnis dessen, was getan wird, ist praktische Erkenntnis.
Aber worin besteht diese ‚Erkenntnis dessen, was getan
wird‘? Erstens und insbesondere kann er sagen, wie das
Haus beschaffen ist. Aber vielleicht wendet man ein, daß
er nur sagen kann ‚So ist das Haus beschaffen, falls meine
Befehle ausgeführt worden sind‘. Aber gleicht er dann

129

nicht jemandem, der sagt ‚Dies – nämlich das, was ich mir vorstelle – ist der Fall, wenn das, was ich mir vorgestellt habe, wahr ist'?

Ich habe mit geschlossenen Augen ‚Ich bin ein Narr' an die Tafel geschrieben. Als ich nun aussprach, was ich schrieb, hätte ich da sagen müssen: Dies ist es, was ich schreibe, falls meine Absicht ausgeführt wird; anstatt einfach: Dies ist es, was ich schreibe?

Doch Befehle können verweigert werden, und die Ausführung von Absichten kann mißlingen. Diese Absicht wäre z. B. nicht ausgeführt worden, wäre mit der Kreide oder der Tafeloberfläche etwas schiefgegangen, so daß die Worte nicht erschienen wären. Und sogar wenn dies geschehen wäre, so wäre mein Wissen doch dasselbe gewesen. Wenn nun mein Wissen unabhängig von dem ist, was tatsächlich geschieht, wie kann es dann Wissen davon sein, was geschieht? Jemand könnte sagen, daß dies eine seltsame Art Wissen gewesen ist, das Wissen blieb, obwohl das, wovon es Wissen war, nicht der Fall war! Andererseits gilt die Bemerkung des Theophrast: ‚Der Fehler liegt in der Ausführung, nicht im Urteil'.

Wir können daher die Versuchung verstehen, eine bloße Vorstellung zum eigentlichen Gegenstand des Wollens zu machen, wie William James dies tat. Denn diese kommt bestimmt zur Existenz; oder wenn nicht, dann gab es kein Wollen und also auch kein Problem. Aber tatsächlich können wir einen Fall vorbringen, in dem jemand etwas bloß dadurch bewirkt, daß er sagt, daß es so ist und dadurch das Ideal des Willensaktes so perfekt wie möglich verwirklicht. Dies geschieht, wenn jemand etwas, das ich p. 83 besitze, bewundert und ich sage ‚Es gehört / Dir!' und es ihm damit schenke. Aber dies ist natürlich nur möglich, weil Besitz konventionell ist.

130

§ 46 Aber wer sagt, daß das, was vor sich geht, das Errichten eines Hauses ist oder das Auf-die-Tafel-Schreiben von ‚Ich bin ein Narr'? Wir alle, natürlich, aber warum tun wir das? Wir stellen viele Änderungen und Bewegungen in der Welt fest, ohne sie in vergleichbarer Weise darzustellen. Der Baum schwankt im Wind; die Bewegungen seiner Blätter sind ebenso gering wie die Bewegung meiner Hand, wenn ich auf eine Tafel schreibe, aber wir verfügen über keine Beschreibung einer abgehobenen Menge von Bewegungen oder einer abgehobenen Erscheinung des Baums, die auch nur entfernt mit ‚Sie schrieb ›Ich bin ein Narr‹ auf die Tafel' vergleichbar wäre.

Natürlich haben wir ein besonderes Interesse an menschlichen Handlungen: Aber *was* ist es, woran wir hier ein besonderes Interesse haben? Es ist nicht so, daß wir ein besonderes Interesse an der Bewegung dieser Moleküle haben – nämlich derjenigen eines menschlichen Wesens; oder auch nur an den Bewegungen bestimmter Körper – nämlich menschlicher. Die Beschreibung, an der wir interessiert sind, ist ein Typus der Beschreibung, der nicht existieren würde, gäbe es unsere ‚Warum?'-Frage nicht. Es ist nicht so, daß gewisse Tatsachen, nämlich menschliche Bewegungen, aus irgendeinem verborgenen Grund der ‚Warum?'-Frage unterworfen sind. Ebensowenig sind gewisse Erscheinungsformen von Kreide auf Tafeln einfach nur so der Frage ‚Was heißt das?' unterworfen. Wir fragen nach einem Wort oder Satz ‚Was heißt das?'; und die Beschreibung von etwas als Wort oder Satz überhaupt könnte der Tatsache nicht vorweggehen, daß Worte oder Sätze Bedeutung haben. Ebenso könnte die Beschreibung von etwas als menschlicher Handlung der Existenz der ‚Warum?'-Frage nicht vorweggehen, einfach als eine Art Äußerung, durch die wir *dann* erst dunkel dazu bewogen würden, die Frage zu stellen. Aus genau diesem Grunde habe ich in § 19 nicht zu sagen versucht, *warum* bestimmte Tatsachen dieser Frage offenbar unterworfen sind.

Warum sagen wir, daß die Auf- und Abbewegung des Pumpenschwengels Teil eines Prozesses ist, durch den jene Menschen zu leben aufhören? Sie ist ein Teil einer kausalen Kette, die damit endet, daß dieser Haushalt vergiftet wird. Aber dies gilt dann auch für die Drehung des Rades eines Zugs, mit dem einer der Einwohner zu dem Haus reiste. Warum kommt der Bewegung des Pumpenschwengels eine wichtigere Stellung als der Drehung dieses Rades zu? Deshalb, weil sie eine Rolle dabei

p. 84 spielt, wie eine bestimmte giftige Substanz in / menschliche Organismen gelangt; und daß eine giftige Substanz in menschliche Organismen gelangt, ist die Form der Beschreibung dessen, was geschieht, die uns hier interessiert; und nur weil *diese* uns interessiert, würden wir überhaupt in Betracht ziehen, über die Rolle nachzudenken, die der Drehung des Rades zukommt, indem sie den Mann seinem Schicksal entgegenführt. Schließlich muß es eine Unzahl weiterer Kreuzungen neben dem Tod dieser Menschen geben. Wie Wittgenstein sagt: ‚Begriffe leiten uns zu Untersuchungen. Sind der Ausdruck unseres Interesses, und lenken unser Interesse‘ (Philosophische Untersuchungen, § 570).

So ist die Beschreibung von etwas, das in der Welt vorgeht, wie ‚Ein Haus Bauen‘ oder ‚Einen Satz an die Tafel Schreiben‘ eine Beschreibung, die Begriffe menschlichen Handelns verwendet. Selbst wenn Schrift an der Wand erscheint, wie auf Belsazars Fest, oder ein Haus ohne menschliches Zutun entsteht, dann würden diese doch wegen ihrer ersichtlichen Ähnlichkeit mit dem, was wir herstellen – Schrift und Häuser – als Schrift oder Haus identifiziert werden.

132

§ 47 Daher gibt es viele Beschreibungen von Geschehnissen, die unmittelbar davon abhängen, daß wir die *Form* der Beschreibung absichtlicher Handlungen besitzen. Es ist leicht, hiervon keine Notiz zu nehmen, da einige dieser Beschreibungen ihrer Möglichkeit nach sehr wohl dem gelten können, was unabsichtlich getan wird. Zum Beispiel ,Jemanden Beleidigen'; das kann man unabsichtlich tun, was es aber nicht geben würde, wäre dies nie die Beschreibung einer absichtlichen Handlung. Und ,Ein Plakat verkehrtherum Aufhängen', was vielleicht zumeist unabsichtlich geschieht, ist eine auf Plakate bezogene Beschreibung, hinter denen ihrer Natur nach eine Absicht steht; wiederum ist die mit ,Aufhängen' vollzogene Handlung, wenn nicht die eines Traumwandlers, absichtlich. Oder ,Den Rückwärtsgang Einlegen', welches absichtlich oder unabsichtlich sein kann, ist kein Begriff, den es ohne die Existenz von Maschinen geben würde, deren Beschreibung Absichten ins Spiel bringt. Achtet man einfach auf das Faktum, daß viele Handlungen entweder absichtlich oder unabsichtlich sein können, dann kann der Gedanke ganz natürlich sein, daß Ereignisse, die als absichtlich oder unabsichtlich charakterisierbar sind, eine bestimmte natürliche Klasse bilden, wobei ,absichtlich' eine zusätzliche Eigenschaft ist, deren Beschreibung ein Philosoph versuchen muß.

Tatsächlich nimmt der Term ,absichtlich' auf eine *Form* der Beschreibung von Ereignissen Bezug. Das für diese Form Wesentliche offenbart sich an den Ergebnissen unserer Untersuchungen der ,Warum?'-Frage. Ereignisse / werden typischerweise in dieser Form beschrieben,' p. 85 wenn ihren Beschreibungen ein ,um... zu' oder ,weil' (in einem Sinn) angehängt wird: ,Ich rutschte auf dem Eis, weil mir fröhlich zumute war'. ,Auf dem Eis Rutschen' ist nicht selbst ein Beschreibungstypus, wie ,Jemanden Beleidigen', der unmittelbar davon abhängt, daß wir die Form der Beschreibung absichtlicher Handlungen besitzen. Daher können wir von der Beschreibungsform ‚absichtliche Handlungen' sprechen und von den Beschreibungen, die *in* dieser Form vorkommen können, und feststellen, daß von diesen einige ihren eigenen Sinn der Existenz dieser Form verdanken, und andere nicht.

Die Klasse solcher Beschreibungen, die in dieser Weise abhängig *sind*, macht einen sehr umfassenden und den wichtigsten Ausschnitt der Beschreibungen dessen aus, was durch die Bewegung menschlicher Wesen bewirkt wird, und was die tägliche oder die Lebensgeschichte eines menschlichen Wesens bildet. Dies sollte eine kurze Liste mit Beispielen solcher Beschreibungen dartun. Ich gehe von einem Körper insgesamt als Subjekt aus und teile die Liste in zwei Spalten; die linke enthält Beschreibungen, in denen ein Geschehen absichtlich oder unabsichtlich sein kann, die rechte solche, die nur willkürlich oder absichtlich sein können (von den ersten paar Gliedern abgesehen, die man auch als Schlafwandler ausführen könnte).

Eindringen	Telefonieren
Beleidigen	Rufen
In den Besitz Gelangen	Tappen
Treten (und andere Beschreibungen, die charakteristisch Bewegungen von Tieren umfassen)	Sich Ducken
	Grüßen
	Unterschreiben, Zeichen geben
Verlassen, Jemanden ungestört Lassen	Bezahlen, Verkaufen, Kaufen
Fallen Lassen,	Anwerben, Entlassen
Halten, Auflesen	Schicken nach
(An- und Aus-)schalten	Heiraten, Verträge abschließen
Plazieren, Arrangieren	

Die Rolle der Absicht in den Beschreibungen der rechten Spalte ist offensichtlich; vermutlich stellt ‚Sich Ducken' das einzige Beispiel dar, das zu Zweifel Anlaß gibt. Die linke Spalte wirkt sicherlich sehr heterogen. Beide umfassen Dinge, die von Tieren getan werden können und solche, bei denen dies nicht so ist; etwas, das den Umgang mit Artefakten mit sich bringt, wie An- oder Ausschalten, kann natürlich auch durch leblose Gegenstände bewirkt werden; aber es gibt die Beschreibung nur, weil wir Schalter herstellen, die an- oder ausgeschaltet werden sollen. /

Mit welchem Recht nehme ich weitere Glieder in diese p. 86 Liste mit auf? Sie alle sind Beschreibungen, die über die Physik hinausreichen: Man könnte sie als Beschreibungen von Lebendigem bezeichnen. Etwas könnte sich im buschigen Schwanz eines Hundes verfangen haben, aber dies für sich selbst würde uns nicht zu sagen veranlassen, der Hund halte den Gegenstand mit seinem Schwanz; hat er aber einen nicht zu großen Gegenstand zwischen die Zähne genommen und dort behalten, dann hält er ihn. Vom Wind zu sagen, er lese Dinge auf und setze sie wieder ab, bedeutet, ihn in unserer Sprache als lebendig zu betrachten, und ebenso, wenn wir davon sprechen, ein Felsspalt halte etwas; hingegen nicht, wenn wir davon sprechen, etwas werde dort durch den Spalt festgehalten. Bäume, so können wir sagen, werfen ihre Blätter oder ihre Früchte ab (so wie Kühe Kälber werfen); dies ist so, weil sie lebendige Organismen sind (wir würden nie davon sprechen, ein Wasserhahn werfe seine Tropfen ab), heißt für uns aber nicht mehr, als daß ihre Blätter oder Früchte herabfallen. All diese Beschreibungen gelten zumindest grundlegend Tieren. ‚Bewegungen, die charakteristisch Tieren zukommen', sind Bewegungen mit einer normalen Rolle im reizempfänglichen, und daher appetitiven Leben von Tieren. Die anderen Beschreibungen deuten auf einen jeweiligen Hintergrund hin, vor dem charakteristische Dinge getan werden – z. B. die Reaktion auf einen Eindringling.

Da ich absichtliches Handeln durch den Rekurs auf Sprache definiert habe – die besondere Frage ‚Warum?‘ –, mag es überraschend erscheinen, daß ich Begriffe, die von Absichtlichem abhängen, mit einem besonderen Verweis auf ihre Anwendung auf Tiere einführe, die keine Sprache haben. Und dennoch schreiben wir Tieren sicherlich Absichten zu. Der Grund dafür besteht genau darin, daß wir das, was sie tun, in einer für Absichtsbegriffe ganz charakteristischen Weise beschreiben: Wir beschreiben, was sie *darüber hinaus* tun, *indem* sie etwas tun (wobei die letztere Beschreibung *unmittelbarer,* näher am bloß Physikalischen ist): Die Katze jagt nach einem Vogel, *indem* sie sich duckt, sich anschleicht und den Vogel mit zitternden Schnurrbarthaaren fixiert. Die erweiterte Beschreibung dessen, was die Katze tut, ist nicht alles, was dies als eine Absicht charakterisiert (denn erweiterte Beschreibungen könnnen von jedem Ereignis gegeben werden, das beschreibbare Wirkungen hat); hinzu kommt vielmehr, daß die Katze den Vogel wahrnimmt, und was sie tut, wenn sie ihn fängt. Beide Merkmale, Wissen und die erweiterte Beschreibung, sind für die Beschreibung der Absicht im Handeln besonders charakteristisch. Ebenso wie wir ganz natürlich sagen ‚Die Katze denkt, daß da eine Maus kommt‘, fragen wir: Warum duckt sich die Katze und schleicht sich an? und geben die Antwort: Sie pirscht

p. 87 sich an den Vogel an; schau, sie / fixiert ihn. Wir verfahren so, obwohl die Katze keine Gedanken äußern und keinem Wissen von der eigenen Handlung und auch keiner Absicht Ausdruck verleihen kann.

136

§ 48 Wir können nun sehen, daß eine große Anzahl unserer Beschreibungen der Ereignisse, die von menschlichen Wesen bewirkt werden, *formal* Beschreibungen ausgeführter Absichten sind. Daß sich dies bei den Beschreibungen vom Typus der rechten Spalte so verhält, ist offensichtlich genug. Doch dies könnte durch den Hinweis darauf erklärt werden, daß Absicht (als eine zusätzliche Eigenschaft) durch die Definition der verwendeten Begriffe gefordert ist. Dies, so könnte gesagt werden, ist nicht mehr als der Hinweis auf etwas quasi-Rechtliches, oder sogar, z. B. im Falle einer Heirat, auf etwas tatsächlich Rechtliches. Selbst hier könnte es aber jemandem als seltsam erscheinen, daß im allgemeinen der Beweis der Absicht nicht eigens erbracht werden muß; es ist der eigens erbrachte Beweis ihres Fehlens (weil z. B. eine der beiden Seiten das Wesen der Zeremonie nicht kannte), der eine Heirat ungültig machen würde.

So überraschend dies auch erscheinen mag, ist doch das Scheitern der Ausführung von Absichten notwendig die seltene Ausnahme. Das scheint überraschend, weil das Scheitern, das zu erreichen, was man letztlich erreichen möchte, häufig ist; und insbesondere im Erlangen von etwas, was unter die Charakterisierung-als-begehrenswert in der ersten Prämisse fällt. Es geschieht oft, daß Menschen etwas um der Lust willen tun, und wenig oder gar nichts erreichen, oder für die Gesundheit, und erfolglos bleiben, oder um der Tugend oder Freiheit willen, und ganz und gar scheitern; und dieses Scheitern interessiert uns. Notwendig die seltene Ausnahme ist es, daß das Verhalten des Menschen in seinen unmittelbaren Beschreibungen nicht dasjenige ist, was er glaubt. Zudem ist es das Wissen des Handelnden um das, was er tut, das jene Beschreibungen liefert, in denen das, was geschieht, die Ausführung einer Absicht ist.

Fassen wir diese Überlegungen zusammen, dann können wir sagen, daß, wenn a) die Beschreibung eines Ereignisses von einem solchen Typ ist, daß sie formal als Beschreibung einer ausgeführten Absicht betrachtet werden muß, b) das Ereignis gerade die Ausführung einer Absicht (nach unseren Kriterien) ist, dann die Erklärung gilt, die Thomas von Aquin [17] von der Natur des praktischen Wissens gegeben hat: Praktische Erkenntnis ist ,die Ursache dessen, was sie versteht', im Unterschied zur ,spekulativen' Erkenntnis, die ,von den erkannten Objekten abgeleitet ist'. Dies bedeutet mehr, als daß beobachtet werden kann, daß praktische Erkenntnis eine notwendige Bedingung der Produktion bestimmter / Ergebnisse ist; oder daß die Vorstellung, das-und-das in der-und-der Weise zu tun, eine solche Bedingung wäre. Es heißt vielmehr, daß ohne praktische Erkenntnis das, was geschieht, nicht in die Beschreibung – Ausführung von Absichten – fällt, deren Charakteristika wir untersucht haben. Als ein bloß *zusätzliches* Merkmal von Ereignissen, deren Beschreibung andernfalls dieselbe bliebe, kann dies nur dann erscheinen, wenn wir uns auf schmale Ausschnitte des Handelns konzentrieren, und auf Fehler, die in diesen vorkommen können.

,Praktisches Wissen' ist natürlich ein in der Alltagssprache gebräuchlicher Term, ohne Zweifel durch das Erbe der aristotelischen Philosophie. Denn diese Philosophie hat mehr Terme als jede andere in die Alltagssprache überführt, und zwar in Bedeutungen, die denen, die Aristoteles ihnen verliehen hatte, mehr oder minder gleichkommen: ,Materie', ,Substanz', ,Prinzip', ,Essenz' kommen einem sofort in den Sinn; und ,praktisches Wissen' ist einer von ihnen. Ein Mensch verfügt über praktisches

p. 88

---

[17] Summa Theologica, I a, II ae, Q 3, art. 5, obj. 1.

Wissen, wenn er weiß, wie man etwas tut; doch dies ist eine unzureichende Beschreibung, denn man *könnte* von ihm sagen, er wisse, wie man etwas tut, wenn er zwar imstande wäre, darüber einen Vortrag zu halten, jedoch angesichts der Aufgabe, es durchzuführen hilflos dastünde. Sprechen wir üblicherweise von praktischem Wissen, dann denken wir an eine allgemeine Fähigkeit in einem besonderen Feld; aber wenn von einer Fähigkeit die Rede ist, dann ist es vernünftig danach zu fragen, was eine besondere Ausübung derselben konstituiert. Ist z. B. mein Auswendig-Wissen des Alphabets eine Fähigkeit, dann wird diese Fähigkeit ausgeübt, wenn ich die Laute wiederhole, indem ich bei irgendeinem Buchstaben beginne. Im Falle des praktischen Wissens ist die Ausübung dieser Fähigkeit nichts anderes als das Tun und Überwachen derjenigen Verrichtungen, von denen ein Mensch praktisches Wissen hat; aber dies besteht nicht *einfach nur* im Zustandekommen bestimmter Wirkungen, wie meinem Aufsagen des Alphabets oder von Teilen desselben. Denn das, was der Mensch bewirkt, ist formal dadurch charakterisiert, daß es unserer ‚Warum?‘-Frage unterworfen ist, deren Anwendung jene A-D-Anordnung aufweist, die wir entdeckten.

Natürlich ist mein erdachter Fall, in dem ein Mann Verrichtungen leitet, die er nicht wahrnimmt und über die er keine Information erhält, ein sehr unwahrscheinlicher. Normalerweise macht jemand, der irgend etwas tut oder leitet, die gesamte Zeit über Gebrauch von seinen Sinnen oder von Berichten, die er erhält: Er wird z. B. nicht zur nächsten Phase übergehen, bevor er weiß, daß die vorige ausgeführt wurde, oder, falls er selbst der Ausführende ist, bevor seine Sinne ihm mitteilen, was vor sich geht. Freilich ist dieses Wissen im Gegensatz zum ‚praktischen‘ immer ‚spekulativ‘. Daher können wir bei jeder Verrich-

tung tatsächlich immer von zweierlei Wissen / sprechen –
von der Darstellung, welche man vom eigenen Tun geben
könnte, ohne sich auf Beobachtung zu beziehen; und der
Darstellung von dem, was zu einem gegebenen Zeitpunkt
mit (z. B.) jenem Material genau geschieht, an dem man
arbeitet. Das eine ist praktisches, das andere spekulatives
Wissen.

Obwohl der Term ‚praktisches Wissen‘ meist im Zusammenhang mit spezialisierten Fertigkeiten verwendet wird,
gibt es keinen Grund zu der Annahme, daß dieser Begriff
nur in solchen Kontexten zur Anwendung kommt. ‚Absichtliche Handlung‘ setzt immer jenes Wissen voraus, das
als ‚Sich Auskennen‘ bezeichnet werden könnte, und zwar
in jenen Sachen, die in der Beschreibung beschrieben
werden, in der eine Handlung absichtlich genannt werden
kann. Dieses Wissen wird in der Handlung ausgeübt und
ist praktische Erkenntnis.

§ 49 Der Unterschied zwischen dem Willkürlichen und
dem Absichtlichen scheint in folgendem zu bestehen:
1) Bloß physikalische Bewegungen, auf deren Beschreibung unsere ‚Warum?‘-Frage anwendbar ist, werden eher
als willkürlich denn als absichtlich bezeichnet, wenn a) die
Antwort z. B. lautet ‚Ich spielte nur so herum‘, ‚Es war
eine beiläufige Bewegung‘ oder sogar ‚Ich weiß nicht,
warum‘ b) die Bewegungen vom Handelnden nicht bedacht werden, obwohl er, wenn er sie bedenkt, angeben
kann, worin sie bestehen. Es könnte so scheinen, als ob
dies ein Prozeß empirischer Entdeckung sei; ein Mensch,
der etwa sagen wollte, welche Bewegungen er im einzelnen vollzogen hat, könnte die Bewegungen durchgehen,
um dies herauszufinden. Ist das so gewonnene Wissen
kein Beobachtungswissen? Daß es dies nicht ist, kann
eingesehen werden, wenn wir uns daran erinnern, daß er

nicht notwendig z. B. seine Hände *anschauen* muß, um dies zu sagen; und diese Entdeckung ist sogar möglich, indem man die Bewegungen (z. B. des Knüpfens eines Knotens) in der Vorstellung durchgeht, aber der Vorstellung käme niemals die Autorität zu, uns zu sagen, worin das beobachtete Ergebnis eines Experiments bestehen würde. 2) Etwas ist willkürlich, jedoch nicht absichtlich, wenn es sich dabei um das vorgängig bekannte begleitende Ergebnis der eigenen absichtlichen Handlung handelt, so daß man es hätte vermeiden können, wenn man von der Handlung Abstand genommen hätte; doch es ist nicht absichtlich: Man weist die ‚Warum?‘-Frage in dieser Verbindung zurück. Unter einem anderen Gesichtspunkt können aber solche Ergebnisse als unwillkürlich bezeichnet werden, wenn man sie zutiefst bedauert, sich jedoch ‚gezwungen‘ fühlt, an den absichtlichen Handlungen dennoch festzuhalten. 3) Etwas kann willkürlich sein, das keineswegs ein eigenes Tun ist, jedoch zur eigenen Freude geschieht, so daß man zustimmt, nichts einwendet und keine Schritte dagegen unternimmt; wie wenn jemand auf der Bank einen Kahn in den Fluß hinausstößt, so / daß   p. 90 man hinausgetragen wird und Vergnügen daran empfindet. – ‚Warum‘, so könnte gefragt werden ‚bist Du den Hügel hinab in diese Menschenansammlung gerutscht?‘, worauf die Antwort lauten könnte ‚Ich wurde gestoßen und rutschte deshalb die Bank hinab‘. Doch da könnte man erwidern: ‚Das hat Dir nichts ausgemacht, weder hast Du geschrien, noch versucht, zur Seite abzurollen, nicht wahr?‘. 4) Jede absichtliche Handlung ist auch willkürlich, obwohl absichtliche Handlungen, von einem anderen Gesichtspunkt aus, wie in 2), auch als unwillkürlich beschrieben werden können, so wie wenn man bedauert, sie tun zu ‚müssen‘. Aber ‚widerstrebend‘ wäre das gebräuchlichere Wort.

141

§ 50 Ich habe die Untersuchung der absichtlichen Handlung und der Absicht, mit welcher eine Handlung ausgeführt wird, vollendet und kehre nun zu jenem Thema zurück, das ich in § 4 verließ: Dem Ausdruck einer zukunftsbezogenen Absicht. Was ich über Absicht im Handeln gesagt habe, findet auch auf die Absicht in einer geplanten Handlung Anwendung. Und überhaupt gilt ganz allgemein, daß gerade die Anwendbarkeit der ‚Warum?'–Frage auf eine Vorhersage diese eher als den Ausdruck einer Absicht denn als eine Einschätzung der Zukunft oder als reine Prophezeiung kennzeichnet. Aber was unterscheidet sie von einer Hoffnung? Eine Hoffnung ist sogar hinsichtlich eigener zukünftiger absichtlicher Handlungen möglich: ‚Ich werde höflich zu ihm sein – hoffe ich'. Gründe für Hoffnungen sind aus Gründen, etwas zu wollen, und Gründen für den Glauben, daß das Gewollte sich ereignen könnte, gemischt; aber Gründe für Absichten sind nur Handlungsgründe.

§ 51 Eine mögliche Antwort auf die ‚Warum?'-Frage, die dem Ausdruck einer auf eine zukünftige Handlung bezogener Absicht gilt, lautet ‚Ich will es eben, das ist alles'. Diese Wortverbindung ist natürlich auch auf eine gegenwärtige Handlung bezogen möglich. Aber ihre Bedeutsamkeit scheint sich in Abhängigkeit davon zu ändern, ob sie von einer gegenwärtigen oder von einer zukünftigen Handlung ausgesagt wird. Von einer gegenwärtigen Handlung ausgesagt, wird sie wohl als Einwand gegen lästige Fragen verstanden: Dies ist es einfach, was ich tue, und ich habe kein Interesse daran, danach gefragt zu werden. Dies heißt aber nicht, daß sich erweist, daß die Frage ‚Nun gut, aber zumindest: Was ist angenehm oder interessant daran?' keine Anwendung hat. Worauf will der Mensch hinaus, wenn er das tut, ‚was er eben will'? Sich die Zeit vertreiben? Schauen, ob er irgendeine unwichtige Sache zu Ende bringen kann, die er um der müßigen Ausfüllung eines Augenblicks willen begonnen hatte – so wie man vielleicht darauf bestehen könnte, alle Buchstaben des Alphabets auf einem kleinen Fetzen / Zeitung zu p. 91 finden? ‚Ich will‘ gibt keine Erklärung von etwas, das ein Mensch *gerade* tut.

Anders steht es mit geplantem Handeln. Meine Bemerkungen über das ‚Wollen‘ eines Gegenstandes oder Sachverhalts in § 37 treffen nicht notwendig auf etwas tun wollen zu. Nehmen wir an, ich bemerke einen Fleck auf der Tapete und erhebe mich aus meinem Sessel. Auf die Frage, was ich tue, erwidere ich ‚Ich will schauen, ob ich ihn erreiche, wenn ich mich auf die Zehen stelle‘. Auf die Frage, warum, antworte ich ‚Ich will eben, das ist alles‘ oder ‚Es fiel mir halt ein‘. Hiermit kann ich vielleicht die Vorstellung ausschließen, daß es noch eine weitere Pointe gebe, irgendwelchen Raum für weitere Antworten meinerseits; und niemand kann sagen: Aber es gibt einen Ort für eine Antwort eines bestimmten Typus, und dieser Ort fordert eine Besetzung. Aber wenn ich mit dem Finger auf dem Fleck dort stehenbleibe oder fortfahre, nach ihm hinaufzureichen, und dann, gefragt warum, antworte ‚Ich will eben, das ist alles‘, dann scheint es eine Lücke zu geben, die danach verlangt, ausgefüllt zu werden. Was tue ich? Schaue ich z. B., wie lange ich ihn oben halten kann? Dies ist nicht nur einfach eine Frage der Exzentrizität. Die Frage ist, welche Information ‚Ich will das tun, das ist alles‘ über die Tatsache hinaus vermittelt, daß ich es tue; was hier mitgeteilt wird, das ‚Aus keinem besonderen Grund‘ nicht mitteilen würde. Denn gewiß wird hier nicht mitgeteilt, daß mich in Verbindung mit dem, was ich tue, ein Gefühl des Wunsches bewegt.

Inspiriert mich jedoch eine Vorstellung von irgend etwas,

was ich tun könnte, dazu, mich daranzumachen, es zu tun oder mich dazu zu entschließen, es zu tun, ohne irgendein Ziel im Auge zu haben, und als nichts anderes als es selbst, dann ist dies ‚es eben tun zu wollen‘; und zu sagen, ‚Ich will es eben, das ist alles‘, heißt soviel wie zu erklären, daß dies die Situation ist.

‚Ich wollte eben, das ist alles‘ könnte uns mitteilen, daß dies die Situation *war*, als ich etwas tat. Und man kann von einer gegenwärtigen Handlung sagen ‚Ich wollte eben‘.

Wir könnten uns einen besonderen Verbmodus vorstellen (man vergleiche den Modus des ‚Optativ‘ im Griechischen), in dem das Futurum ausschließlich verwendet werden würde, um die Absicht, etwas nur deshalb zu tun, weil man es eben will, zum Ausdruck zu bringen, und ein ‚Futurum II‘, gleichmeraßen im selben Modus verwendet, anstelle von ‚Ich wollte eben‘. Es gäbe aber kein Präsens in diesem Modus, wenn dies seine Funktion wäre.

Dies ‚Ich will eben, das ist alles‘ bezieht sich allein auf Tun.

§ 52 Wir wollen ‚Ich werde es tun‘ betrachten, geäußert als Ausdruck einer Absicht, und ‚Ich werde es nicht tun‘

p. 92 als Glaube aufgrund von / Beweisgründen, wobei das ‚es‘ ein und dasselbe ist.

‚Ich gehe spazieren – werde aber nicht spazierengehen‘ ist in gewisser Weise ein Widerspruch, obwohl der erste Teil des Satzes ein Ausdruck der Absicht ist, der zweite hingegen eine Einschätzung dessen, was geschehen wird. Nimm an, es gebe hinsichtlich des Spaziergangs des Mannes keine Schwierigkeiten? Wie kann er dann beides sagen, und behaupten, es liege kein Widerspruch vor, weil ein Teil einfach ein Ausdruck der Absicht sei, der andere ein Urteil darüber, was tatsächlich geschehen werde? Der Widerspruch besteht in der Tatsache, daß, falls der

Mann spazierengeht, die erste Vorhersage verifiziert, die zweite falsifiziert wird, und umgekehrt, falls er nicht geht. Aber dennoch empfinden wir dies nicht als sozusagen frontalen Widerspruch, wie den von Paaren einander widersprechender Befehle, widersprechender Hypothesen oder gegensätzlicher Absichten.

Wenn ich sage, daß ich spazierengehen werde, dann kann jemand anders wissen, daß dies nicht geschehen wird. Es wäre absurd zu behaupten, daß das, *wovon* er wußte, daß es nicht geschehen würde, nicht genau dasselbe sei, wovon ich sagte, es *werde* geschehen.

Wir können auch nicht sagen: Aber mit einem Ausdruck der Absicht behauptet man überhaupt nicht, daß irgend etwas geschehen werde! Sonst wäre, wenn ich gesagt hätte ‚Ich werde gleich aufstehen‘, die spätere Frage ‚Warum bist Du nicht aufgestanden?‘ unvernünftig. Ich könnte dann antworten ‚Ich hatte nicht über ein zukünftiges Geschehnis gesprochen, warum erwähnst Du also so unwesentliche Geschichten?‘.

Müßte man in Wirklichkeit immer sagen ‚Ich werde … es sei denn, ich werde daran gehindert‘? Oder zumindest sagen, daß es in jedem Ausdruck der Absicht ein implizites ‚es sei denn, ich werde daran gehindert‘ (ein implizites *deo volente*) gibt? Doch ‚es sei denn, ich werde daran gehindert‘ heißt normalerweise nicht ‚es sei denn, ich tue es nicht‘. Stell Dir vor, jemand sagt ‚Ich werde… es sei denn, ich werde daran gehindert oder ändere meine Absicht‘?

Bei den simplen Tätigkeiten des Alltagslebens ‚Ich werde, es sei denn, ich werde daran gehindert‘ zu sagen wäre absurd, so wie wenn man jeder Mitteilung, die man über ein Geschehen macht, ein ‚es sei denn, mein Gedächtnis trügt mich‘ hinzusetzen würde. Und doch gibt es Fälle, in denen einen das Gedächtnis trügt. Man könnte daher denken: In solchen Fällen wäre es korrekter gewesen, der Mitteilung ‚es sei denn, mein Gedächtnis trügt mich' hinzuzufügen. Aber es gibt keine Möglichkeit, die entsprechenden Fälle auszuwählen; denn in Wirklichkeit würde man sie auswählen, wenn aus besonderen Gründen irgendein Zweifel an der Mitteilung bestünde; nun /

p. 93 können wir uns einen Menschen vorstellen, der nie zuversichtlich eine Mitteilung macht, wenn er irgendeinen besonderen Grund zum Zweifel hat, aber selbst dieser Mensch wird sich wahrscheinlich manchmal in dem irren, was er zuversichtlich mitteilt. Dies wissen wir, weil wir uns alle zuweilen irren. Doch dieser allgemeine Grund könnte uns nur dazu führen, jeder Mitteilung ‚es sei denn, mein Gedächtnis trügt mich' hinzuzufügen. Dies hieße dann nicht mehr als anzuerkennen, daß ‚man sich jedenfalls irren *könnte*' – und das bedeutet nicht ‚daß man sich in jedem Fall irren könnte'. Betrachtet man einen besonderen Fall – z. B. ‚Ich traf gestern den So-und-so' – dann neigt man dazu zu sagen ‚Hier *kann* ich mich nicht irren'. Aber selbst wenn man sich die Frage ‚Kann ich in dieser Weise sagen ›Hier *kann* ich mich nicht irren‹?' zur Gewohnheit macht, bevor man eine Mitteilung wagt, so würde man später zugestehen müssen, daß man sich zuweilen geirrt hat; zumindest kann man nicht behaupten, daß diese Möglichkeit bei jedermann, der diese Gewohnheit angenommen hat, ausgeschlossen ist, denn Menschen irren sich zuweilen in Dingen, deren sie überaus gewiß sind. So daß alles, was man sagt, letztlich in der Behauptung besteht: In diesem Falle irre ich mich *nicht* – d. h.: Dies ist geschehen. Und bisweilen ist man im Unrecht, zumeist aber im Recht.

Ähnlich könnte man immer gehindert werden, wenn man sagt ‚Ich werde', muß dies aber nicht beachten; meistens wird man nicht gehindert. Und der Versuch wäre unnütz, in den entsprechenden Fällen, in denen man wirklich gehindert wird, ‚es sei denn, ich werde daran gehindert‘ anzuhängen, es jedoch zuvor keinen Grund gab, dies zu erwarten. Sagt man, ‚Ich werde‘, dann sagt man wirklich, daß das-und-das geschehen wird… und dies mag nicht zutreffen.

Denkt man jedoch darüber nach, daß man vielleicht nicht tun wird, was man zu tun entschlossen ist, dann lautet der *tatsächlich* korrekte Ausdruck ‚Ich werde dies tun… es sei denn, ich tue es nicht‘. Sogar ‚Ich werde dies tun (oder nicht tun), es sei denn, ich werde daran gehindert oder ändere meine Absicht‘ ist nicht adäquat, wie aus dem Beispiel von Petrus ersehen werden kann, der seine Absicht, Christus nicht zu verleugnen, nicht änderte, der nicht daran gehindert wurde, seinem Entschluß, ihn nicht zu verleugnen zu folgen, und ihn dennoch verleugnete.

‚Ich werde… es sei denn, ich tue es nicht‘ ist nicht gleich ‚Dies ist der Fall, es sei denn, es ist nicht der Fall‘. Es findet ein Analogon in Einschätzungen der Zukunft: ‚Dies wird geschehen… es sei denn, es geschieht nicht‘. (Jemand könnte es verhindern.) Dies könnte sogar über eine Sonnenfinsternis gesagt werden; denn die Verifikation von Vorhersagen erwartet das Ereignis – und die Sonne könnte vor der Sonnenfinsternis explodieren. /

Aus eben diesem Grunde kann man sich in manchen p. 94 Fällen so gewiß wie nur möglich sein, daß man etwas tun werde, und doch nicht beabsichtigen, es zu tun. So kann ein Mann, der an den Fingern über einem Abgrund hängt, sich so gewiß wie nur möglich sein, daß er loslassen müssen und fallen wird, und dennoch entschlossen sein, nicht loszulassen. Hier könnten wir jedoch sagen: ‚Schließlich lassen seine Finger los, nicht er‘. Aber ein Mensch könnte sich so gewiß wie nur möglich sein, daß er unter der Folter zusammenbrechen wird, und dennoch entschlossen sein, nicht zusammenzubrechen. Und vielleicht kalkulierte Petrus: ‚Da *er* es sagt, ist es wahr‘; und sagte dennoch ‚Ich werde es nicht tun‘. In *diesem* Fall erwächst die Möglichkeit aus dem Unwissen darüber, in welcher Weise die Prophezeiung in Erfüllung gehen würde; daher konnte Petrus tun, was er zu tun nicht beabsichtigte, ohne seine Absicht zu ändern, und es doch absichtlich tun.

Analytisches Inhaltsverzeichnis

149

nen Absicht oder die weitere Absicht, mit welcher man handelt, nicht gäbe. Es würde so etwas wie unsere ‚Warum?‘-Frage oder absichtliches Handeln nicht geben, wenn die einzige Antwort lauten würde: ‚Aus keinem besonderen Grunde‘ 48/

ten eines Menschen über das hinaus, was er tatsächlich getan hat 66

ßen' nannte. Der praktische Syllogismus ist keine Beweisform dessen, was ich tun soll. Er ist eine vom Beweissyllo-
gismus verschiedene Art des Schließens, aber dies ist in der
Moderne mißverstanden worden   91

155

Register

Reihe: Praktische Philosophie

Verlag Karl Alber, Freiburg/München